CARO EMPREENDEDOR

MAYNARD WEBB
COM CARLYE ADLER

CARO EMPREENDEDOR
CARTAS COM CONSELHOS VALIOSOS PARA TODOS QUE LIDERAM, GERENCIAM OU QUEREM ABRIR UM NEGÓCIO

Tradutor
Marcelo Hauck

Benvirá

Copyright © Maynard Webb, 2018
Copyright do prefácio © Howard Schultz, 2018
Título original: Dear Founder – Letters of Advice for Anyone Who Leads, Manages, or Wants to Start a Business
Publicado mediante acordo com a St. Martin's Press. Todos os direitos reservados.

Preparação Márcia Leme
Edição Luiza Thebas
Revisão Mauricio Katayama
Diagramação Bianca Galante
Capa Deborah Mattos
Imagem de capa iStock/GettyImagesPlus/MartinaVaculikova
Impressão e acabamento Corprint

Dados Internacionais de Catalogação na Publicação (CIP)
Angélica Ilacqua CRB-8/7057

Webb, Maynard –

Caro empreendedor : cartas com conselhos valiosos para todos que lideram, gerenciam ou querem abrir um negócio / Maynard Webb e Carlye Adler ; tradução de Marcelo Hauck. -- São Paulo : Benvirá, 2019.
368 p.

ISBN 978-85-5717-294-4
Título original: Dear Founder: Letters of Advice for Anyone Who Leads, Manages, or Wants to Start a Business

1. Empreendedorismo 2. Empresas novas 3. Liderança
I. Título II. Adler, Carlye III. Hauck, Marcelo

	CDD-658.421
19-0140	CDU-65.016

Índices para catálogo sistemático:
1. Empreendedorismo

1ª edição, março de 2019

Nenhuma parte desta publicação poderá ser reproduzida por qualquer meio ou forma sem a prévia autorização da Saraiva Educação. A violação dos direitos autorais é crime estabelecido na lei nº 9.610/98 e punido pelo artigo 184 do Código Penal.

Todos os direitos reservados à Benvirá, um selo da Saraiva Educação, parte do grupo Somos Educação.
Av. das Nações Unidas, 7221, 1º Andar, Setor B
Pinheiros – São Paulo – SP – CEP: 05425-902

SAC
0800-0117875
De 2ª - a 6ª, das 8h às 18h
www.editorasaraiva.com.br/contato

CÓDIGO DE OBRA 643971 CL 670870 CAE 644259

*Originalmente escrevemos estas cartas — e este livro —
como um presente para os fundadores das empresas
que compõem o nosso portfólio. Somos inspirados
todos os dias pela oportunidade que temos de ajudá-los
a ser mais bem-sucedidos e de colaborar para que
novidades em tecnologia ganhem espaço. Também sabemos
que criar uma empresa próspera é dificílimo. Este livro
é para aqueles que têm a coragem de fazer isso.*

Sumário

Prefácio 13

Introdução 17

Parte I | Como começar 23

1 | O início da empresa 25

Quando você quer abrir uma empresa 27

Quando você está selecionando um cofundador 31

Quando um cofundador não está cumprindo a parte dele 38

Quando você precisa recrutar 43

Quando você precisa contratar um superstar 48

Quando você precisa definir a sua cultura 51

Quando você precisa de diversidade nas contratações 60

Quando você precisa criar um ambiente de trabalho inclusivo 70

Quando você traz um executivo a bordo 73

2 | O financiamento da sua empresa 77

Quando ninguém quer te dar dinheiro 79

Quando todo mundo quer investir no seu negócio 84

Quando você está definindo os parâmetros da rodada

de investimentos para levantar capital semente............................89

Quando você precisa estabelecer o valuation...................................93

Quando você foi bem-sucedido na sua primeira

rodada de investimentos...97

Quando você precisa pensar sobre remuneração........................... 102

Quando você tem que definir um orçamento 105

Quando você precisa gastar o seu dinheiro com sabedoria........... 108

Quando você precisa definir a remuneração da equipe de vendas .. 112

Quando você precisa entender cascatas,

camadas de bolo e cap tables (ou como proteger

o verdadeiro valor da sua participação societária)...................... 116

Quando você se pergunta se há espaço para

filantropia na sua startup 120

Parte II | Como se tornar relevante 123

3 | Conceitos básicos de gestão 125

Quando você precisa delegar... 127

Quando você precisa saber quem é responsável pelo quê.............. 129

Quando você está com medo de que pode

ser um "meio-termo" 131

Quando você precisa definir objetivos 136

Quando você tem que dar (e receber) feedback 139

Quando você precisa deixar a porta aberta.................................... 142

Quando você precisa oferecer ajuda a alguém 144

Quando você tem que liderar com inspiração, não medo.............. 148

Quando você precisa ser explícito 152

Quando você precisa encontrar sincronicidade 155

Quando você se pergunta se vale a pena investir tempo

em eventos de networking e marketing.. 158

Quando você precisa criar uma rede de contatos de ex-colegas 162

Quando você tem que montar um ótimo conselho 164

4 | Desafios de gestão 169

Quando o seu primeiro funcionário-chave pede demissão............ 171

Quando você tem que demitir um funcionário
pela primeira vez.. 175

Quando você precisa ganhar credibilidade 180

Quando você precisa entender o impacto
que seu julgamento está tendo sobre suas decisões 183

Quando ninguém está empolgado por fazer
parte da sua empresa 186

Quando você tem que lidar com pessoas
de baixo desempenho 190

Quando você precisa dar más notícias 193

Quando você precisa definir o tom do
comportamento adequado.. 196

5 | Desafios pessoais da liderança 199

Quando você está sobrecarregado... 201

Quando você tem que aceitar que a sua startup
está falindo 205

Quando você precisa de inspiração 209

Quando você toma um duro golpe 213

Quando você precisa colocar as necessidades
da empresa acima das suas 216

Quando você está confundindo arrogância com audácia 220

Quando você é acusado de trabalhar demais 225

Quando você impõe limites a si mesmo 229

Quando o mundo tenta controlá-lo... 233

Quando o conselho de administração está
te enlouquecendo... 235

Quando você precisa escolher suas batalhas............................... 242

Quando você quer culpar alguém 245

Quando lhe pedem sigilo 248

Quando você precisa fazer cera 250

6 | Obstáculos externos 253

Quando um concorrente invade o seu espaço 255

Quando você precisa se concentrar obsessivamente no negócio ... 259

Quando você é criticado publicamente 262

Quando você precisa lidar com uma ação judicial

movida contra a sua empresa 266

Quando a sua ideia simplesmente não está dando certo 274

Parte III | O ganho de escala 279

7 | Excelência operacional 281

Quando você precisa melhorar a execução 283

Quando você precisa se concentrar no

que é realmente importante 288

Quando você se depara com uma decisão do tipo

tudo ou nada para a empresa 292

Quando você precisa passar de bom para excelente 296

Quando você precisa saber que tudo é possível 301

Quando você precisa ganhar escala 305

Quando você quer conduzir uma reunião

de conselho eficaz 311

Quando você deve colocar o seu conselho para trabalhar 314

Quando você quer evitar surpresas desagradáveis 316

8 | Desafios organizacionais 321

Quando você tem uma crise 323

Quando você não cumpre as metas do trimestre 330

Quando você precisa resolver atritos interfuncionais 334

Quando você precisa asseverar o caráter da sua empresa 337

Quando há conflito de interesses no conselho 339

Quando o conselho diz que vai tirá-lo do cargo de CEO 342

Parte IV | Como deixar um legado 345

9 | A criação de uma empresa longeva 347

Quando você recebe uma bolada 349

Quando você precisa planejar a sucessão 352

Quando você está pensando em erguer uma empresa longeva 355

Nota final 359

Agradecimentos 361

Sobre os autores 365

Prefácio

Eu queria que este livro tivesse ficado sobre a minha mesa durante os últimos 40 anos. Felizmente, Maynard Webb é meu amigo e conselheiro há 20 anos.

Nós nos conhecemos quando eu era membro do conselho de administração do eBay, de 1998 a 2001. Esse também foi um período único para os negócios americanos. De meados dos anos 1990 até o fim da década, era emocionante ser empreendedor. Todo mundo parecia ter ideias brilhantes de novos negócios e bilhões de dólares em investimentos foram parar em incontáveis startups.

Infelizmente, o fluxo indiscriminado de capital mascarou a verdadeira dificuldade de abrir uma empresa. Como era fácil despejar dinheiro em cima dos problemas, o período também foi de arrogância, e muitos fundadores e líderes de negócios tornaram-se excessivamente confiantes em suas habilidades de criar empresas grandes e longevas.

Quando a bolha da internet estourou, não dava mais para ignorar a realidade cotidiana de administrar um negócio, sobretudo uma startup. De repente, os líderes se viram forçados a tomar decisões difíceis e a transpor desafios complexos do tipo: como levantar dinheiro em um mercado em baixa, como gastar os recursos financeiros que haviam captado, como se adaptar sem sacrificar valores essenciais, como inspirar funcionários desmotivados e como lidar com pessoas com desempenho abaixo do esperado, nova concorrência, crise e fracasso.

Hoje, podemos aprender muito com aquele período.

Em primeiro lugar, exercer o papel de líder é sempre mais fácil quando o vento está soprando a seu favor; e bem mais difícil quando está indo contra. Por isso a humildade é tão vital para fundadores, empreendedores e até mesmo CEOs experientes. Nenhum de nós tem todas as respostas o tempo inteiro. Devemos ter a autoconfiança para reconhecer isso e para sistematicamente buscar conselhos inteligentes e levá-los em consideração.

Preciso deixar claro que não sou o fundador da Starbucks. Comprei a empresa de alguns investidores em 1987, quando ela tinha seis lojas em Seattle. Porém, agora que ela cresceu e se transformou em um negócio global, ainda me considero um empreendedor, sempre atrás de maneiras inovadoras de reunir as pessoas e melhorar a qualidade de vida nas comunidades do mundo todo. Essa é a paixão que muitos empreendedores compartilham e é especialmente relevante hoje em dia.

Estamos agora vivendo um momento emocionante de mudanças sem precedente, que exige uma grande atenção e novas abordagens para lidar com problemas em todos os setores da sociedade: da saúde e da educação ao transporte e à comunicação.

Respostas e ideias criativas devem vir não apenas de arrojados líderes governamentais, mas também de pessoas no setor privado e de organizações sem fins lucrativos. Para que os melhores produtos e os novos serviços se consolidem, eles devem ser direcionados ao mercado por pessoas que tenham humildade suficiente para aprender o que não sabem, de modo que possam criar organizações sustentáveis e amparadas por valores que continuem a levantar capital, atrair talentos, atingir altos padrões de desempenho e prosperar.

É por isso que este livro é tão oportuno e valioso. As suas ideias e a sua organização, caro leitor, até podem ser originais, mas muitas das perguntas que você se faz hoje sobre liderança gerencial, operacional, financeira e de time não são novas. Outras gerações de pessoas inteligentes também se depararam com questões similares, e esses dilemas recorrentes são abordados com honestidade nas páginas a seguir.

O autor, meu amigo Maynard, em algum momento atravessou esses problemas ou ajudou inúmeras pessoas a fazê-lo, inclusive a mim. Ele continua sendo o líder mais sensato que conheço e sua inteligência aborda o negócio e o empreendedorismo com uma mistura rara de estratégia e humanidade. Aprendi muito com ele ao longo dos anos e estou muito contente por ele ter escrito este livro para compartilhar sua experiência e sabedoria.

Maynard também sabe que os empreendedores fazem seu trabalho de forma muito pessoal. Por termos uma grande necessidade de solucionar rapidamente os problemas, ele organizou seus conselhos em forma de perguntas que inevitavelmente fazemos durante os obstáculos cotidianos envolvendo liderança e crescimento de um negócio. Nesse sentido, *Caro empreendedor* é tão eficaz e eficiente quanto, em um momento de necessidade, pedir o conselho das pessoas mais inteligentes que você conhece.

Tanto ele quanto eu queremos que você seja bem-sucedido. Mais do que nunca, o mundo precisa de líderes inovadores, honestos e empáticos, capazes de transformar ideias e produtos fortes em realização. Para conseguir isso, não é necessário um diploma em administração, e sim humildade e ímpeto para procurar e ouvir bons conselhos, em todos os estágios da jornada.

Então, deixe este livro ser o seu mentor e seu exemplo a ser seguido, seu coach e conselheiro, seu confidente e amigo. Leve a ele suas perguntas e seus medos, mas sempre com a mente aberta. Se fizer isso, estará um passo mais perto de realizar seus sonhos.

Sigamos em frente.

Howard Schultz,
ex-presidente-executivo e CEO da Starbucks Coffee Company

Introdução

Há aproximadamente dois anos, meu filho, Kevin, recomendou que eu lesse um texto no blog *Medium* sobre um pai que deixou para o filho uma caixa de cartas. O pai estava doente e em fase terminal – mas o filho só soube disso quando o pai faleceu –, e as cartas continham vários conselhos para o garoto sobre como enfrentar os muitos ritos de passagem que ele encontraria ao longo da vida. É um artigo comovente e intenso. Acabei descobrindo que era ficcional.

Kevin me incentivou a escrever minhas próprias cartas, com conselhos para os fundadores das empresas nas quais investimos e que fazem parte do nosso portfólio, para ajudá-los a enfrentar os problemas com que se deparam nos ciclos de vida de seus negócios. Ele achava que eu poderia ajudá-los a desatar os nós comuns à administração de um negócio: brigas com um cofundador, situações em que o conselho de administração os enlouquecia ou o temor de que suas ideias não estivessem dando certo.

Foi uma boa sugestão. Eu costumava oferecer esse tipo de conselho para os mais de 85 fundadores de empresas do nosso portfólio de investimentos na Webb Investment Network (WIN) [sigla que em português pode ser traduzida como "vencer"], e era difícil conseguir tempo para encontrar cada um deles pessoalmente. Já que muitos desses empreendedores enfrentavam os mesmos problemas – e já que não tinham mais a quem recorrer –, fazia sentido tentar sistematizar os conselhos para que fosse possível compartilhá-los de modo mais abrangente do que em reuniões individuais. Embarquei em um projeto que chamamos de Cartas para um Fundador.

Nossa intenção inicial era escrever cartas que oferecessem orientação e coaching para os empreendedores em momentos decisivos. Escrevi cada uma delas com uma pessoa específica em mente; mas, como muitos dos nossos fundadores enfrentavam desafios similares, descobri que os conselhos que eu dava para um eram geralmente relevantes também para outros. Comecei a encaminhar as cartas e choveram pedidos para que eu escrevesse outras.

Havia muitos tópicos a serem abordados. "O que você faz quando fecha um trimestre no vermelho?"; "Como você se concentra no que é importante?"; "O que você faz quando perde um contrato importante?". Quando um tópico estava fora da minha área de expertise, recorria aos diretores da WIN em busca de conselho. Mas não parei por aí. O mais importante na WIN é que se trata de uma rede de afiliados – mais de 80 indivíduos extraordinários, sendo que a maioria já havia trabalhado bastante comigo no passado – que agora investem comigo, oferecendo dinheiro e também conselhos a startups. Essas pessoas fundaram empresas que abriram seu capital, gerenciavam departamentos inteiros em companhias de crescimento acelerado e tinham décadas de experiência em gerenciamento e no setor. Pedimos que esses afiliados contribuíssem com cartas sobre a sua área de expertise e eles escreveram textos que tratavam de situações como o que fazer quando a sua startup é processada, quando estruturar as comissões de vendas, como lidar com um concorrente que entra no seu espaço, entre outras.

Quando já tínhamos algumas dúzias de cartas, organizamos todas em um livro e o oferecemos aos nossos clientes. Trabalhamos com uma pequena gráfica de San Francisco e imprimimos várias centenas de exemplares – e em pouco tempo os livros acabaram. Os fundadores queriam compartilhar as cartas com seus amigos e perguntavam como podiam conseguir mais exemplares para dar a integrantes de sua equipe ou como presente para amigos e conhecidos. Eles acabaram com o meu estoque. Criamos uma versão que podia ser baixada na internet, mas ela ficou desatualizada rapidamente. Novos desafios não paravam de surgir e eu estava sempre escrevendo cartas novas para abordá-los.

Embora eu tivesse escrito as cartas originalmente para os clientes do nosso portfólio, eu sabia que os conselhos que elas traziam seriam úteis a um universo inteiro de fundadores e empreendedores que eu não conhecia. Havia inúmeras pessoas com as mesmas dificuldades, e eu jamais teria a oportunidade de me encontrar ou trabalhar com a maioria delas. Ainda que eu tenha me conectado a algumas dessas pessoas pela minha página no LinkedIn, Ask Maynard, eu queria fazer mais.

Percebi que o público para essas cartas era muito mais amplo do que eu tinha previsto. Embora o meu trabalho fosse voltado principalmente a fundadores envolvidos com tecnologia e que buscavam capital de risco ou tentavam abrir o capital das empresas, empreendedores em todos os setores, com empresas de todos os portes, achavam os conselhos úteis. O meu fisioterapeuta, para quem dei um exemplar do livro, me disse que as cartas o ajudaram a compreender os desafios que vinha enfrentando para abrir o próprio negócio. Ele implorou à esposa, que era sua sócia, que também lesse o livro, para que os dois pudessem aprender juntos. Existe uma quantidade enorme de pessoas administrando pequenas empresas – há 26,8 milhões de pequenas empresas só nos Estados Unidos, e mais de 600 mil novos negócios são abertos todos os anos no país, de acordo com a Departamento de Administração de Pequenas Empresas – e lidando com alguns dos mesmos desafios.

O que mais me surpreendeu foi a existência de pessoas que, mesmo sem serem fundadoras, precisavam desses conselhos. De executivos da lista Fortune 500 a pessoas da geração Y chegando ao mercado de trabalho, ter uma mentalidade de empreendedor é um diferencial inestimável.

Além disso, descobri que fundadores e empreendedores nem sempre precisam apenas de conselhos sobre como levantar o capital semente (modelo de financiamento dirigido a projetos empresariais em estágio inicial) ou de que forma escolher os melhores integrantes para o conselho de administração; eles também precisam de treinamento para lidar com pessoas. Eles precisam saber como gerenciar equipes e como desempenhar o papel de líder. Portanto, muitas cartas deste livro concentram-se no gerenciamento e na liderança. Como fui um executivo de operações de empresas da Fortune 500 (IBM, Quantum, Gateway, Bay Networks, eBay) durante grande parte da minha carreira, muito do meu conhecimento foi adquirido em companhias grandes. Além disso, como integrante de alguns conselhos de administração, aconselho muitos líderes de empresas que não são fundadores. Então muitas dessas cartas, embora abordem desafios típicos de fundadores e tenham sido escritas com eles em mente, também podem ser relevantes para diversas outras pessoas.

Escrevi este livro com a intenção de atingir um público além daquele pertencente à minha rede de contatos. Trabalhamos com apenas 80 e poucas empresas, mas há uma quantidade muito maior de pessoas que pensam como fundadores e precisam desses conselhos. Talvez você seja um empreendedor flertando com a ideia de se mudar para o Vale do Silício, ou talvez seja o dono de uma pequena loja na sua cidade, ou talvez tenha sido promovido a gerente na empresa em que trabalha. Em quaisquer desses casos, há algo aqui para você.

O objetivo desta obra é servir de guia, e as cartas foram escritas para oferecer orientação em tempos de turbulência. Os tópicos estão organizados de modo que fique fácil encontrar aquele que mais seja relevante para você. Vá à carta de que precisa quando fechar um trimestre no vermelho, quando sua empresa receber propaganda negativa ou quando precisar de inspiração. Você não precisa, obviamente, ler este livro do início ao fim, mas muitas pessoas o fazem, pois ficam curiosas sobre outra perspectiva em relação ao que já podem ter conquistado ou ao que está por vir. O livro segue o ciclo de vida de uma empresa. Sou inspirado pelo crescimento das empresas com as quais trabalhamos e organizei o livro de modo que ele siga este processo: como começar, como tornar-se relevante, como crescer, como deixar um legado. É importante ressaltar que, obviamente, esse processo é dificílimo.

Estamos no auge da Era Dourada do empreendedorismo, que está sendo estimulado por todos os segmentos da população. Nunca se viu tantos alunos buscando cursos de graduação relacionados a empreendedorismo. Pessoas com mais de 65 anos estão abrindo mais empresas a cada ano. Uma quantidade recorde de pessoas que perdem o emprego está arriscando abrir o próprio negócio. E há pesquisas que indicam que, entre os indivíduos que ainda não se aventuraram no empreendedorismo, muitos estão pensando seriamente nisso.

É difícil, contudo, obter sucesso. Em cada fase do desenvolvimento da empresa, as histórias de sucesso vão ficando mais escassas. Embora um número gigantesco de empresas sejam abertas nos Estados Unidos, por exemplo, apenas 30% delas chegam a participar de uma rodada de investimento Série A, e, dessas, somente 50% chegarão a uma rodada de investimento Série B. Esse número continua a cair pela metade a cada fase.[1] Uma quantidade muito pequena de empresas chega a abrir capital e um número menor ainda deixará um legado.

Escrever estas cartas e reuni-las em livro foi um árduo trabalho de amor; espero que elas o ajudem a melhorar e ajudem a sua equipe a realizar seus sonhos. Diferentemente do pai ficcional que inspirou este projeto, estas cartas não foram escritas com o intuito de ser nossas últimas palavras sobre os assuntos aqui abordados (nem sobre qualquer assunto). Caso precise de orientação sobre tópicos que não

---

1. ROWLEY, Jason D. The Startup Funding Graduation Rate Is Surprisingly Low. *Mattermark*, v. 28, set. 2016.

estejam aqui, por favor entre em contato conosco pelo endereço maynardwebb.com, onde minha rede de contatos e eu continuaremos a postar cartas novas e a responder perguntas.

Desejamos boa sorte. Estamos na torcida por você!

PARTE I
COMO COMEÇAR

1
O início da empresa

Quando você quer abrir uma empresa

Caro empreendedor,
Sério mesmo?
Por que você quer fazer isso? Espero que não seja para fazer pose... É fácil se tornar empreendedor, porém é muito difícil se tornar um empreendedor bem-sucedido!
Parece que, hoje em dia, todo mundo quer ser empreendedor. As pessoas ficam encantadas com a ideia de seguir sua paixão e assumir o controle do próprio destino. Entretanto, essa é uma noção romantizada do que realmente acontece.
Odeio ser o portador de más notícias, mas a maioria dos empreendedores fracassa. Não são apenas as estatísticas que nos mostram isso, trata-se também de senso comum. É muito difícil transformar uma ideia em realidade e mais difícil ainda transformar essa nova realidade em algo muito relevante.
É claro que conhecemos muitas histórias maravilhosas de sucesso e superação – as ideias nota 10 que decolaram desde o início, como Facebook, Google e eBay. Contudo, o fato é que essas empresas são muito raras. Em geral, o mundo não está preparado para uma ideia nova, e a maioria das novas empresas não progride. Empreendedores corajosos voltam para a prancheta e se recuperam; essa manobra, porém, não representa a realidade das startups. A maioria das empresas alcança apenas um lugar mediano – há algum progresso, mas o negócio não decola, e você não tem certeza se a ideia vai vingar. E esse lugar mediano nada confortável, que eu chamo de "pré-adolescência", é um lugar perigoso.
E aí? Ainda está com vontade de abrir um negócio? Então responda às perguntas a seguir:

- **Quais são as suas motivações?** Está entrando nessa por dinheiro ou por impulso? Você tem que saber exatamente aonde quer chegar, caso contrário, jamais chegará lá.
- **Você está verdadeiramente apaixonado pela sua ideia?** Esta provavelmente é a pergunta mais importante. Se você estiver realmente comprometido com a sua ideia, provavelmente acordará toda manhã nos próximos dois ou dez anos falando bem dela não apenas para seus funcionários, mas também para seus clientes, seus amigos, sua família e para uma quantidade significativa de outras pessoas. Ainda que tenha sido o primeiro a desenvolver o conceito, entidades grandes e startups novas logo estarão no seu encalço. Há centenas de oportunidades para novos negócios – escolha aquele que é o melhor para você.
- **Você já tem um cofundador que se juntará a você?** Se não, leia a carta "Quando você está selecionando um cofundador", que está logo a seguir.
- **Você tem a equipe certa para levar isso adiante?** As melhores equipes frequentemente já passaram muito tempo trabalhando juntas antes, em épocas boas e ruins, e cada integrante contribui com algo diferenciado.
- **Você se sente à vontade com o risco?** Se você precisa de certezas, ser empreendedor provavelmente não o deixará feliz. Abrir uma empresa é, em essência, uma atividade de alto risco/ alto retorno.
- **Você tem como viver com uma renda pequena durante anos antes de o negócio vingar?** Você com certeza não vai ganhar muito dinheiro logo de cara. Por exemplo, Eddy Lu (o cofundador de uma das empresas do nosso portfólio, a Grubwithus, hoje GOAT, dormia no carro quando abriu a empresa.
- **Você está disposto a trabalhar muito mais do que em qualquer outra época da sua vida e sob condições muito**

mais estressantes? Você assumirá mais funções e terá muito mais responsabilidades do que em qualquer outro momento de sua vida. Também será responsável pelo bem-estar da equipe e pela satisfação dos clientes.

- **Você realmente quer ficar anos sem ter bons benefícios, férias longas, equilíbrio entre vida profissional e pessoal etc.?** Não existe equilíbrio quando se abre uma startup!
- **Você precisa de aprovação alheia?** Se você precisa de um tapinha nas costas, pode não ser um bom empreendedor. Você precisa acreditar em si mesmo, não pode depender dos outros para continuar persistindo. Encontre força na sua paixão pela ideia e no seu interesse em mudar o mundo.
- **Como você lida com a rejeição e quanta determinação você tem para se reerguer e fazer algo do nada?** Saiba que é necessário convicção. Você passará o dia inteiro enfrentando resistência de todos com quem se encontrar – investidores, pessoas que usam o produto ou o serviço, gente que o está testando. Você não pode ficar deprimido ao escutar "não" ou "a sua ideia é idiota". Pelo contrário, deve se sentir inspirado por isso.

Se, apesar de todo o meu ceticismo e minha apreensão, você ainda estiver disposto a tentar, estes são meus conselhos:

- **Vá em frente!** Não há nada mais divertido do que criar algo do nada.
- **Mantenha os olhos bem abertos.** Estipule o tempo e os recursos que está disposto a investir no projeto. Por exemplo: "Vou investir 100 mil dólares do meu próprio bolso e passar seis meses testando a ideia"; ou "Vou me comprometer com esta ideia/empresa durante os próximos cinco anos sem pensar em mais nada".

- **Tenha certeza de que sua família e seus amigos apoiam o risco que você vai assumir.** Haverá muitos sacrifícios em todos os aspectos e todos precisam estar no mesmo barco e entender o caminho que há pela frente. Do contrário, você pode acabar sofrendo mais na vida pessoal do que deseja.
- **Você pode começar aos poucos?** Você pode começar a trabalhar no negócio sem deixar o seu emprego? Fiz isso quando criei a WIN, e a experiência que vivenciei no início me encorajou a fazer a transição mais depressa.
- **Ao se comprometer, não olhe para trás nem se questione; empregue toda a sua energia em tornar o negócio bem-sucedido.** Dedique-se com absoluta concentração e comprometimento. Erguer uma empresa é um empreendimento de longo prazo. Ter a consciência de que se comprometerá durante uma década lhe dará a perspectiva necessária para atravessar os momentos difíceis.

É difícil ser empreendedor? Sem dúvida nenhuma. Mas também é divertido (e aterrorizante ao mesmo tempo). É igual a cuidar de um bebê. Você fica entusiasmado com a ideia, mas há momentos em que tudo vai por água abaixo e você passa várias noites em claro. Você vai ficar cansado e frustrado, mas também realizado muito além do que poderia ter imaginado.

Se isso lhe soa bem, significa que está pronto para lidar com os altos e baixos de ser um empreendedor. Caso contrário, não é a hora de começar uma startup – afinal de contas, diferentemente de quando se tem um bebê, você não pode contratar uma babá para fazer o trabalho por você.

Tudo de bom,

Maynard

Quando você está selecionando um cofundador

Caro empreendedor,

Bom, já que abriu esta carta, tudo indica que você não tem um cofundador em mente.

Não há problema nisso. Apresentarei, a seguir, sugestões sobre como encontrar ou vetar alguém, mas você precisa primeiro aceitar que a fórmula mágica para encontrar um cofundador é mais complexa do que parece. Quando funciona, a equação parece ser assim: $1 + 1 = 3$.

Você provavelmente já sabe que começar um negócio é uma empreitada solitária e que exige trabalho duro. É mais fácil (ainda assim, nada fácil) com o parceiro certo ao seu lado. Ter o cofundador certo aumenta a sua chance de sucesso e permite que você vá mais longe e mais rápido. Alguns motivos por que isso acontece:

- **Ter um parceiro aumenta o seu nível de comprometimento.** Comprometer-se com alguém aumenta a sua chance de correr atrás de seus objetivos. Força você a responder a uma pessoa. Ter alguém que lhe cobre o cumprimento das responsabilidades é muito importante no início, antes de você ter conseguido dinheiro de investidores (que não sejam amigos e familiares, os quais tendem a não prestar muita atenção na velocidade do progresso).
- **Um cofundador pode ajudá-lo a manter a sanidade.** O dia a dia de uma empresa é cheio de obstáculos e decepções, o que pode causar insegurança. Talvez seja mais fácil parar de fazer esse trabalho do que continuar com ele. Um parceiro que compartilha da mesma paixão e é motivado pelos mesmos objetivos e visão o encorajará e pressionará a seguir em frente.

Não subestime o valor de ter um parceiro de discussões, um terapeuta e um líder de torcida à mão.

- **Um cofundador permite que você produza mais.** Uma ótima pessoa na concepção de produtos precisa de um ótimo engenheiro. Um grande visionário precisa de um mestre de operações. Quando criei a WIN e a Everwise, fiz isso com cofundadores. Nos dois casos, precisei de alguém que estivesse disposto a administrar as organizações em tempo integral. Nos dois casos, eu também descobri que ter alguém comigo deixava o diálogo mais rico e o resultado final melhor. Pessoas diferentes têm perspectivas diferentes e habilidades diferentes a oferecer. Cofundadores geralmente estimulam um ao outro em suas respectivas especialidades – e essa interação conduz os resultados gerais. Procure alguém com competências e habilidades que você não tem e que complementará – e ampliará – as suas.

Você tem que escolher o parceiro certo porque o perigo de cometer um erro desequilibra toda a equação. Com o parceiro errado, 1 + 1 pode ser igual a 0. Mas como você encontra a pessoa certa? Algumas dicas:

- **Pense em alguém que você conhece.** O melhor de todos os mundos é encontrar um cofundador que você já conhece, alguém com quem já trabalhou, em quem confia e que conhece por dentro e por fora. As pessoas geralmente atingem a grandeza com alguém com quem já trabalharam. Lembre-se de que Jerry Yang e David Filo hackearam juntos na faculdade antes de criarem o Yahoo! O cofundador da WIN trabalhou comigo na LiveOps e o cofundador da Everwise era um afiliado da minha rede de investidores. Eu sabia que com essas pessoas eu poderia fazer milagre.
- **Estipule o que a pessoa acrescenta à equação.** Escolha alguém com habilidades complementares (por exemplo, vendas/marketing *versus* engenharia).

- **Conheça-a profundamente e passe muito tempo com ela.** Abrir uma empresa é coisa séria. Experimente trabalhar com a pessoa e ver se está funcionando. Na Everwise, os co-fundadores Mike Bergelson, Colin Schiller e eu investigamos o mercado e passamos muito tempo colaborando uns com os outros antes de partirmos para um empreendimento formal. Você gostaria de ficar mais tempo com essa pessoa ou não vê a hora de se ver livre dela? Essa pessoa te dá energia ou a suga? Interações iniciais sem química não vão melhorar com o tempo.

- **Analise as referências (e outras fontes) com seriedade.** Quanto mais próximo de uma visão em 360° graus, melhor será a sua perspectiva. Não apenas analise as referências que foram dadas a você: converse também com pessoas que não lhe foram indicadas, mas que tenham trabalhado com os candidatos ou que os conheçam em um nível mais pessoal (além disso, lembre-se de que uma referência não contundente acende uma enorme luz vermelha). Pergunte a outras pessoas como esses possíveis cofundadores lidam com a pressão e com situações boas e ruins. Além disso, descubra quais são as motivações deles.

- **Esta é a pessoa que você procuraria para resolver o seu maior problema?** Se você a está escolhendo por conveniência, talvez precise de mais tempo para procurar um parceiro realmente ideal. Procure alguém que tenha a maior experiência do universo na área de atuação dela. Talvez essa pessoa seja alguém com quem você já tenha trabalhado, como foi o caso de Andy Ludwick e Ron Schmidt, que fizeram mágica juntos na SynOptics. Talvez seja alguém com quem jamais tenha trabalhado, como foi o caso de Marc Benioff e Parker Harris na Salesforce.

- **Certifique-se de que estejam alinhados.** As pessoas querem coisas diferentes na vida. Assim como você precisa discutir o que quer antes de entrar em um casamento (por exemplo, vocês dois querem ter filhos?), vocês devem discutir o que querem para a empresa – e conciliar quaisquer diferenças. Algumas pessoas querem abrir um negócio que mude o mundo, enquanto outras almejam um negócio que lhes proporcione determinado estilo de vida. Nenhum dos dois é ruim, porém são diferentes. Defina os seus valores e as suas motivações com seriedade e converse sobre as seguintes questões: "O que você acha do equilíbrio entre a vida pessoal e a profissional?"; "Quanto você quer ganhar?"; "Que tamanho quer que o empreendimento atinja?"; "Qual é a estratégia de saída ideal?".

- **Estabeleça papéis e participação societária.** Está em busca de um parceiro em pé de igualdade (por exemplo, uma divisão 50/50)? Ou está procurando um cofundador com participação menor? Pense com antecedência em como quer que seja a relação de trabalho. Você não tem problema em ser desafiado? Está disposto a estabelecer uma igualdade societária, ainda que apenas uma pessoa seja o CEO? Há prós e contras, além de ramificações em cada uma dessas decisões, e elas são duradouras.

Você tomará algumas decisões durante a vida da sua empresa – inclusive escolher o cofundador certo, escolher os integrantes certos do conselho de administração e optar por uma estratégia – com o potencial de gerar um impacto muito maior do que outras escolhas. Não tenha pressa e assegure-se de que está tomando as decisões certas. Se tudo correr bem, essas decisões o acompanharão durante décadas.

Tudo de bom,

Maynard

Apêndice

Eu realmente preciso de um cofundador?

Cofundadores que combinam perfeitamente um com o outro são tão lendários quanto os supercasais de Hollywood e colegas de banda que se dão bem. Convencionalmente, diz-se que as pessoas ganham mais trabalhando juntas do que se desistirem e dividirem os ganhos. Mas o cálculo é tão simples assim? Veja a seguir os prós e os contras de abrir uma empresa sozinho ou com cofundadores.

Os prós do voo solo

- **Você é o único proprietário do lucro.** Os incentivos financeiros são muito maiores se a empresa for bem-sucedida.
- **Você tem a oportunidade de definir totalmente a cultura e o modelo de negócio da sua empresa.** Entrar nessa sozinho força você a ganhar experiência em todos os aspectos do negócio, como contratação, vendas, gerenciamento de equipe técnica, levantamento de capital. Você vai passar por um intensivo e diversificado programa de treinamento.
- **A tomada de decisão é fácil.** Você tomará todas elas!
- **Você abre o negócio com uma visão – e tem o controle dela (pelo menos nos estágios iniciais, quando ainda não tiver um conselho de administração).** Você é quem manda no desenvolvimento da ideia, na contratação da equipe inicial, no levantamento de capital e na elaboração da estrutura corporativa.

Os contras de estar sozinho

- **Ainda que tenha montado uma equipe, ser o único fundador e carregar todas as responsabilidades pode**

ser solitário. O período inicial da abertura de uma empresa pode ser muito difícil – rejeições são comuns e há perdas –, e às vezes é bom ter pessoas com você para dividir esses momentos.

- **Você perde o benefício de ter um parceiro com quem debater, uma pessoa com os mesmos interesses que você.** As decisões mais difíceis nos negócios frequentemente envolvem colocar na balança diferentes conjuntos de oportunidades. Ter várias vozes pode estimular ricas discussões e trazer à luz ideias novas. Com menos fundadores, há também menos influências – cada um dos investidores ampliará imensamente a rede de contatos, que pode ser acionada em momentos-chave, como o recrutamento, por exemplo.

- **Você perde a oportunidade de ganhar um parceiro com habilidades complementares nas áreas que você não domina.** Com frequência, os melhores líderes de concepção de produtos não são as melhores pessoas para desenvolvê-los ou vendê-los. Ter vários fundadores pode encorajar a especialização e utilização das forças de cada indivíduo. Sujeitos diferentes contribuem com habilidades diferentes, perspectivas diferentes e papéis diferentes.

- **Existe alguém a quem responder.** A existência de cofundadores faz com que todos eles sejam honestos uns com os outros. Um pouco de competitividade pode ser útil. Cofundadores geralmente pressionam uns aos outros em suas respectivas especializações – e isso leva a resultados gerais melhores.

Embora sempre haja exceções à regra, acreditamos que os benefícios sejam maiores com a colaboração de cofundadores. Acreditamos que dois fundadores com habilidades complementares geralmente são a melhor fórmula para a abertura de um negócio bem-sucedido. Quanto mais autossuficiente uma equipe de fundadores inicial (em áreas como tecnologia, vendas, marketing), menos dependente ela será quando fizer as primeiras contratações e mais controle terá sobre seu destino.

Quando um cofundador não está cumprindo a parte dele

Caro empreendedor,

Selecionar um cofundador foi uma das decisões mais importantes que você tomou até agora. Juntou-se a ele na esperança de fazerem uma parceria de décadas. Você admira o que os cofundadores lendários – Bill Hewlett e David Packard, Steve Jobs e Steve Wozniak, Larry Page e Sergey Brin – conquistaram e quer o mesmo.

A realidade é que mesmo essas parcerias tão celebradas se depararam com obstáculos sérios e às vezes intransponíveis. Você não está sozinho.

Mas isso não vem ao caso agora. É frustrante quando você está ralando que nem bengala de cego e a outra pessoa não está tão engajada ou comprometida. Essa situação tem que ser resolvida – imediatamente. Primeiro, como sempre, você precisa descobrir o que está por trás da mudança no comprometimento. De repente, a pessoa não estar cumprindo a parte dela pode indicar algum problema alheio à empresa.

A falta de empenho é recente?

No passado o cofundador era um tigre e agora virou um rato? O cofundador antes era uma pessoa do tipo que "pisa fundo no acelerador", a quem você sempre tinha que pedir para pisar no freio, mas agora as coisas não estão acontecendo com o mesmo ritmo e você tem que pedir a ele para voltar a acelerar?

Caso seja esse o caso, o que mudou? Será que é algo relacionado ao trabalho ou não?

Descubra por que esse comportamento está acontecendo agora.

Faça essa sondagem demonstrando curiosidade. Aborde a situação buscando informações. Jamais comece criticando, pois isso não levará a lugar nenhum.

Em certa empresa, tivemos um problema com uma pessoa que de repente começou a se comportar de maneira muito diferente. Antes muito confiável, ele começou a ficar desmotivado e inacessível. Logo descobrimos que ele estava passando por um difícil processo de separação. O estresse causado pela crise conjugal o estava afetando profissionalmente, porém não se tratava de algo relacionado ao trabalho nem algo que pudesse ser revertido. Nesse caso, discutimos a situação e chamamos a atenção dele para a maneira como ele estava se comportando, além de lhe darmos espaço – mas não espaço suficiente para que pudesse puxar toda a equipe para baixo com ele durante um longo período.

É claro que pode haver outras razões que de modo similar estejam fora de controle: a saúde de alguém, um problema com um familiar e uma infinidade de razões que afetam o desempenho no trabalho. Infelizmente, um cofundador ou funcionário-chave podem precisar afastar-se para cuidar da saúde. Em casos extremos assim, administrar uma startup e fazer o tratamento são atividades incompatíveis, e o mais importante é que eles se dediquem a recuperar a saúde.

Outro cenário que às vezes vemos acontecer é uma redução na motivação após atingir determinado nível de sucesso. Em uma empresa, tivemos um fenômeno interessante: alguns dos sócios anteriores à oferta pública inicial de ações de repente ganharam centenas de milhões de dólares. Eles chegavam ao trabalho de Ferrari às 10 horas da manhã e iam embora às 15 horas. Sem motivação para ganhar mais dinheiro, "largaram o trabalho". É preciso aprender a lidar com essa situação – e interrompê-la.

Se não há crise pessoal séria nem prêmio de loteria influenciando o comportamento, é hora de descobrir: trata-se de algo que você pode controlar? Pergunte-se: "O que eu tenho?"; "O que eles têm?".

Infelizmente, é muitíssimo comum surgirem conflitos de personalidade. Pode haver hostilidade por inúmeros motivos: desavenças sobre a estratégia ou a cultura, desigualdade econômica etc. Isso deixa um dos cofundadores insatisfeito e dificulta a convivência. Vocês dois podem ter deixado de gostar um do outro. E agora?

É você quem deve descobrir:

- Há ressentimento em relação ao controle societário? Espera-se que não, afinal isso deveria ter sido resolvido no início; porém, às vezes uma mágoa dura tanto tempo que a situação torna-se insustentável. E isso leva a uma pergunta delicada: "Como lidar com a resolução do problema de controle societário se o cofundador está diminuindo o ritmo de trabalho enquanto você continua trabalhando dia e noite?".
- Há algum problema por alguém estar recebendo crédito demais?
- É uma questão de direcionamento estratégico?

Ter um casamento bem-sucedido é difícil. Isso requer diálogo e comunicação o tempo todo. A relação com o cofundador requer o mesmo tipo de atenção.

- **Encontre a fonte do problema.** E descubra rapidamente se ela é reversível ou não.
- **Exponha para o cofundador qualquer comportamento indesejado.** É inaceitável que a pessoa não cumpra a parte dela ou comece a comportar-se de forma disfuncional.
- **Contrate um coach ou um consultor externo para ajudar.** Você tem que recorrer a tudo o que estiver ao seu alcance para tentar salvar essa relação.
- **Pense em todos os envolvidos.** Férias para uma pessoa passando por uma situação estressante pode fazer bem a ela, porém você deve ficar atento às outras pessoas na empresa e ver como

elas encaram esse tratamento especial. Todo mundo percebe a diferença entre as pessoas com bom desempenho e as com desempenho ruim, e elas esperam que o líder dê o exemplo e resolva a situação.

- **Peça a opinião do conselho.** Os membros do conselho já assistiram a esse filme muitas vezes e terão sugestões. Eles podem oferecer soluções criativas que viram funcionar no passado; por exemplo, mudar a estrutura societária formalmente como reflexo da redução no comprometimento.

- **Descubra uma maneira justa de seguir em frente.** Caso você chegue à conclusão de que a parceria não funcionará mais, aja com dignidade e compostura ao informar sua decisão. Não culpem um ao outro. Não depreciem um ao outro.

- **Às vezes, uma solução para a tensão pode envolver uma remodelação do papel do cofundador.** De acordo com a minha experiência, é raríssimo que ambos os cofundadores desenvolvam-se igualmente tal como o negócio no longo prazo, tendo em vista que o trabalho muda de forma drástica a cada nível do crescimento da empresa. O atual papel gerencial do cofundador pode se transformar em algo do qual ele não gosta ou no qual não seja muito bom. Redefinir papéis na empresa é um processo delicado, mas, no fim das contas, pode trazer resultados muito melhores para todas as partes.

- **Determine: "Como é a vida no outro lado?".** Que habilidades o seu cofundador trouxe para a startup? O que precisa ser substituído? É provável que outra pessoa já tenha dado um passo adiante. Os meus melhores momentos têm sido presenciar o que as pessoas conseguem fazer quando damos oportunidades a elas. Pense em quem pode assumir novas responsabilidades e ajudar a superar o desafio de perder uma peça fundamental na empresa.

O rompimento que você está vivenciando é doloroso e pode ser tão difícil quanto passar por um divórcio. Contudo, a diferença é que, se não ficarem juntos, não terão que fazer um acordo de guarda compartilhada. Um de vocês terá que desistir do bebê. Isso é terrivelmente difícil. Sinto muito e lhe desejo dias melhores no futuro.

Tudo de bom,

Maynard

Quando você precisa recrutar

Caro empreendedor,

Você precisa de profissionais excelentes! Infelizmente, a maioria dos executivos e das empresas é péssima na hora de contratar, o que é lastimável, pois isso é crucial.

Pense bem: por que as grandes empresas tornam-se grandes? Pessoas. O importante são as pessoas; porém, frequentemente não sabemos como causar a melhor impressão quando contratamos.

Quando você está no início, provavelmente quer contratar apenas algumas pessoas – não um exército. Com uma equipe enxuta, é fundamental contratar apenas os melhores em cada área. Contudo, muitos fundadores geralmente veem isso como algo que limita e intimida. Essa mentalidade apreensiva deve ser mudada: os fundadores precisam jogar no ataque, e não na defesa.

Jamais pense que você está trabalhando em desvantagem – que aquilo em que está trabalhando não é bom o bastante para atrair os grandes talentos. Em vez disso, compreenda que está trabalhando a partir de uma posição de força. É uma questão de atitude. Você deve agir com uma mentalidade que demonstre que aquilo que está construindo é muito raro e especial. Pense que está oferecendo a esses profissionais uma oportunidade única de participarem do processo desde o princípio. É como ter ingressos para a primeira fileira no Super Bowl ou para assistir a algum famoso e concorrido musical na Brodway: você só tem dois lugares vagos... Quais dos seus amigos terão a sorte grande de ser convidados?

Algumas regras para ajudá-lo a repensar o recrutamento:

- **Recrute sempre – mesmo quando não tenha vagas abertas.** No eBay, eu estava sempre em busca de talentos e geralmente tinha uma ou duas pessoas "em ponto de bala", as quais eu podia cortejar para assumir qualquer posição crítica. Aprendi isso com Meg Whitman, que sabia que a empresa estava crescendo rápido e por isso contratava pessoas para as quais ainda não havia vagas, embora soubesse que isso aconteceria no futuro. Sendo bem sincero, às vezes isso criava tensões, porque esses profissionais queriam fazer alguma coisa, mas não havia um papel definido para eles quando entravam e acabavam tendo que se dedicar a "projetos especiais". Porém, muito frequentemente, eles acabavam assumindo papéis operacionais importantes.

- **Assuma o processo.** O recrutamento não é simplesmente o trabalho de outra pessoa. Você precisa investir atenção e tempo nele. Quando eu estava na LiveOps, um executivo de um dos nossos maiores clientes sugeriu que eu me encontrasse com Mike Bergelson, um talentoso empreendedor que já havia vendido a empresa dele para a Cisco. Enviei vários e-mails a Mike convidando-o para uma conversa. Quando ele finalmente respondeu, fiz uma oferta para que se juntasse a nós. Ele me jogou para escanteio, mas concordamos em manter contato. Quando fundei a WIN, Mike expressou interesse em entrar como afiliado, algo contra as "regras da casa", já que não havíamos trabalhado juntos; porém, ele concordou em prestar consultoria para uma das empresas do nosso portfólio e concordamos em abrir uma exceção e deixá-lo fazer parte da WIN. Não muito tempo depois, comecei a conversar com ele sobre uma ideia que eu tinha a respeito de um serviço de mentoring e, passados alguns meses, Mike tornou-se o cofundador da Everwise. A lição dessa longa história é: você sempre deve estar em busca de um talento com quem se identifica – não pode ficar dependendo apenas daquilo que o RH ou a sua equipe lhe recomendam.

- **Trate bem as pessoas ao longo do processo e certifique-se de que tenham uma experiência da qual estejam gostando.** Portar-se como uma pessoa superior ou arrogante o prejudicará. Sim, caberá a você decidir se convidarão uma pessoa a se juntar à empresa ou a dispensarão, mas não há motivo para deixá-la constrangida nem insultá-la durante o processo. Uma das fundadoras que estava desenvolvendo um projeto conosco disse que teve uma experiência ruim em uma empresa e que depois contou a uma amiga sobre o ocorrido. Mais tarde, quando essa amiga foi convidada para a mesma vaga, ela nem foi à entrevista. A empresa em questão não teve a oportunidade de contratá-la por causa da maneira como tratara outra pessoa! Trate todas as pessoas com dignidade e respeito e dê a elas um feedback útil. Trabalhe de maneira que todas as pessoas saiam sentindo-se bem e desejando ter uma chance de retornar algum tempo depois. (Nós praticamos o que pregamos na WIN, onde, embora tenhamos que dizer "não" com frequência, procuramos fazê-lo de maneira muito amável. Por isso, as mesmas pessoas para as quais dizemos não acabam nos indicando para outros profissionais.)
- **Converse você mesmo com as referências e diga não aos candidatos pessoalmente.** Não se esconda atrás das pessoas nem do processo. Terceirizar esses processos pode ser mais eficiente e evitar que você tenha que dar más notícias, porém é uma falta de consideração. Ganhe credibilidade tratando possíveis contratados como seres humanos.
- **Não procure profissionais que sejam iguais a você.** Procure pessoas com as habilidades de que você precisa, gente que leve perspectivas diversas e que contribua com a cultura da empresa.
  - **Não se deixe seduzir por nomes importantes.** O fato de uma pessoa ter trabalhado numa grande empresa

O início da empresa   45

não significa que ela seja maravilhosa ou adequada para a sua startup. Há uma enorme diferença entre estar em um ônibus de uma grande empresa e assumir a direção de um ônibus. Também existem pessoas extremamente talentosas por aí que nunca trabalharam para empresas renomadas.

- **Preste atenção especial nos que "estão ressentidos".** As melhores pessoas contratadas sempre estão querendo provar alguma coisa e são motivadas por um profundo desejo de destacarem-se no trabalho.
- **Descarte pessoas motivadas apenas por dinheiro.** Se o foco do candidato for o salário alto, você deve se questionar se ele é ou não a pessoa certa. Ser motivado pela participação societária é uma história diferente, pois isso está amarrado ao desempenho e demonstra que a pessoa acredita na empresa.

- **Faça com que sua empresa seja atraente para funcionários em potencial transformando-a no melhor lugar para trabalhar.** Sua empresa deve ser o lugar em que todo mundo está louco para trabalhar. Não há mais privilégios para funcionários e não há privilégios para empresas. O melhor lugar para trabalhar não é aquele que oferece massagem e comida *gourmet*; o melhor lugar para trabalhar é aquele que se preocupa com o que foi alcançado, com o que foi aprendido e com a forma de tratar as pessoas.
  - **Voe alto.** Seja inspirador em relação àquilo que está tentando alcançar.
  - **Seja humilde.** Jamais pare de tentar melhorar.
  - **Seja uma pessoa com a qual as pessoas achem divertido passar o tempo.** Preocupe-se com seu time. Imagine que o seu trabalho é o melhor e mais prazeroso

que já existiu. Isso nunca é uma questão de dinheiro, e sim de ser parte de algo significativo.

- **Promova uma cultura de inclusão.** Certifique-se de que esteja construindo um lugar em que cada integrante da sua diversificada e talentosa equipe tenha o sentimento de pertencimento.

Parabéns pelo seu crescimento e pela necessidade de contratar. Você encontra-se em uma boa posição. E em breve estará em uma posição ainda melhor. Recrute sempre!

Tudo de bom,

Maynard

Quando você precisa contratar um superstar

Caro empreendedor,

Você só deveria contratar superstars.

Sabemos que erros na contratação saem caro. Portanto, é melhor evitá-los... mas como? O que você pode fazer no início para evitar surpresas futuras? Embora funcionários com habilidades e históricos diversos sejam necessários para construir uma empresa de destaque, creio haver atributos universais que funcionários excelentes tendem a compartilhar. Quando contrato, eu:

Valorizo indivíduos com histórico de sucessos. Não procuro apenas uma pessoa que foi promovida no último emprego e no anterior (apesar de também estar à procura disso). Procuro pelo sucesso durante um longo período. Pergunto o que elas fizeram de significativo pessoalmente. Enxergo a progressão rápida na carreira como um bom sinal. Evito profissionais que querem a garantia de que o trabalho seja fácil e de que poderão explorar o serviço dos outros para ganhar toneladas de dinheiro (acredite, isso acontece em entrevistas).

Procuro uma pessoa que esteja ressentida e tenha algo a provar. Não é a perfeição que você deve premiar nem um currículo equilibrado. Opte por contratar uma pessoa que tenha algo poderoso que a motive a ser bem-sucedida – alguém batalhador e muito determinado. Por exemplo, uma pessoa que pelejou na faculdade, mas que desenvolveu vários empreendimentos bem-sucedidos quando estava estudando pode muito bem ser o candidato perfeito para você. Quando faço recrutamento, invariavelmente pergunto sobre o passado das pessoas desde o início do ensino médio, e quero saber em que gastaram o tempo. Busco uma pessoa com histórico de excelência e que faça além do esperado, que tenha vontade de encarar desafios difíceis e assumir riscos. Trabalhei com pessoas que só tiravam nota 10 na escola e faziam balé, pessoas que tinham barraquinhas de limonada e vendiam mais a cada verão, e pessoas que foram os primeiros da família a fazer faculdade. E *qual* universidade eles frequentaram nem sempre é importante. Na verdade, as estatísticas mostram que a maior parte dos CEOs das grandes corporações estudou em universidades estaduais ou universidades particulares menos conhecidas, e não em instituições pertencentes à Ivy League[2] nem em nenhuma outra universidade de elite. Veja uma pessoa como Lee Scott, o CEO aposentado do Walmart, que foi recrutado para o conselho do Yahoo!. Conhecemos as raízes dele – Scott trabalhou fazendo moldes de pneus a 1,95 dólar por hora para pagar a faculdade, enquanto morava em um trailer com a esposa e o filho, antes de entrar no departamento de transporte da Walmart e ascender na carreira –, e achamos a história dele incrivelmente inspiradora.

Busco quem não aceita "não" como resposta. Algumas pessoas enxergam barreiras; outras, oportunidades. Os melhores funcionários provavelmente ouviram que "não podiam" um monte de vezes. Ainda assim, não deixaram que isso os desencorajasse. Veja a ativista da educação Reshma Saujani, cofundadora do Girls Who Code. Ela foi rejeitada pela Faculdade de Direito de Yale três vezes antes de conseguir uma transferência para lá. Mais tarde, concorreu a um cargo público e perdeu feio. Entretanto, determinadíssima, continuou a perseguir seus sonhos e tornou-se um modelo que abrilhanta o poder da coragem em detrimento da perfeição para as mulheres – e para todo mundo – no mundo todo.

Valorizo as pessoas que têm seguidores. Se essa pessoa vai a algum lugar, ela inspira outros a se juntaram a ela? Jamais subestime o poder de alguém para recrutar, pois isso sugere que ela passou anos

---

2. O termo Ivy League se refere a um grupo composto das oito universidades americanas de maior prestígio acadêmico. São elas: Harvard, Yale, Pensilvânia, Princeton, Columbia, Brown, Dartmouth e Cornell. [N. T.]

construindo relações baseadas em credibilidade e confiança. E, melhor ainda, isso sempre leva a uma nova infusão de ótimos talentos ávidos para seguirem seu líder aonde quer que ele vá.

Escolho pessoas que ajudarão a mim e a minha cultura a crescer. Não tenho nem como começar a enumerar quanto aprendi com as pessoas com quem trabalhei. Elas têm anos de experiência envolvendo problemas diferentes, organizações diferentes e atitudes diferentes. E, para CEOs – particularmente aqueles que estão no início da carreira –, não tenho como recomendar mais o valor da contratação de pessoas que se comprometerão a ajudá-los a crescer como líderes. Não elimine pessoas por parecerem não se "encaixar na cultura" (veja a carta "Quando você precisa de diversidade nas contratações") – abrace as diferenças e permaneça concentrado com rigor nos atributos culturais que *realmente* definem a sua empresa.

Para finalizar, um lembrete: contratar uma pessoa requer romantismo. Não interessa quanto sua empresa já cresceu, lembre-se de que deve vender aquilo que será trabalhar com você e com a sua empresa – e o processo de recrutamento oferece uma excelente janela para isso. Não deixe o seu processo de avaliação tão estressante a ponto de deixar os candidatos tomarem por você a decisão de quem contratar. Boa sorte!

Tudo de bom,

Maynard

Quando você precisa definir a sua cultura

Caro fundador,

Desde o primeiro dia, é importante prestar atenção na cultura. O que você quer que a sua empresa represente? Qual é o propósito dela? E os valores? Como as pessoas são tratadas? O que você pensa sobre flexibilidade de horário? E sobre trabalho remoto? Como você aborda questões de desempenho? A lista é interminável. Eu poderia seguir elencando itens até cansar...

Isso pode parecer impressionante, mas uma cultura se desenvolve quer você a estruture ou não. Por isso é essencial:

1. Ter um ponto de vista sobre qual cultura você quer.
2. Ser um modelo daquilo que estabeleceu como cultura.

Primeiro passo para você definir sua cultura:

- **Não adote a cultura de outra empresa e a adapte à sua.** A autenticidade é importante. Você tem que desenvolver um ponto de vista sobre o que quer que a empresa seja – caso contrário, ela não dará certo. É claro, dizem que a imitação é a melhor forma de lisonja, mas, quando o assunto é startup, seguir a moda do momento é uma receita para o fracasso. A imitação de culturas – seja ter uma mesa de totó na empresa ou atribuir nomes estranhos aos cargos com a palavra ninja neles – nunca dura. A melhor maneira de construir uma cultura forte é começar pelo início: prestar atenção aos seus valores e pensar em que tipos de práticas os contemplarão e ampliarão. Uma cultura forte é uma cultura genuína.

- **Como você decide o que é importante?** Comece com uma série de perguntas. Todas elas têm respostas únicas que podem ajudar a identificar quem você é e aquilo com que sua empresa se preocupa. Faça a si mesmo perguntas como:
  - Quanto você é econômico? Josh James, o fundador da Domo, postou um ótimo texto em seu blog (www.josh james.com/2012/04/dont-spend-money/) sobre por que não trocou o carpete manchado de sua sala nova: ele disse que era um ótimo lembrete para que continuasse "batalhador".
  - Como você demonstra que se importa com seus funcionários e que toma conta deles? Quando eu era CEO na LiveOps e o diretor financeiro quis cortar a refeição gratuita, não permiti que isso acontecesse porque mandaria a mensagem errada para os funcionários.
  - Qual é a aparência da sua sala? No eBay, fiquei chocado ao saber que trabalharia em uma baia, depois vi que Meg Whitman usava um espaço igual e essa disposição exemplificava o estilo aberto e colaborativo que definia o local de trabalho.
  - Você tem um ambiente para o aprendizado? Quais são as oportunidades para os funcionários receberem orientações e crescerem pessoalmente? O Facebook tem o "hackamonth", programa em que os funcionários tiram um mês de folga para trabalharem em um projeto pelo qual são apaixonados. A Bain permite que depois de três anos os funcionários façam um "estágio externo" em um departamento ou organização diferentes.
  - As pessoas têm que ir ao escritório ou podem trabalhar de casa? Na WIN, valorizamos mais os resultados do que o contato cara a cara e permitimos que as pessoas trabalhem de onde quiserem.

- Qual é a carga horária que se espera do funcionário? Na Salesforce, os funcionários podem tirar sete dias por ano para dedicarem-se a trabalhos voluntários, sinalizando assim que as pessoas estão na empresa para fazer mais do que o próprio trabalho – elas também têm tempo para se dedicar às suas comunidades.
- Quanto tempo as pessoas devem ficar no escritório? A lavanderia que o Google tem nas suas instalações mostra que a empresa encoraja os funcionários a passar mais tempo no trabalho do que em casa.
- Como você gerenciará os prazos? Na WIN, os prazos são importantes e as próprias pessoas os estabelecem; também temos uma determinação de que as respostas têm que ser dadas em horas, não em dias.
- Serão permitidos bichos de estimação no escritório? Não me agradavam as lambidas que o labrador dava na minha cabeça quando ia à minha baia na época em que fui CEO na LiveOps, mas o dono do cão gostava de tê-lo por perto.
- Como você recepciona os novos funcionários? Na LiveOps, eu dava as boas-vindas a todos os funcionários novos no primeiro dia de trabalho. Também comprávamos rosquinhas e pedíamos às pessoas para aparecer e dar um oi para os novos colegas. Infelizmente, isso serviu de estopim para outro fenômeno cultural – o ganho de dez quilos na startup!
- Como você lida com os desligamentos? Nos primórdios do eBay, não dávamos muita importância para as saídas. Mas depois passamos a apoiar mais os indivíduos em busca de seus sonhos em outro lugar, e começamos a parabenizá-los quando estavam deixando a empresa.
- Como você lida com os problemas? Você conversa com as pessoas sobre eles cedo ou espera? Na HP, Meg Whitman

O início da empresa   53

implementou uma política de "24 horas para resolver ou passar a um superior". No eBay e na LiveOps, fazíamos autópsias em cada problema encontrado. Para que não transformássemos isso em um jogo de busca de culpados, encorajávamos as pessoas a procurar ajuda cedo e a aprenderem com seus erros.

- **Também é importante levar em consideração a forma como a sua cultura pode evoluir à medida que a empresa se transforma e cresce.** O que funciona para três fundadores não funciona para 50 pessoas ou 5 mil. Tivemos que nos concentrar nessa questão no eBay, tentando descobrir de que maneira poderíamos continuar fiéis aos nossos valores essenciais e ainda permanecer abertos à mudança de algumas de nossas práticas. (Nunca perdemos de vista o fato de que éramos um marketplace e de que promover o sucesso dos vendedores era o nosso principal negócio, mas mudamos alguns processos. Por exemplo, eu deixei de tomar todas as decisões finais sobre as novas funcionalidades e sobre todos os itens de um orçamento depois que crescemos.)
  - Nunca se esqueça de que uma cultura se calcifica muito rápido. Ao mesmo tempo, o mundo muda e evolui constantemente, e as culturas precisam ser fluidas o bastante para acompanhá-lo. Leve em consideração, por exemplo, como o comando e o controle – no passado o estilo gerencial que definiu uma geração de empresas – são em grande parte considerados antiquados. Se a sua cultura não é atrativa para a geração seguinte de funcionários e você não a altera, perderá talentos.
  - Os fundadores devem dar uma conferida na cultura a cada seis meses com a seguinte pergunta: "Ainda acreditamos nisto?". O que costumava funcionar não funcionará para sempre, então esteja preparado para mudar. Você tem que

se perguntar quais elementos da sua cultura levará consigo quando crescer e quais deixará para trás.

Acredito que a autenticidade seja um elemento crucial das culturas mais fortes, pois ela fornece uma fundação sólida que também é flexível e fluida. Esse tipo de cultura não é construído copiando alguma outra empresa – é construído a partir da criação de algo em que você acredita.

Como falei no início, a sua empresa terá uma cultura. Você pode tomar as medidas para instituir e viver a cultura que quer ou ela crescerá espontaneamente. A escolha é sua.

Tudo de bom,

Maynard

P.S.: Nesta carta, incluí um apêndice que descreve a cultura em várias organizações nas quais trabalhei. Eu o inseri para mostrar que não existe fórmula mágica. Alguns desses lugares não tinham como ser mais diferentes uns dos outros.

....

Apêndice

Durante a minha carreira, trabalhei nas empresas mencionadas a seguir e vivenciei a cultura de cada uma delas.

Forte cultura paternalista. Minha primeira experiência profissional foi na IBM, e, a certa altura, achei que seria um funcionário de carreira. Havia uma cultura muito hierárquica e um conjunto de valores que faziam a execução das coisas funcionar, mas isso não cultivava a inovação de vanguarda. Um dos mantras da IBM era: "Você pode voar como um pato, mas tem que voar em formação". Todos os gerentes recebiam treinamento no estilo "isso pode, isso não pode". Os funcionários costumavam chamar isso jocosamente de "escola lobotomizadora". Também havia a ênfase no mentoring e no feedback. A empresa investia muito no pessoal e fazia pouquíssima contratação externa, pois costumava promover internamente. Ela tinha ótimos benefícios e sua prioridade era fazer o pessoal sentir-se seguro e protegido. A IBM também esperava que o funcionário colocasse a empresa em primeiro lugar – as pessoas se mudavam para onde a IBM queria que fossem –, mas, enquanto a pessoa estivesse desempenhando bem o trabalho dela, tinha um emprego vitalício.

Os que têm e os que não têm. Quando comecei a trabalhar na Figgie International, esperava que todos se tratassem com justiça, respeito e dignidade, o mesmo que eu havia vivenciado na IBM. Contudo, esse não era o caso na Figgie, uma holding com um portfólio de 42 empresas, inclusive a Caterpillar e a Rawlings Sporting Goods. A sede da corporação parecia um resort sofisticado com três belos prédios de tijolos conectados por um sistema de túneis. A sra. Figgie escolhia a decoração da sala de todos os funcionários – ninguém tinha liberdade para se expressar pessoalmente. Havia quadras de basquete e uma enorme lanchonete; além disso, todos os diretores ganhavam um Jaguar, que a empresa também lavava para eles toda semana. Entretanto, nenhuma das empresas subsidiárias usufruía dessas regalias. A Figgie comprava aquelas empresas, tentava torná-las mais lucrativas, depois aumentava o preço e as vendia para outra pessoa. Ela literalmente sangrava aquelas empresas. O diretor financeiro tinha que aprovar todas as solicitações acima de determinado valor – e ele geralmente negava. Como resultado, todos nas subsidiárias viviam aflitos com a possibilidade de serem demitidos e havia uma cultura de desconfiança e angústia constantes fora da sede corporativa. Eu nunca tinha vivenciado uma divisão tão grande entre "os que têm" e "os que não têm". Saí de lá depois de um ano.

Cultura da inovação (e do trabalho duro). Na Thomas--Conrad, éramos inovadores no espaço do networking, o que era empolgante. Entretanto, esperava-se que as pessoas trabalhassem uma quantidade louca de horas e geralmente havia demissões por delitos mínimos. Embora fôssemos muito inovadores, não era um lugar divertido nem inspirador para trabalhar por causa da maneira desagradável com a qual as pessoas eram tratadas.

Cultura política que valoriza o pedigree. A Quantum, uma fábrica de unidades de disco rígido, era conhecida por ter uma boa cultura, mas também era muito política. Eles deixaram claro que eu não estava destinado a ser um executivo do alto escalão porque não tinha o "visual" nem diploma da Faculdade de Administração de Harvard. Tinham um bom desempenho e eram muito conscientes em relação aos custos – davam importância para cada centavo.

Cultura de inovação e diversão do Velho Oeste. A Bay Networks, empresa de roteadores e hubs que estava impulsionando a internet, foi criada pela fusão entre uma empresa da Costa Leste chamada Wellfleet – que agia como uma startup da Costa Oeste – e uma empresa da Costa Oeste chamada SynOptics – que agia mais como uma empresa da Costa Leste (por exemplo, eles usavam paletó e gravata terno às sextas-feiras). A essa altura na minha carreira, eu estava começando a participar de conselhos e a prosperar, e eles viabilizaram isso para mim e comemoraram o meu sucesso. Ninguém se preocupava com pedigree, a preocupação deles era que as pessoas fizessem as coisas acontecerem. A empresa possuía expectativas altas e exigia trabalho pesado de todo mundo, mas era um lugar muito afetuoso e divertido.

Cultura em processo de mudança. Quando entrei para a Gateway, ela se encontrava no meio de uma metamorfose. O CEO tinha acabado de assumir, e a empresa estava mudando a matriz da

O início da empresa   57

Dakota do Sul para San Diego. Era um lugar legal e eles me trataram bem. Fiquei lá um ano apenas, portanto não sei como a cultura evoluiu e por fim se estabeleceu.

Duas culturas, porém ambas apontadas para o sucesso. No eBay realmente tínhamos duas culturas: uma no lado dos negócios e outra no dos produtos/engenharia. No lado dos negócios, havia muita rivalidade e competição pelos cargos mais altos, apesar de todos geralmente trabalharem e se comunicarem de forma profissional. No lado da tecnologia, éramos bons colegas de trabalho, mas eu nos apelidava de "mulas de carga" porque sabia que, se caíssemos do penhasco, cairíamos todos juntos. Em ambos os lados, havia uma cultura que valorizava o sucesso com base nos fatos e nos indicadores.

Cultura dividida. Quando entrei na LiveOps, as equipes eram muito divididas. A de vendas e a de administração ficavam de um lado, e a de engenharia, de outro. A divisão era tão evidente que elas ocupavam dois prédios. Precisávamos de uma cultura mais unificada, então nos mudamos para um espaço onde todo mundo ficava junto, e fazíamos coisas divertidas para que todos nos aproximássemos – campeonato de avião de papel, happy hours às quintas-feiras, competições olímpicas e outros eventos divertidos. Tínhamos pessoas envolvidas em atividades que uniam os departamentos. Montamos uma equipe de voluntários para criar e gerenciar uma fundação, e também um grupo de voluntários chamado Equipe LiveOps para nos ajudar a coordenar as interações e a diversão.

Cultura voltada para o voluntariado. Marc Benioff se preocupa com filantropia desde o início da fundação da Salesforce. Foi pioneiro na implantação do modelo 1/1/1 (doar para a comunidade 1% do capital próprio, 1% do tempo dos funcionários e 1% dos produtos), programa que ocupa papel de protagonismo e central na Salesforce há 18 anos. Ele também concentrou-se na inovação e em inspirar a revolução na forma como os softwares são entregues. Deu uma ênfase implacável à execução e usava o seu processo V2MOM (um sistema com o qual a empresa define Visão, Valores, Métodos, Obstáculos e Medidas, ou indicadores) para religiosamente monitorá-la e conduzi-la. Como membro do conselho da Salesforce durante dez anos, achei maravilhoso fazer parte dessa jornada e vê-la evoluir. Marc criou uma cultura de accountability e compartilhamento, e ele se importa com o sucesso de todos os stakeholders (não apenas dos acionistas) – vemos isso na forma como ele luta por pagamentos iguais e cobranças discriminatórias.

Cultura voltada para o processo. Quando Marissa Mayer se tornou CEO do Yahoo!, mudou a empresa radicalmente ao implementar uma reunião semanal chamada FYI, às sextas-feiras à tarde, nas quais os funcionários tinham voz para expressar quais eram os principais problemas e sistematicamente colocar em prática o sistema PB&J (process, bureaucracy and jam) [processo, burocracia e congestionamento] que ela havia implementado. As pessoas gostam da oportunidade de escutar e contribuir, principalmente em períodos difíceis.

Cultura em progresso. A Visa é uma empresa incrivelmente bem-sucedida, com uma imagem e uma marca fantásticas. Atualmente, passa por uma transição para tornar-se ainda mais uma empresa de tecnologia e está disponibilizando essa tecnologia para que outros a usem. O ambiente de pagamentos está explodindo com novos concorrentes e novos tipos de serviço. Ciente disso, a Visa está promovendo a evolução da própria empresa e de sua cultura. Estou empolgado com a oportunidade de vê-la evoluir.

Quando você precisa de diversidade nas contratações

Caro empreendedor,

Resolvi escrever uma carta sobre a importância de fomentar a diversidade – e sobre como fazer isso – e descobri que a cada semana, às vezes a cada dia, essa questão fica mais complicada. Desde que comecei esta carta para você, deve ter havido novas acusações contra investidores e startups. O Vale do Silício, onde moro e trabalho – um local que adoro por causa de seu compromisso com a inovação e o apoio aos fundadores –, vem sendo exposto como um ambiente que poderia ser amplamente melhorado para um grande percentual da população ativa. Há espaço e motivos para que todos aperfeiçoemos os locais de trabalho de modo que eles apoiem e celebrem a diversidade.

Estou muito longe de ser especialista em diversidade, então decidi buscar ajuda e orientação de profissionais da área. O que sei é que ignorar essa questão não é uma opção. E, quanto antes você puder abordar isso como empresa, melhor. Por favor, leve isto a sério.

Compreenda por que a diversidade é importante.

É claro, todos sabemos que isso é a coisa certa a se fazer. Mas também é a coisa certa para fortalecer a sua empresa. O desempenho do seu negócio será melhor se ele for mais diversificado, porque uma empresa com diversidade é mais representativa da sociedade como um todo. Ela entende melhor os clientes, a comunidade e seu propósito. Não sou só eu que estou dizendo: há provas de que locais de trabalho diversificados têm melhor desempenho. Um relatório da McKinsey & Company indica que as empresas de tecnologia com maior diversidade racial são 35% mais propensas a ter retornos financeiros superiores do que a média nacional do setor de tecnologia. Empresas com maior diversidade de gênero são 15% mais propensas a ter um desempenho melhor do que as outras.[3]

Tive a honra e o privilégio de trabalhar diretamente com as duas melhores CEOs mulheres da área de tecnologia: Meg Whitman, no eBay, e Marissa Mayer, no Yahoo!. Embora sejam completamente diferentes uma da outra, as duas figuram entre os líderes mais inspiradores e voltados para o resultado com quem já trabalhei. Quando dou um passo para trás e penso na maneira como as empresas subconscientemente mantêm as mulheres fora dos locais de trabalho e dos papéis de liderança, fico preocupado, porque estamos nos privando de ter um grande acervo de ótimas CEOs no futuro. Além disso, fico preocupado quando minhas netas veem capas de revistas em que há CEOs com uma aparência horrorosa igual à minha, pois pensarão que o mundo do empreendedorismo simplesmente não é para elas.

Tenho profunda admiração por empresas que não ignoram essa questão por pensarem que é "difícil demais" ou que "não é problema meu" e que, em vez disso, desenvolvem maneiras criativas de resolver a questão. Marc Benioff elegeu como prioridade acrescentar uma significativa diversidade ao conselho da Salesforce. Vi como isso faz diferença. Temos três mulheres e três afro-americanos no conselho, sendo que um deles foi secretário de Estado. Temos o ex-embaixador do Japão e recentemente acrescentamos um comissário da União Europeia. Sempre tivemos um conselho bom e colaborativo enquanto eu estava no comando, mas toda essa experiência acrescentada ao conselho deixa o diálogo bem mais rico.

Esse empenho em abraçar a diversidade não está refletido apenas no conselho, ele perpassa a empresa toda. Começou alguns anos atrás, quando duas executivas foram à sala de Marc perguntar se podiam dar uma olhada se a empresa estava pagando às mulheres menos do que aos homens. Marc reconhece que aquilo foi uma surpresa e, ainda que fosse

---

3. Disponível em: <www.mckinsey.com/business-functions/organization/our-insights/why-diversity-matters>.

cético, foi compreensivo e sábio o suficiente para autorizar uma revisão interna. Os líderes da empresa analisaram os salários de sua força de trabalho – 17 mil funcionários na época – e descobriram que, apesar de jamais ter sido intenção deles pagar às mulheres menos do que aos homens, era isso o que estavam fazendo. Como resultado, acrescentaram 3 milhões de dólares à folha de pagamento para desfazer essa injustiça. Em 2017, após um ano de crescimento recorde, eles novamente reavaliaram a folha de pagamentos, ampliando seu escopo para que abrangesse os salários globalmente. Além disso, analisaram tanto a questão do gênero como a racial. Isso resultou em um gasto de mais 3 milhões de dólares para a Salesforce – 6 milhões no total até então – para solucionar diferenças injustificadas nos pagamentos. Marc também criou o Programa de Liderança de Alto Potencial, para propiciar habilidades de liderança e promover mulheres no local de trabalho. O programa levou a um aumento de mulheres promovidas em um ano. Ele também acrescentou uma determinação para garantir que mulheres fossem consideradas para as vagas abertas. Mas não se restringiu à diminuição da disparidade relativa ao gênero. Fez da diversidade racial uma de suas prioridades mais importantes, levando a empresa a nomear o primeiro diretor de igualdade, que se reporta diretamente a Marc.

Tenha em mente que terá de trabalhar duro para aumentar a diversidade na sua empresa, mas vale a pena.

Recentemente, eu estava visitando uma das empresas do nosso portfólio para a primeira reunião do conselho de administração. Não pude deixar de notar que todos os novos contratados eram brancos, jovens e homens. Perguntei por que, e me responderam: "Sabemos que isso é um problema, mas simplesmente não temos tempo suficiente para achar outras pessoas boas agora".

O negócio é o seguinte: esse é um problema que eles podem resolver, e que devem resolver, se quiserem garantir os melhores resultados para a empresa. Tenho que admitir, uma parte de mim sentia que eu não tinha nada que falar para a empresa que ela precisava se concentrar na diversidade. Afinal de contas, também sou branco e homem. Porém, nos últimos oito anos na WIN, além dos meus 40 anos de carreira, passamos a enxergar a importância crucial de discutir sobre transformar a empresa em um espaço inclusivo – e fazer isso no início é muito mais fácil.

Eu sei o que é necessário para construir uma empresa grande. Também sei que há um monte de candidatos diversificados inteligentes e capazes para fazer esse trabalho. Estamos vendo um crescimento de matrículas tanto de mulheres quanto de outras minorias em cursos de tecnologia. Com 50% da população do sexo feminino e quase 50%, nos Estados Unidos (frequentemente há empate), de pessoas racialmente diversificadas, o problema não é de "tempo", portanto essa não é uma resposta adequada. Os especialistas que consultei disseram: "falta de tempo é uma das piores desculpas usadas hoje em dia".

Dimensione o seu problema.

O primeiro passo para melhorar a diversidade na sua empresa é mensurar o tamanho dela. Qual é o tamanho da diversidade no seu funil de contratação? Qual é a composição atual dos seus funcionários levando em consideração gênero, raça, religião, região de origem? Como é a variação deles por departamento ou cargo? Levando em consideração cada uma dessas facetas, como você aloca promoções? Como foi a variação de ocupação de cargos importantes? E dos salários?

Essas perguntas provavelmente serão *desconfortáveis*, e é provável que o simples fato de fazê-las leve a atritos na sua equipe, porque ninguém vai querer ser rotulado de racista ou sexista. Assuma seu papel de líder para atravessar essa situação reconhecendo os próprios pontos cegos e se comprometendo a escutar e compartilhar a responsabilidade pelas deficiências da empresa até então.

O início da empresa   63

Aja agora, enquanto ainda é relativamente pequeno.

As empresas têm a obrigação moral e fiduciária de serem receptivas a diferentes idades, gêneros, raças e perspectivas. Com muita frequência, no entanto, vejo empresas empurrando essa questão com a barriga e depois tentando abordá-la quando suas culturas já estão problemáticas. Masha Sedova, cofundadora da Elevate Security, uma das empresas com as quais trabalhamos na WIN Labs, me ajudou a fomentar meu pensamento sobre *quando* as empresas têm que começar a pensar nisso. Ela me falou que a diversidade é um valor tão importante para a empresa dela que a priorizou nas contratações desde o início – desde a primeiríssima contratação. "Pessoas com históricos diferentes solucionam problemas de formas mais interessantes", afirma Masha. "Elas concebem soluções que pessoas com ideias parecidas não conseguem enxergar. As primeiras cinco contratações fazem uma diferença."

Todas as empresas precisam evitar se esquivar dessa importante questão. Sei que isso é difícil, mas precisamos priorizar a necessidade de diversidade de nossas empresas e devemos tentar resolver isso desde o início. Especialistas dizem que a diversidade deve ser inculcada nas empresas cedo – quando tiver mais que 50 funcionários, pode ser tarde demais.

Consultei especialistas, inclusive Lori Nishiura Mackenzie, diretora executiva do Instituto Clayman de Pesquisas de Gênero, da Universidade Stanford; Laura Mather, CEO da Talent Sonar, empresa de soluções em RH; Masha Sedova, cofundadora da Elevate Security; Beth Axelrod, vice-presidente do programa Employee Experience da Airbnb; além de advogados e profissionais de RH do eBay, da Salesforce e da Visa, para que me dessem conselhos sobre como gerar diversidade no ambiente de trabalho. Você deve começar a dar alguns passos bem definidos agora.

- **Transforme a inclusão e a diversidade em parte da sua cultura corporativa.** As pessoas vão contratar com base no "encaixe" – e isso geralmente significa pessoas parecidas com elas mesmas. Em vez disso, se você desenvolver a cultura de que o "encaixe" significa pessoas que expandam quem somos, a diversidade será pertinente com o seu futuro sucesso.

- **Pense na empresa que você quer construir, não nas poucas vagas abertas no momento.** O que é importante no longo prazo? Geralmente somos enredados pela necessidade de curto prazo de adicionar alguém com uma habilidade funcional, como gerenciamento de projetos, por exemplo. Também precisamos levar em consideração de que maneira cada pessoa enriquece a diversidade geral de abordagens e experiências que ajudarão a conduzir a equipe ao longo do crescimento e dos desafios.

- **Priorize as habilidades que está procurando antes da entrevista.** Não faça uma lista enorme de itens. Estabelecer os critérios antes de se encontrar com os candidatos o ajudará a avaliar com mais justiça e eficácia os candidatos com experiências diferentes, porém iguais.

- **Descarte critérios desnecessários que possam gerar tendenciosidade.** Livre-se de qualquer coisa que possa estar filtrando pessoas com qualidade – por exemplo, expectativa rigorosa em relação a anos de experiência, formação em um grupo de universidades renomadas ou determinado tipo de currículo que pode não estar disponível. Por exemplo, soube, por meio de uma apresentação de Lori, que, ao excluir a exigência de que os candidatos tivessem feito o programa de ciência da computação do ensino médio, Carnegie Mellon aumentou o percentual de mulheres de 7% para 42% em cinco anos. Você também pode acrescentar em todas as descrições de vagas um aviso que encoraje pessoas que não se encaixem *precisamente* às especificações do cargo a se candidatarem mesmo assim.

- **Retire a tendenciosidade inconsciente do processo de contratação.** Escreva as especificações do cargo e faça um teste para se certificar de que ele não é atrativa para apenas um grupo de pessoas, como homens, por exemplo. Se queremos uma força de trabalho talentosa, precisamos procurar em toda a população, não apenas na metade! Pense nas palavras que você usa. "Dominante" e "competitivo" são vistos como traços positivos para homens, porém como atributos negativos para as mulheres. De maneira similar, "melhor dos melhores" e "enérgico" atraem mais homens e automaticamente fazem as mulheres não se candidatarem. "Ninja" é outra, já que os ninjas japoneses historicamente eram homens.[4] Palavras como "cultura extrema" ou "exclusivo" afastam muitas pessoas e as desencorajam a se candidatar. Outras palavras, como "lealdade", "paixão" e "colaboração", demonstraram-se mais atrativas às mulheres, dizem os especialistas. Não estou dizendo que você não possa usar essas palavras, mas é importante compreender como usá-las – certifique-se de que as especificações sejam bem equilibradas e que chamem a atenção igualmente de todos os gêneros. Masha usou um aplicativo chamado Textio para conseguir remover tendenciosidade e atrair mais candidatos. Inicialmente, ela diz que as exigências para o cargo chamavam mais a atenção de homens, mas a empresa mudou a linguagem para que elas ficassem mais neutras em relação a gênero e igualmente atrativas para homens e mulheres.

- **Procure talentos em lugares improváveis e negligenciados.** Masha estava procurando maneiras de recontratar mães que eram ótimas programadoras, mas que deixaram o

---

4. PECK, Emily. Here Are the Words That May Keep Women from Applying for Jobs [Eis as palavras que podem fazer as mulheres deixarem de se candidatar a uma vaga]. *Huffington Post*, 2 jun. 2015.

mercado de trabalho para criar os filhos. Ela sabia que existia um acervo de talentos que queria flexibilidade além daquela que o trabalho corporativo convencional podia promover, e que isso era algo que ela podia oferecer. "Não conheço muitos exemplos de empresas que vejam as mães com bons olhos, então eu decidi criar isso." Ela divulgou oportunidades de trabalho em creches como forma de mirar em pessoas que tinham muito a oferecer e também para demonstrar que compreendia as circunstâncias delas e que podia acomodá-las. Na LiveOps, descobri que muitos dos nossos agentes com os melhores desempenhos eram mulheres que valorizam a flexibilidade, e que haviam sido negligenciadas pelas corporações americanas convencionais.

- **Empregue um grupo diversificado de entrevistadores.** É bem mais provável que profissionais do sexo feminino se juntem a uma empresa quando podem interagir com mulheres que já trabalham nela e fornecem seus testemunhos sobre o compromisso da companhia com a diversidade. Na verdade, um dos fatores mais importantes para que uma mulher aceite um trabalho é haver ou não mulheres na equipe de entrevistadores. Isso porque uma mulher na equipe de entrevistadores sinaliza que a candidata pode ser bem-sucedida naquele ambiente de trabalho, explica Lori. E é mais provável que essa mulher fique se ela acreditar que está alinhada com os indicadores culturais de sucesso, e não apenas por possuir as habilidades técnicas pra ser bem-sucedida. Além disso, como prática recomendada, você deve acompanhar o desempenho dos seus entrevistadores: com quem os novos contratados gostam de lidar? Quem ajudou a identificar profissionais que perduraram e foram bem-sucedidos na sua empresa?

- **Reconsidere a forma como define a diversidade.** Abra os olhos para as muitas maneiras como podemos pensar o que a diversidade significa. As diversidades de gênero, raciais e étnicas podem ser visíveis, mas assegurar outros tipos de diversidade, como formação educacional, região de origem, situação financeira, status familiar, deficiência, orientação de gênero, expressão/identidade de gênero, ideologia política, afiliação religiosa, faixa etária e neurodiversidade (pessoas que podem ligar os pontos de forma diferente), também é importante. Amy Weaver, consultora jurídica da Salesforce, me falou: "Ter pontos de vista de funcionários com históricos variados reflete as comunidades a que atendemos e nos ajuda a tomar decisões melhores".

- **Aprenda a valorizar o percurso pessoal.** Geralmente valorizamos indicadores reconhecíveis de sucesso, como faculdades de elite ou experiência de trabalho em empresas relevantes. Somos menos habilidosos em reconhecer talentos singulares, ou aqueles cujas jornadas são possivelmente mais longas e menos tradicionais; em muitos casos, esses candidatos podem demonstrar determinação exemplar, resiliência e criatividade na solução de problemas.

- **Use dados e fatos, não preferências pessoais, para avaliar candidatos da mesma maneira.** Um estudo concluiu que candidatos brancos recebem 50% mais retorno do que candidatos com exatamente o mesmo currículo, mas de etnia diferente. Crie um sistema-padrão de avaliação e indicadores e utilize-os da mesma maneira. Algumas empresas retiram os nomes e as fotos antes de analisar os currículos, para que não se tenha conhecimento de etnia e gênero.

Está na hora de parar de pensar na diversidade como "um problema" e encará-la como "uma oportunidade". Em 2022, espera-se que a força de trabalho seja composta de 47% de mulheres e 40% de minorias. Se encontrarmos uma maneira de ser atrativos a todos e nos tornarmos um ímã para a abertura, a diversidade e a inclusão, teremos uma empresa mais forte no futuro.

Tudo de bom,

Maynard

Quando você precisa criar um ambiente de trabalho inclusivo

Caro empreendedor,

Escrevi sobre a importância de pensar em diversidade desde o início e como contratar com diversidade, mas o que dizer a respeito da manutenção de uma cultura da diversidade? Agora que você tem diversidade na sua força de trabalho, como reter os funcionários? Como desenvolver uma cultura de inclusão e pertencimento?

Depois de estabelecido um ambiente de trabalho que reflete a diversidade, você deve fazer um trabalho importante para que todo esse talento prospere – isso significa criar um ambiente de inclusão e pertencimento. Novamente, procurei um grupo de especialistas mais qualificados do que eu em busca de conselhos sobre como criar esse tipo de ambiente de trabalho. Isto é o que eles têm a dizer:

- **Examine a sua cultura.** A diversidade não envolve somente a contratação das pessoas. Para realmente tornar o seu ambiente de trabalho mais inclusivo, avalie os seus métodos de aconselhamento e promoção.
- **Apoie uma cultura que celebre a inclusão.** Infelizmente, algumas empresas em estágios iniciais promovem uma forte "cultura dos manos", o que pode fazer muitas pessoas sentirem-se excluídas. Abraçar a diversidade significa que você pode precisar mudar a maneira como trabalha para acomodar uma ampla gama de pessoas. Empregue políticas que sejam equitativas tanto para homens quanto para mulheres. Por exemplo, licença-paternidade pode ser um passo e tanto na construção de empatia para todos, pais e mães, além de ajudar a construir uma duradoura lealdade à empresa. Encontre formas de manter os

integrantes da equipe comprometidos com a missão e o trabalho da empresa, mesmo quando estão cuidando de seus filhos pequenos.

- **Você deve ficar atento à tendenciosidade inconsciente não apenas no processo de contratação; é importante mitigá-la ao longo de todas as fases do ciclo de vida do funcionário.** Áreas específicas nas quais avaliar a inclusão são: processos de avaliação, promoções e planos de sucessão.
- **Estimule e mensure comportamentos inclusivos de liderança.** Certifique-se de que todas as preocupações estejam sendo abordadas com seriedade (por exemplo, aja sempre que algo acender uma luz vermelha).
- **Compreenda que os aprimoramentos no ambiente de trabalho para promover a diversidade e a inclusão também ajudarão trabalhadores "tradicionais", assim como os da geração Y.** Isso pode incluir: promover o equilíbrio entre a vida profissional e a pessoal, demonstrar o significado no trabalho e recompensar a lealdade – tudo isso é importante para muitos tipos de funcionários. Encontre uma maneira de acolher e celebrar todo mundo e assegurar que ninguém se sinta isolado. Providencie banheiros neutros do ponto de vista de gênero e um ambiente que assegure que os funcionários sintam-se à vontade.
- **Escute.** Leve em consideração a criação de uma força-tarefa interna, composta por quaisquer pessoas que estejam comprometidas em ver cada vez mais diversidade no seu negócio. Reúnam-se mensalmente e lhes dê autonomia para pegar práticas de outras empresas e empregá-las. Ouça com sinceridade as sugestões dessas pessoas. E lhes dê liberdade para falar e escrever sobre suas descobertas – isso pode ser inquietante, mas criar transparência sobre o interesse da sua empresa em melhorar ajudará a conquistar o apoio da sua próxima geração de funcionários. Solicite

feedback de seus candidatos que representam diversidade e peça a eles para avaliarem como você está se saindo e para compartilharem o que acham que pode fazer melhor.

- **Amplie o círculo.** À medida que você se empenha para tornar sua empresa um ambiente de trabalho moderno e inclusivo, eu o encorajo a expandir o seu círculo de preocupação ainda mais. Leve em consideração a criação de um programa de estágio específico para universidades majoritariamente femininas ou historicamente negras. Adote uma escola num bairro em situação de risco, faça doações a ela, leve os alunos ao escritório e comprometa-se com a melhoria da escola. Deixe os seus funcionários contarem a história da jornada da sua empresa, na esperança de que ela inspire outras pessoas a seguirem-no.

Você deu um passo importante ao inserir a diversidade nas suas contratações e agora deve assegurar que estabelecerá uma cultura que apoiará e estimulará esses funcionários. Lembre-se: esse trabalho deve ser constante e requer que você, de forma consistente, comprometa-se com ele e o fomente. Com o esforço, verá muitos resultados.

Tudo de bom,

Maynard

Quando você traz um executivo a bordo

Caro empreendedor,

Parabéns! Você pescou o peixe grande que estava querendo. E agora?

Temos a ideia de que *encontrar* um novo executivo para se juntar à equipe é a parte difícil, porém a verdade é que integrá-lo de forma bem-sucedida para que atinja os resultados desejados é o verdadeiro desafio. Ou seja, parabéns pela contratação – agora é hora de fazer com que ela dê certo.

Se você é um CEO de primeira viagem e é vários anos mais jovem do que esse profissional recém-contratado para a sua equipe, é possível que pense: "Contratei essa pessoa, uma especialista – ela saberá o que fazer". Por favor, POR FAVOR, resista a essa tentação. Conheço muitos CEOs que adotaram essa estratégia e ainda não vi isso dar certo.

O seu trabalho como gestor é ser inspirador, justo e honesto – e exigir responsabilidade das pessoas para que façam o melhor trabalho. Se fizer isso, não falhará. Não se sinta intimidado por anos de experiência, uma boa reputação ou simples bravata. Você é o líder e, embora ele possa ser o especialista dominante, você precisa assegurar que ele (e sua empresa) seja bem-sucedido.

Isso requer discussão ativa e comprometimento em todos os aspectos. Um recrutamento vencedor e uma estratégia de integração implicam muito diálogo e alinhamento ao redor de:

- O que é sucesso?
- O que se espera do novo executivo?
- Que nível de autoridade o novo executivo tem? (Que autoridade ele deve empregar? Que informações ele deve ter antes de demitir alguém?)

- Que comportamentos espera-se dele? Qual é o estilo apropriado à cultura?
- Como são os 90 primeiros dias?
- Quais problemas ele vai querer enfrentar logo de início? O que deve ser adiado?
- Qual é o ritmo das reuniões de acompanhamento? Com que frequência vocês se encontrarão?

Sou um fã da sistematização das questões acima em um documento para que exista algo que se possa consultar e conferir. As pessoas interpretam objetivos e expectativas de formas diferentes, por isso esse exercício é muito importante. Eu peço ao novo executivo para tomar a iniciativa de documentar o que discutimos para em seguida eu editar o texto dele. Depois disso, costumo conferir o documento com ele para ver como as coisas estão progredindo. Recomendo que se reúnam pessoalmente uma vez por semana para verificarem como as coisas estão caminhando. Essas reuniões também são uma oportunidade para dar conselhos e solicitar informações sobre como você pode ajudá-lo a ser mais bem-sucedido.

Se, instintivamente, algo o está incomodando, esconder as suas preocupações não vai ajudar ninguém. Quando articulá-las, tente fazer isso de maneira construtiva e busque a verdade, em vez de repreender.

Alguns outros pontos:

- Você contratou essa pessoa por uma razão. Portanto, sabe que algo deve ser feito de maneira diferente, então prepare-se para as mudanças. Vocês precisam apenas estar alinhados em relação a quais serão elas.
- Há muito a ser discutido e transmitido, porém não esqueça que ouvir é muito produtivo. Todo executivo recém-contratado deve ser lembrado da importância de ouvir a equipe. Recomendo que solicite informações sobre o que está indo bem e onde há a necessidade de melhorias.

- Como mencionado anteriormente, é provável que haja mudanças consideráveis; portanto, a equipe atual precisa ser avisada com antecedência sobre elas e aceitar o fato de que algumas coisas precisam ser feitas de forma diferente sob nova liderança. Se (ou, mais provavelmente, quando) as pessoas o procurarem para reclamar das mudanças, você precisa ouvir, mas também redirecioná-las para que tenham uma conversa transparente com o executivo.

- Não se esqueça do básico! Faça tudo ao seu alcance para que o novo funcionário se sinta acolhido. Designe alguém do departamento para dar uma volta com ele e mostrar o local de trabalho no primeiro dia. Leve-o para almoçar. Se você não puder fazer isso pessoalmente, certifique-se de que alguém da equipe o faça. Designe alguém para ser o "amigão" dele, uma pessoa que mostre como as coisas funcionam e monitore a forma como estão progredindo.

Lembre-se: você contrata alguém porque precisa de mudanças. Então crie as condições para implementá-las e para que sejam extremamente bem-sucedidas. Isso exige gestão ativa. Se você esperar, precisará trabalhar ainda mais. Não tenha a esperança de que as coisas vão melhorar num passe de mágica. Quanto melhor for o processo de acolhimento e aclimatação de uma pessoa, mais rápido ela gerará impacto e mais depressa você alcançará os resultados que está se empenhando para atingir.

Tudo de bom,

Maynard

2
O financiamento da sua empresa

Quando ninguém quer te dar dinheiro
CARTA ESCRITA POR JEREMY SCHNEIDER, DIRETOR EXECUTIVO
DA WEBB INVESTMENT NETWORK

Caro empreendedor,

Embora possa ser desanimador (e frustrante) o sentimento de que você não está progredindo na captação de recursos, saiba que muitas empresas da WIN estiveram numa posição semelhante em algum momento. Levantar capital demora e pode ser muito desestimulante. E você pode se sentir um Dom Quixote a perseguir moinhos de vento.

O nosso setor é bem radical: às vezes todo mundo quer dar dinheiro a você e, em outro período, ninguém deseja investir na sua empresa. Se este for o seu caso, é crucial concentrar-se em tornar o negócio o mais atrativo possível ao investimento. A forma como você reage a esses reveses e a maneira como prioriza seu tempo e esforço gerarão um grande impacto na sua felicidade e no sucesso da captação de recursos.

- **Antes de qualquer outra coisa, você está falando com as pessoas certas?** Não tenho como enfatizar mais a importância de escolher e avaliar aqueles que entrarão na sua lista de investidores. Você teve a oportunidade de falar com investidores e consultores que conhecem bem o mercado, que podem dar conselhos a você e que estariam dispostos a lhe abrir as portas? Se perceber que está se encontrando com investidores aparentemente aleatórios nos estágios iniciais, há grandes chances de você estar batendo na porta errada.
  - Geralmente, aconselhamos os nossos fundadores a categorizar investidores em cestos diferentes (nós os chamamos de "incursões"). Tente agrupar de três a cinco investidores

em cada incursão e entre em contato com cada grupo individualmente, em vez de bombardear todos de uma vez. Essa abordagem pode parecer mais lenta, mas ela sempre permite incorporar feedback e ganhar um ritmo ao longo das abordagens.

- **A captação de recursos é uma questão de geração e manutenção de ritmo.** Depois que se consegue um lead (um cliente em potencial), as rodadas de investimento costumam acontecer logo na sequência. Como se encontra um lead? Na sua primeira incursão a investidores, fale com vários leads e também com investidores-anjos que podem se comprometer antes de um lead. Em última instância, o lead vai determinar como será uma rodada de investimentos, mas às vezes progressos com anjos importantes também podem encorajar um lead a agir ou a apresentar você a outros com os quais ele frequentemente trabalha. Embora isso possa parecer ilógico, começar com alguns investidores menores pode às vezes render um resultado geral melhor.

- **Você está se preparando para o sucesso?** Existe alguma possibilidade de alavancagem para você ao participar dessas reuniões? Muitas vezes, a mais importante fonte de alavancagem para um fundador que busca captar recursos é gerar muito runway (você não precisa de recursos, mas sente que aquele é o momento certo). O seu "pedido" por investidores faz sentido? Você está levantando um valor apropriado para o estágio do seu negócio? Você tem a equipe e a abordagem certas para atacar o seu mercado? Os investidores podem agarrar-se a "assassinos de acordos" perceptíveis. Deficiências visíveis podem impedir que eles enxerguem outras virtudes da empresa, então eliminar preocupações importantes antes da reunião pode fazer uma grande diferença.

- **Você está internalizando os feedbacks dos investidores após uma reunião e trabalhando neles?** Se você começar a detectar um padrão na resposta dos investidores (por exemplo, eles acham que a ideia é muito nova, têm perguntas sobre o mercado, têm perguntas sobre os concorrentes etc.), é importante que você trabalhe essas preocupações e leve os feedbacks a sério. É fácil subestimar feedbacks de investidores (por exemplo, "O investidor X só passou 30 minutos comigo, como pode sequer ter entendido o produto que estou desenvolvendo?"), mas eles encontram-se com muitas empresas e são bem familiarizados com o mercado e com o momento em que uma empresa é "financiável". Se você puder se dar ao luxo, faça isto: algumas vezes pare de levantar recursos durante um mês ou dois e concentre-se no negócio e na transmissão de mensagens, pois isso pode fazer uma enorme diferença.

- **Você está sendo honesto consigo mesmo sobre o seu ritmo?** O ritmo é palatável, e você sabe quando o tem. Reuniões de acompanhamento não significam um ritmo necessariamente. O investidor dá a impressão de estar intervindo? Ele ou ela está procurando você para saber dos próximos passos, ou você se pega correndo atrás das pessoas? Na WIN, costumamos comparar o processo de investimento a apaixonar-se. Um investidor que fica empolgado com a sua empresa não medirá esforços para fazer as coisas acontecerem, e você vai sentir que está avançando a todo vapor.

- **Comece a pensar em planos B.** Você pode levantar um valor mais baixo para fazer progresso material? Há outros investidores em potencial (por exemplo, grupos corporativos de capital de risco ou players da indústria) que possam acrescentar um valor muito substancial e ser mais flexíveis em relação às determinações impostas ao fundo? Você também deve ter uma ideia de empresas que possam adquirir o seu negócio e começar a entrar em contato com elas, ainda que apenas para ganhar um fôlego enquanto você negocia com investidores.

Algumas coisas a evitar:

- **É fácil se amargurar durante o processo de captação de recursos.** Não se concentre em outras empresas que parecem ter vida fácil quando o assunto é captação de recursos. Tente não desmerecer as pessoas que não "entendem" o que você está construindo. Investidores são pessoas que captam essas emoções e geralmente as enxergam como sinal de fraqueza e falta de firmeza.
- **Evite prazos artificiais ou pressões de tempo.** Os investidores sabem quando algo está se movendo e quando não está. Pressa para ter uma reunião de acompanhamento, necessidade de clareza quando a rodada de investimentos está acontecendo etc. geralmente fornecem aos investidores uma desculpa para o descartarem. (Você ouvirá: "Não conseguiremos atender o seu prazo desta vez".)
- **Não seja lacônico nem dê respostas evasivas quando perguntarem sobre o estado do negócio ou a captação de fundos até o momento.** Os investidores fazem o dever de casa e acabarão descobrindo a verdade; portanto, é muito melhor ter o controle desse processo e desse diálogo do que tentar deixar essas questões de lado (uma vez mais, isso pode dar aos investidores uma razão para não hesitar em "descartá-lo"). É muito, muito melhor mesmo para um investidor lhe dar dinheiro sabendo dos espinhosos desafios que você está enfrentando do que lhe dar dinheiro com base em informações que não correspondem à realidade.

O processo de captação de recursos pode transformá-lo em um CEO melhor. Levantar capital é muito parecido com vender, só que nesse momento você não está vendendo um produto, e sim participações na sua empresa. Apesar de o processo ser cansativo, pode oferecer uma importante janela para a autorreflexão e uma oportunidade de dar mais coesão à sua história e de se concentrar nos impulsionadores mais importantes para o seu negócio. Além disso, essa experiência pode servir para encorajar você e sua equipe a participar da próxima rodada de financiamento da maneira mais convincente possível. Converse com alguns candidatos a lead que participarão da próxima rodada de investimentos e pergunte o que eles gostariam de ver em empresas como a sua. Concentre-se implacavelmente na obtenção dessa cifra (o ideal é que isso aconteça seis meses ou mais antes de você ficar sem dinheiro), e a experiência de captar recursos pode ser muito diferente na próxima vez.

Sucesso,

Jeremy

Quando todo mundo quer investir no seu negócio
Carta escrita por Jeremy Schneider, diretor executivo da Webb Investment Network

Caro empreendedor,

Faça uma pausa para comemorar o ar puro que está respirando agora. Muitos CEOs sonham em chegar a essa posição e você deve se sentir muito bem por capturar a atenção e o interesse de tantos investidores. Abaixo, seguem alguns conselhos que compartilhamos com os nossos fundadores ao longo dos anos. No geral, essas sugestões estão vinculadas a um tema comum: a importância de manter a perspectiva de longo prazo em uma situação de muita pressão.

Respire e lembre que esse é apenas o início da jornada.

É fácil ser enredado pelo entusiasmo e pelo fervor da captação de recursos. Como sou o investidor na mesa de negociações, só consigo imaginar como deve ser a sensação de estar no seu lugar.

Lembre-se de que *você* tem o poder de conduzir o processo, o cronograma e as expectativas. Os investidores podem às vezes criar um ambiente de pressão e prazos, monopolizando o seu tempo e a sua imaginação. Avalie a situação e certifique-se de que está falando com as pessoas certas. Há alguém na sua lista de quem você ouviu falar coisas muito boas, mas com quem ainda não conversou? Caso haja, tente entrar em contato com ela antes de a rodada de investimentos acontecer. Você trabalhará com seus investidores durante muito tempo, por isso envolver as pessoas certas vai gerar um impacto duradouro no seu negócio.

Continue a receber conselhos de amigos e consultores.

Converse com as pessoas e explique todos os pontos que variam nos diferentes term sheets (termos de compromisso) e as distintas experiências dos parceiros com alguém em quem você confia. O simples exercício de reunir as suas ideias e de preparar um argumento racional sobre o motivo pelo qual você deveria aceitar essa ou aquela proposta (uma simples lista de prós e contras) pode ser valioso. Recomendamos que encontre uma tábua de ressonância neutra – seja ela um colega que também é fundador ou um antigo investidor-anjo/consultor – que possa fazer esse exercício com você.

É difícil desfazer um compromisso.

Tente resistir à vontade de continuar a levantar quantias menores depois de já ter decidido o seu lead. Compromissos iniciais com amigos e anjos podem crescer rápido. Quaisquer cheques de 50 mil ou 100 mil dólares contam, e quanto maiores esses compromissos se tornam, mais difícil fica definir as expectativas com os potenciais leads e, também, renovar as expectativas com os anjos com os quais já se comprometeu se não houver espaço suficiente. Em vez de aceitar todos os investimentos de diversos valores no início, você pode comunicar o seu apreço e o desejo de trabalhar com uma pessoa sem prometer que ela será alocada e sem especificar um valor em dinheiro. A preservação da flexibilidade no início da captação de recursos geralmente é recompensada em uma etapa posterior do processo e pode evitar "atritos" com amigos e com quem apoiou a empresa no início.

Analise as suas preconcepções.

Às vezes, encontramos fundadores que ficam preocupados com a dinâmica do conselho de administração ou temem a possibilidade de haver algum desafio em relação ao controle da empresa. Outros ficam muito preocupados com diluição, a ponto de usarem a vantagem que têm cedo demais. É muito mais fácil falar do que fazer, mas tente pensar em qual conjunto de escolhas terá o maior impacto de longo prazo na sua empresa. Às vezes, encontrar um bom membro do conselho, que acredita na sua equipe e na sua visão, mas que também consiga desafiá-lo, é fundamental. Às vezes, um pouco mais de diluição no início pode gerar resultados melhores para todos. Quando você decide seguir em frente com um term sheet, é importante entender profundamente as razões (e potencias preconcepções) por trás do seu pensamento e fazer uma boa escolha para o longo prazo.

Não se empolgue demais na hora do valuation.

Já vimos esse filme muitas vezes. Uma empresa está com um bom desempenho e "na moda", então o fundador pode fazer uma captação além dos seus indicadores – usar um valor mais elevado do que o atual – com uma firma ávida por ganhar a rodada de investimentos e garantir a alocação. A imprensa do Vale do Silício tem a tendência de celebrar valuations altas sem compreender a faca de dois gumes que elas representam. Essas rodadas de investimentos, embora possam fazer você sentir que está construindo uma enorme valor, geralmente apresentam dificuldades significativas no futuro. Se o crescimento da sua empresa tropeça ou não é compatível com as expectativas, você correrá o risco de ter que dar respostas a um grupo nervoso e desapontado de investidores. Se o macroclima muda, ou se a sua empresa, por qualquer razão, momentaneamente perde o esplendor, é capaz de você ter que encarar a possibilidade do seu preço despencar em uma próxima rodada, o que pode gerar efeitos duradouros no moral da empresa e do investidor. Isso não quer dizer que você deva intencionalmente forçar para baixo o valuation por medo de não corresponder às expectativas. Na verdade, minha sugestão é que escolha um número que sinta ser justo, que acredita que você e sua equipe podem alcançar e que acredita ser uma fundação para um resultado do tipo ganha-ganha.

Na batalha pela alocação, lembre-se de que é você quem dá o voto decisivo.

Sempre há flexibilidade em todos os lados da negociação. Muitos investidores passaram por esse processo centenas de vezes, ao passo que os fundadores passam por ele um punhado de vezes no máximo. Se estiver em uma situação competitiva, reconheça que pode ter mais poder do que imagina. Se é importante para você preservar espaço para *pro rata* ou para outros investidores estratégicos, deixe isso claro na negociação e recuse parte da alocação. Bons parceiros raramente se opõem a isso, pois eles também enxergam o valor de ter mais parceiros para ajudar o negócio. Se é importante para você que o option pool tenha determinada aparência, expresse isso no início do processo de negociação com os seus leads.

Seja franco, decisivo e compreensivo durante todo o processo.

Lembre-se de que esse jogo é longo e que você voltará a cruzar com muitas dessas pessoas pelo caminho. Trate-as de maneira que, na próxima vez em que se encontrarem, elas se sintam tão ansiosas para trabalhar com você quanto agora. Você pode nem sempre estar nessa invejável posição na hora da captação de recursos; portanto, é importante estabelecer bons relacionamentos com a comunidade de investidores e não atear fogo em pontes (falsas expectativas em relação, sobretudo, a timing ou valuations podem causar atritos futuros).

Por fim, compreenda as táticas que os investidores podem empreender.

Os investidores têm várias ferramentas que usam para vencer a negociação ou exercer influência. As mais frequentes para as quais você deve atentar incluem:

- **Term sheets explosivos.** Os investidores se apressarão para lhe entregar um term sheet antes dos outros, e às vezes incluirão nele uma cláusula informando que ele vai expirar se você não aceitá-lo em alguns dias. Uma boa forma de contornar essa manobra é dizer que quer analisar as coisas com cautela na firma (isso pode lhe dar tempo) e que está em busca de um ótimo parceiro; portanto, não entende por que haveria a necessidade de estabelecer um período tão curto para fecharem o acordo. Se eles estiverem tentando convencê-lo de que serão excelentes parceiros, essa não é uma boa maneira de dar início à relação.

- **Culpa.** Os investidores podem tentar fazer você se sentir mal por não escolher trabalhar com eles. Como fundador, é importante separar os seus sentimentos pessoais daquilo que é melhor para a empresa. Simplesmente seja educado e deixe claro para eles que, embora esteja muito grato pelo interesse deles em trabalhar com a sua equipe, você ainda precisa avaliar as opções com atenção para escolher aquilo que será melhor para o futuro da empresa.

- **Passeios extravagantes e reuniões exclusivas.** Talvez você seja convidado a eventos e experiências ímpares. Entenda que há um plano dos investidores em jogo e use esse tempo com eles para observar como os envolvidos se comportam e socializam tanto com outros fundadores quanto com os seus pares.

Mais uma vez, parabéns por estar nessa posição invejável, e reconheça quão raro é cativar a mente de tantos investidores. Lembre-se também de que esse é apenas o início da corrida, e que as partes verdadeiramente difíceis no desenvolvimento da sua empresa ainda estão por vir. Frequentemente as empresas levam anos para chegar ao destino delas, então o meu conselho é: não apresse o momento de captação de recursos. Seja tão cauteloso com esse processo quanto tem sido na montagem da equipe e no desenvolvimento do produto.

Sucesso,

Jeremy

Quando você está definindo os parâmetros da rodada de investimentos para levantar capital semente
CARTA ESCRITA POR JONATHAN PINES, DIRETOR DA
WEBB INVESTMENT NETWORK

Caro empreendedor,

Antes de mais nada, parabéns! Se alguém quer investir no seu negócio, você já está preparado para um grande início. Agora você só precisa estabelecer alguns acordos, estruturar a sua rodada de investimentos e começar um relacionamento positivo com seu grupo de investidores. Veja a seguir algumas coisas que você deve ter em mente ao longo desse processo.

Pesquise.

- **Informe-se bem sobre a estrutura da rodada de investimentos.** Muitas rodadas de investimentos em estágios iniciais da empresa são feitas com convertible notes ou SAFEs (simple agreements for future equity). Como as SAFEs, conforme a própria sigla diz, são "acordos simples para participação societária *futura*", os termos acabam ficando dependentes dos estabelecidos na época da SAFE, e na época do levantamento de recursos com distribuição societária. Portanto, é importante compreender como esses contratos funcionam e entender termos comuns, como cap, discount, *pro rata*, liquidation preference e MFN (most favored nation) [nação mais favorecida].
- **Faça as contas e crie um modelo!** O cálculo de uma convertible note é traiçoeiro, e os resultados não são intuitivos. Crie uma planilha simples para entender como a conversão funcionará e inclua nela todas as rodadas de investimento até a Série A.

Calcule a sua diluição e leve em consideração a variação do preço da participação societária de rodada em rodada.

Confira suas suposições.

- **Qual é a sua próxima rodada?** O seu próximo estágio pode ser a rodada de investimentos Série A, outra rodada de estágio inicial, ou de lucratividade. Muitas empresas fazem mais de uma rodada de investimentos no estágio inicial, então experimente isso – principalmente se estiver levantando uma pequena quantia na rodada de capital semente. Além disso, faça uma pesquisa rápida para estimar o tamanho e o preço das suas rodadas de investimentos Série A (via de regra, o tamanho será entre 20% e 30% do valuation pós-investimento). Estabeleça alguns dados de referência e não espere nenhum valor discrepante.

- **Quais são os seus marcos?** Converse com alguns fundadores e investidores para tentar ter uma ideia do que será necessário para que você chegue ao estágio seguinte. Pode ser um certo volume de receita, utilização do produto, tamanho da equipe, ou outra coisa. Os seus marcos têm que ser tanto realistas quanto ambiciosos: você não pode usar todo o seu dinheiro tentando alcançá-los, nem atingi-los e descobrir que estipulou metas baixas demais em relação ao que vai levantar na rodada de investimentos seguinte.

- **De quanto dinheiro você precisa?** De quanto tempo, de quais integrantes da equipe e de quais tipos de recursos você precisa para alcançar seus marcos – e quanto dinheiro isso consumirá? Seja conservador e deixe um espaço para respirar. As coisas geralmente são mais lentas do que se espera, e a próxima rodada para levantar capital também levará um tempo. Geralmente aconselhamos as nossas empresas a estabelecer pelo menos 18 meses de prazo para o runway (tempo que a empresa leva para gastar todo o capital em caixa) depois de uma rodada para levantar capital semente. Se isso não for possível, concentre-se nos seus marcos e acrescente recursos extras.

Escolha um preço justo.

- **Leve em consideração a sua diluição.** Muitas rodadas de investimento para levantar capital semente geram de 20% a 25% de diluição, o que significa que os investidores desse tipo de recurso serão proprietários desse percentual da sua empresa antes da rodada seguinte. Às vezes esse percentual pode chegar a apenas 15% ou até a 30% e, em casos extraordinários, ultrapassar esses limites também. Não há regras rígidas, mas esses números podem servir de ponto de referência a partir dos quais começar.
- **Deixe espaço para um upside.** Os seus primeiros investidores estão assumindo um risco e o apoiando no início, no estágio em que a maioria das empresas fracassará. Trate-os bem e instigue-os ao sucesso com um aumento de preço na rodada de investimentos seguinte. Se você já está próximo dos seus marcos, um pequeno incentivo pode fazer sentido. Se está apenas começando e esperando uma receita de 2 milhões de dólares em 18 meses, então um salto maior no valuation é recomendável. Confira o seu modelo e discuta o que é justo.
- **A precificação do mercado supera todas.** Em última instância, os termos são estabelecidos entre você e os seus investidores, e vale tudo desde que você concorde com eles. Se houver muitos interessados, você pode ser seletivo; caso contrário, talvez precise aceitar qualquer coisa que conseguir. De um jeito ou de outro, tente permanecer dentro de um intervalo razoável. Você não deve abrir mão de uma parcela muito grande da sua empresa nem deixar que os investidores façam um mal negócio pagando o mesmo preço que o da rodada seguinte (ou que haja uma redução no preço, o que pode gerar outros problemas).
- **Trabalhem juntos e estabeleçam os termos.** Se você ainda não tem comprometimentos significativos de investimentos na

empresa, mantenha a mente aberta. Se tentar definir termos antecipadamente por conta própria (ou com alguém que está fazendo um cheque de baixo valor), você pode criar expectativas discrepantes. Trabalhe com os seus primeiros patrocinadores para estabelecer termos que façam sentido para todos e definam o tom da colaboração.

Pense no longo prazo.

- **Escolha os seus parceiros com cuidado.** Bons investidores serão ótimos parceiros no futuro e ajudarão a fazer a sua empresa crescer e a levantar capital. Procure informações sobre a reputação e a habilidade em ajudar que eles têm.

- **Priorize aquilo que é mais importante para você.** Alguns empreendedores querem principalmente apoio financeiro, já outros estão concentrados em conseguir ajuda e uma boa rede de contatos com seus investidores. Alguns querem minimizar a diluição, outros, mais runway. Ranqueie suas prioridades e não quebre a cabeça com pequenos detalhes depois. Se você está pressionando a sua vantagem em um eixo (por exemplo, preço), fique atento a qualquer trade-off que possa estar criando.

- **Não é uma competição.** Se você tem um amigo que está levantando dinheiro com termos excelentes, ou se está lendo artigos sobre empresas da moda, pode ficar tentado a se comparar com elas constantemente. Concentre-se no seu negócio. Daqui a um ano, a comparação não vai ter importância nenhuma, e ter o volume certo de capital e de apoio será crucial!

Sucesso,

Jonathan

Quando você precisa estabelecer o valuation

Caro empreendedor,

Definir o valuation de uma startup é mais ou menos como descobrir o resultado de um jogo de futebol antes de ele começar. É desafiador, mas aqui os vencedores e perdedores não vão para casa depois que o jogo termina, que as apostas são feitas e que os salgadinhos acabam. Investidores e empreendedores trabalharão juntos durante anos – e mais anos, e mais anos.

É claro que você quer o valuation máximo para a sua empresa, mas é importante ater-se a uma perspectiva de longo prazo. Você pode ter a impressão de que venceu se o negócio tiver sido feito por um valor excessivo, abrindo mão de um percentual pequeno da sua empresa, mas na realidade isso tem um preço: um investidor no conselho de administração que está furioso porque pagou um valor alto demais por um negócio supervalorizado.

Certa vez, encontramos os fundadores de uma empresa que havia levantado recursos com base em termos levemente agressivos, em parte devido à agressividade de suas projeções financeiras. Eles não conseguiram cumprir as expectativas e acharam que isso não seria um problema, já que suas projeções eram "números preparados para vender a empresa em um pitch", algo que todo mundo sabe descontar. O membro novo do conselho da empresa não foi tão tolerante assim e passou a acreditar que tinha pagado um valor alto demais pelo investimento – uma dinâmica nada boa para a sala do conselho de administração.

Uma empresa precisa estabelecer um valuation para determinar quanto ela vale, bem como que percentual societário vai para os novos investidores e que percentual ficará com ela. De modo geral, acho que os empreendedores enfatizam demais o valuation porque ele traz prestígio e porque todo o percentual da empresa que perdem na diluição, por menor que seja, parece gigantesco quando o empreendedor realmente acredita que o negócio será um enorme sucesso. Por outro lado, os investidores podem ser exageradamente agressivos em relação aos termos, escolhendo otimizar para conseguir certo nível de participação societária, em vez de assegurar que a empresa esteja bem posicionada para crescer de duas a três vezes no momento em que precisar levantar mais recursos.

É uma dança delicada, mas o que se deve ter em mente é que todos precisam trabalhar juntos para a empresa alcançar o maior sucesso possível. Algumas coisas que devem ser levadas em conta:

Quando você precisa levantar dinheiro? O timing é importante. Levantar mais dinheiro é melhor desde que você tenha caixa suficiente. É sempre melhor levantar recursos em uma posição de força do que de fraqueza. As pessoas veem quando você está desesperado. Levantar dinheiro é como pedir crédito – facílimo quando você não precisa e dificílimo quando precisa. Além disso, lembre-se: há muitas coisas que fogem ao seu controle. Entre o início e o meio de 2008, as empresas estavam com bons valuations, porém, meses depois, o mundo virou de pernas para o ar e elas não conseguiam os mesmos valuations – isso quando conseguiam algum dinheiro sequer.

Quanto você deve levantar? Bom, de quanto dinheiro você precisa? De certa maneira, as startups precisam de menos dinheiro hoje do que no passado, mas você deve levantar o suficiente para que não precise ficar fazendo isso constantemente. Nós recomendamos que você trabalhe com o suficiente para um runway de 18 a 24 meses (quanto maior o runway, melhor, já que as coisas geralmente levam mais tempo do que você prevê).

Qual valuation o mercado está disposto a lhe dar? Você tem que determinar o que a empresa – a sua ideia e equipe – realmente vale. Solicite feedback a algumas fontes amigáveis sobre quanto o mercado está pagando atualmente para investir em empresas como a sua. Essa resposta pode variar com o tempo, com base na sua receita, no seu setor ou nas notícias recentes sobre você ou sua concorrência. Trabalhamos com uma startup que conseguiu rapidamente chegar à rodada de investimentos Serie B – até o Google entrar no mercado e oferecer seus serviços de graça. E as tendências mudam – em 2013, era fácil conseguir uma rodada de investimentos com um deck que começasse com "Uber para X", em que o X era lavanderia, álcool e até mobília. Tente isso hoje e provavelmente nenhum investidor responderá aos seus e-mails.

A alavancagem entre os investidores e os fundadores também mudará de acordo com o clima dos investimentos. Quando há abundância de capital de risco em jogo, tenha em vista levantar mais e abrir mão de menos, já que os investidores são chamados para uma quantidade menor de negócios. Por mais estranho que isso possa parecer, você pode acabar em um cenário no qual precise negociar contra si mesmo – se os investidores estão competindo demais entre si em relação a termos, eles podem acabar pagando com base no seu valor antecipado em 6, 12, ou até 18 meses. Se não conseguir alcançar essas projeções, você será capaz de conseguir uma nova rodada com investidores ou vender a um preço mais elevado? E, se não conseguir, que providências o investidor poderá tomar? (Dica: elas não são boas.)

Com tudo isso em mente, as empresas podem começar a pensar em diluição. Em geral, vemos as empresas abrirem mão de algo entre 15% e 25% na maioria das rodadas de investimentos, e esses percentuais diminuem nos estágios posteriores, quando elas têm mais opções. Tente abrir mão do suficiente para que bons investidores invistam tempo e atenção, mas não o bastante para que perca o controle do negócio no longo prazo.

Por último, o valuation não é o único termo importante. Certa vez, vi um investidor que exigia, em seu term sheet (termo de compromisso), três lugares no conselho de administração – isso em uma rodada para levantar capital semente. Orientei o fundador a fugir daquilo o mais rápido que fosse humanamente possível. Os term sheets podem incluir cláusulas sobre número de lugares no conselho de administração, lugares para observadores, regras para lidar com o endividamento, como um CEO pode ser despedido etc. Peça aos seus amigos que lhe contem histórias de horror e sempre peça a um advogado para ler os documentos antes de assiná-los (e leia-os você também). Por outro lado, você pode *querer* aceitar um valuation mais baixo, caso isso resulte no melhor membro possível para o seu negócio.

No geral, orientamos os nossos fundadores a se concentrar nas pessoas primeiro. Você ficará muito tempo com seus investidores, e o seu valuation em cada rodada de investimento quase nunca vai importar tanto quanto a sua integridade em todos os estágios. Não abra mão de volumes excessivos, mas concentre-se em aumentar o bolo para todo mundo, pois isso, eu garanto, tornará o processo mais fácil e prazeroso. Alguns membros da equipe da WIN dizem o seguinte a esse respeito: "Faça de tudo para que, em 18 meses, os seus investidores sintam-se espertos – só que não espertos *demais*". Esse é o verdadeiro segredo do acordo ideal – e do maior retorno – para todo mundo.

Tudo de bom,

Maynard

Quando você foi bem-sucedido na sua primeira rodada de investimentos

CARTA ESCRITA POR KEVIN WEBB, DIRETOR DA
WEBB INVESTMENT NETWORK

Caro empreendedor,

Parabéns! Vamos começar pelo começo, e comemorar (moderadamente) um pouco é necessário. Você e alguns amigos – que talvez tenham um produto, talvez não – acabaram de ser valorizados por investidores profissionais, que confiarão a vocês uma grande quantia em dinheiro. Então beba (moderamente) um champanhe, saia para dar uma caminhada, convide os seus investidores para ir jogar video game. Levantar capital externo é, assim se espera, o primeiro de muitos marcos, e vale a pena fazer uma pausa para marcar a ocasião.

Mas é aí, claro, que o trabalho de verdade começa. Partindo do pressuposto de que você conseguiu levantar um runway de 18 a 24 meses, você tem entre 75 e 100 semanas a partir de agora até precisar de dinheiro no banco. Para se colocar na melhor posição para a sua segunda rodada de investimentos, você precisa estar com tudo pronto para ela de dois a três meses antes de a sua conta no banco esvaziar, o que significa começar o processo mais dois ou três meses antes disso.

Em outras palavras, basicamente você tem de 12 a 18 meses (de 50 a 75 semanas) para criar um negócio convincente. Durante esse período, deve tirar o máximo de proveito dos seus novíssimos investidores. A seguir há algumas ideias de como fazer isso.

Escreva relatórios de atualização.

Informes curtos e frequentes são melhores do que longos e esporádicos. Faça com que os relatórios de atualização sejam fáceis de ser elaborados. Com tantas coisas acontecendo constantemente no seu negócio, escrever relatórios de atualização pode ser uma oportunidade para refletir sobre os seus objetivos principais – e uma forma de permanecer fiel em relação ao direcionamento do seu negócio.

Os relatórios de atualização também podem incentivar os seus investidores a ajudá-lo. Correndo o risco de generalizar, somos um grupo de gente competitiva, então reconhecer a ajuda de um investidor pode inspirar outras pessoas a ajudá-lo. Portanto, toda vez que enviar um relatório de atualização, inclua perguntas e peça a contribuição de pessoas que já venceram obstáculos e progrediram. O reconhecimento nesses relatórios motivará o restante dos investidores a querer ajudar muito mais.

Depois que pegar o ritmo de compartilhamento de relatórios de atualização, você poderá perguntar aos investidores que indicadores ou valores eles acham que vale a pena você buscar à medida que progride na direção da próxima rodada de investimentos. Acrescentar esses números em relatórios de atualizações semanais ou mensais o impulsionará a começar a automatizar o recolhimento e a apresentação desses dados, preparando-o melhor para o longo prazo.

Procure ser apresentado a pessoas.

Facilitar o seu acesso a outras pessoas é uma das principais contribuições que os primeiros investidores do seu negócio podem oferecer. E isso acontece de muitas formas: descoberta de clientes, possíveis contratações, clientes em potencial, serviços profissionais, outros investidores etc. Como você está no banco do motorista, é importante que busque ser apresentado a pessoas que farão a diferença.

Todas as vezes que for apresentado a alguém, lembre-se de que você só tem uma chance de impressionar a pessoa – não é uma má ideia perguntar aos investidores se é a hora certa de abordar determinado contato.

Monte um conselho informal.

Vimos empreendedores reunindo conselhos informais, uma espécie de quase conselho de administração ou comitê consultivo de clientes em potencial.

Um conselho informal oferece todas as vantagens de um tradicional, mas sem os riscos em potencial e a governança formal de um conselho real (por exemplo, eles jamais poderão demiti-lo). Escolha pessoas de quem você gosta, que possam acrescentar valor, e peça--lhes para se reunirem regularmente todo mês ou trimestre. Diga que elas podem abrir o jogo com você. Essa estrutura pode gerar uma experiência valiosa para a próxima rodada de investimentos, além de ter o potencial de desvendar e eliminar problemas que – sem o reconhecimento do padrão por parte deles – levariam você ao caminho errado.

O melhor de tudo: se esse conselho não estiver ajudando, você pode destituí-lo na hora que bem entender!

Um comitê consultivo é um pouco diferente, é uma maneira de transformar pessoas que você gostaria que se tornassem clientes em consultores. Bem feito, é um belo golpe Jedi – você transforma uma pessoa que poderia não ser sua cliente em alguém que ativamente lhe dará conselhos sobre como fazer com que ela lhe dê dinheiro. Você encontra essas pessoas em reuniões de temas mais específicos ou as reúne regularmente para obter um feedback mais amplo. Lembre-se: mesmo pessoas incrivelmente realizadas gostam de se sentir reconhecidas por seu tempo e seus insights. Dê crédito a elas abertamente, e essas pessoas ajudarão com entusiasmo. Você poderá chegar até a contratar algumas delas no futuro.

Mas cuidado para que esses conselhos não acabem sendo mais uma distração do que algo valioso. Já vimos "comitês consultivos" compostos por pessoas com pouca experiência relevante para a empresa. Restrinja esse modelo consultivo apenas a profissionais com imensa expertise. Você também deve se planejar para a obsolescência: com frequência, consultores são relevantes apenas durante aproximadamente seis meses da vida de um negócio. Estruture os acordos com isso em mente.

Obtenha ajuda gerencial.

Encontramos muitos empreendedores de primeira viagem. Nesse papel, você deve esperar uma enorme variedade de tarefas novas, estressantes e que tomam tempo, mas que não têm relação com o mais importante (construir um negócio duradouro e sustentável). Embora os investidores jamais devam saber mais do que você sobre o que torna o seu negócio especial, eles talvez tenham mais conhecimento sobre as distrações que podem descarrilá-lo. Eles podem ajudá-lo a solucionar muitos dos problemas que costumam surgir.

Procure conselhos honestos para a sua próxima rodada de investimentos.

Agora que o seu capital semente está no banco, é hora de pensar sobre que história impressionante você pode contar na época em que fizer a nova rodada de financiamento. Quanto mais itens relativos à sua notoriedade você conseguir demonstrar, melhor será a alavancagem no momento de levantar capital. Embora o seu objetivo não deva ser conseguir um valor enorme na próxima rodada de investimentos, isso tem uma forte correlação com o sucesso futuro. Por natureza, os principais investidores de boas rodadas Série A ganham sua reputação escolhendo as melhores empresas que estão em busca desse tipo de capital.

Pergunte sobre os fracassos.

Todo investidor que está no mercado há um bom tempo viu negócios promissores ruírem. Pergunte sobre essas situações – elas são aulas informativas e geralmente resultam em boas histórias.

Evite dores de cabeça.

Os investidores podem ser uma ajuda enorme, mas também podem ser um problema igualmente enorme. Após as reuniões, avalie com honestidade o que você ganhou com o tempo que passou com eles – em termos de fornecimento de recursos, energia que acumulou ou energia que forneceu etc. Maynard sempre se pergunta quanto pagaria pela sugestão que determinado membro do conselho administrativo dá nas reuniões. Às vezes as pessoas mais interessadas em tomar o seu tempo são as que têm menos a oferecer.

Leve em consideração os inputs dos investidores. Tome suas próprias decisões.

Repito, ninguém administra a sua empresa a não ser você. No geral, os incentivos dos investidores estão intimamente entrelaçados aos seus. Quando eles dão um conselho, você pode pressupor boas intenções, e geralmente há uma sabedoria conquistada com muitos anos de trabalho por trás dele; porém, em última instância, é seu papel levar em consideração os insights deles, compará-los com os fatos e com a sua própria perspectiva, e então tomar a decisão. Os investidores apostam em você para que processe as informações e tome as decisões que julgar melhores.

Trate-os como ativistas.

Por fim, lembre-se de que os primeiros investidores têm relacionamentos com outros investidores que vão estender-se durante anos, se não décadas. Se estão vendo a sua história progredir, eles podem – caso você queira – falar do seu negócio para possíveis investidores bem antes de você precisar pensar em levantar mais capital. A reputação deles também está em jogo, portanto, quanto mais veem, com mais empolgação podem conseguir empolgar outros investidores.

Naturalmente, estamos muito felizes em ajudar com tudo isso. Mas, primeiro, vá (moderadamente) comemorar; a primeira semana só começa quando você puser a mão na massa.

Sucesso,

Kevin

Quando você precisa pensar sobre remuneração

Caro empreendedor,

Remuneração é um tópico complicado. E é importante que compreendamos suas muitas nuances. Faça o seu dever de casa e fique atento às implicações.

Eu acredito que as melhores startups contam com equipes batalhadoras e têm incentivos alinhados com todos os acionistas. A remuneração do fundador deve estar atrelada ao seu desempenho. Do ponto de vista do investidor, estamos fornecendo o capital (e, assim esperamos, alguma compensação). Se a empresa for um sucesso, esse sucesso será nosso também. Se a empresa fracassar, nós perdemos. Pessoalmente, prefiro o sucesso, por isso gosto de ver incentivos que conduzam todos nessa direção.

Isso geralmente significa que os fundadores estão dispostos a assumir grande parte do risco. Tenho uma certa aversão a pessoas que não querem assumir nenhum risco – sobretudo quando todos os envolvidos estão fazendo isso. Como investidor, busco sempre empreendedores dispostos a apostar em si o mesmo que eu. Isso significa contrair uma grande participação societária, mas abrir mão de um salário grande.

Então quanto os fundadores deveriam pagar a si mesmos? Esse valor deve ser o suficiente para que você arque com as necessidades básicas de modo que possa concentrar-se 100% na empresa, porém não o salário que ganharia em uma empresa estabelecida – isso consumiria muito capital. Pior ainda, a sua alavancagem fica reduzida quando você explica aos novos contratados por que os salários deles estão abaixo dos praticados no mercado. Via de regra, as startups nunca estão abarrotadas de dinheiro e precisam preservar o que têm para investir na empresa. A participação societária deve ser a sua principal motivação financeira. Quando a empresa já estiver mais estabelecida, o CEO pode pensar em pedir um aumento de salário. Por exemplo, costumamos ver aumentos de salários depois que a empresa levantou capital em uma rodada de investimentos Série B.

E o restante da equipe? Gosto de ver todo mundo – inclusive os funcionários – assumindo um risco, mas você precisa pagar o suficiente a eles para que se comprometam totalmente com a empresa e não precisem ter outro emprego ou usar as economias para viver. À medida que a empresa cresce, você provavelmente se aproximará das remunerações praticadas no mercado, mas, no início, isso pode não ser possível. Oferecer a todo mundo um percentual societário é uma ótima maneira de alinhar todos com o que é bom para os funcionários e bom para o empreendimento. Considere empregar uma tabela variável que possibilite aos funcionários escolherem se o mais importante é dinheiro agora ou participação societária. Tendo a gravitar na direção de funcionários dispostos a assumir riscos, mas isso pode excluir gente talentosa que tem família, financiamento imobiliário etc.

Há alguma exceção? Como sempre, você precisa compreender o todo para saber quando quebrar as regras. Na época em que Meg Whitman me contratou, o eBay estava em uma posição difícil, e ela queria resolver aquilo. Como eu tinha uma boa remuneração na Gateway, a oferta dela tinha que ser atraente o bastante para que eu decidisse me mudar com a família para outra cidade e me juntar a uma startup problemática. É necessário saber o que "mexerá" com as pessoas para que elas se comprometam totalmente com você. Um engenheiro extraordinário recebe várias propostas tanto de ótimo salário quanto de ótima participação societária. Descubra o que outras startups estão oferecendo para permanecer competitivo – não se compare a empresas maiores; você oferecerá às pessoas um valor em dinheiro menor, porém um upside mais elevado. Embora às vezes seja necessário fazer exceções, compreenda que toda decisão de remuneração que você aceitar (ou recusar) abrirá um precedente.

A missão é importante. Há milhares de empresas nas quais, em princípio, pessoas talentosas podem optar por trabalhar. Você terá muito mais poder de negociação se aquilo em que está trabalhando e a maneira como comunica a missão forem visceralmente atraentes para os objetivos pessoais do profissional que você quer contratar. E, se você investir nesse profissional e tratá-lo bem, a retenção dele provavelmente durará muito mais do que a dos pares motivados por dinheiro.

O que mais levar em consideração? A forma como você é remunerado é importante, e a forma como você trata os outros é importante. Há muitos CEOs fundadores que não recebem nenhum salário nem ações adicionais, pois sabem que o melhor retorno para eles é aumentar o impacto da aposta que fizeram. Isso, contudo, é raro. No início, stock awards [ações transferidas em tempo predeterminado, mas que dão direito a voto no conselho de administração] devem ser feitas exclusivamente por meio de time vesting [contrato que dá direito de compra de ações condicionado a um tempo predeterminado]. À medida que a empresa amadurece, indicadores de desempenho são adicionados ao time vesting, e, quando o capital é aberto, quase sempre requerem de você que as ações sejam baseadas metade em desempenho, metade em tempo.

Por ter passado tempo com muitos empreendedores, sei que o ganho financeiro não é o mais importante para os melhores deles. Se você, como essas pessoas, está interessado em mudar o mundo, o dinheiro é um objetivo secundário. Você está disposto a abrir mão de um salário alto, segurança e 99% do seu tempo porque não consegue se imaginar fazendo outra coisa.

Tudo de bom,

Maynard

Quando você tem que definir um orçamento

Caro empreendedor,

Quando você está bem no início, provavelmente consegue gerenciar as despesas com muita facilidade.

Entretanto, eu ainda defendo que se tenha um plano simples para as despesas – saiba aquilo que está alocando em: quadro de funcionários, marketing, softwares, computadores, aluguel, mobília etc. Mesmo no início da empresa, você pode comparar aquilo que está fazendo com a forma como planejou gastar, e, o mais importante, se houver um problema de orçamento, vai ficar fácil descobrir o que houve.

Quando estiver crescendo – e certamente quando estiver entre uma rodada de investimentos Série A e uma Série B –, provavelmente vai precisar de um processo orçamentário mais formal. Isso é uma mistura de arte e ciência.

A arte de implementar um orçamento serve para assegurar que:

1. você esteja investindo totalmente (ou quase) nas coisas mais importantes;
2. você tenha clareza sobre de que forma o dinheiro está sendo gasto;
3. você esteja seguindo estratégias para gastar com sabedoria.

É comum empresas grandes passarem muitos meses debruçadas sobre o plano orçamentário. Elas geralmente definem metas de cima para baixo e exigem respostas de baixo para cima. O problema é que esses dois lados geralmente não se conciliam, o que cria tensão e leva a verdadeiras batalhas orçamentárias. Até as coisas se assentarem, as pessoas sentem-se como vencedores e perdedores.

Quando eu estava na IBM, o chefe do financeiro da minha sede tentou "gamificar" essa tensão. Ele desenvolveu várias personas que usava como personagens no processo orçamentário. Um deles era "O jardineiro", e ele nos dizia para tomar cuidado com ele – toda vez que você corta um galho, brotos novos aparecem. A solução dele? "Corte na raiz". Outro personagem era "O moribundo", um sujeito que estava totalmente convencido de que a organização não conseguiria manter a cabeça fora da água. Para esse caso, a solução dele era: "Jogue uma corda de salvamento para ele".

Mas startups não têm tempo para trabalhar o orçamento assim nem para tanta distração. Minhas recomendações:

- **Embora definir um plano anual seja bom, compreenda que o seu negócio provavelmente ainda tem um ciclo de vida muito iniciante para que isso seja forjado a ferro e fogo.** As projeções de receita estão sempre de algum modo incorretas. Dessa forma, planeje fazer o ajuste entre o orçamento e o gasto verdadeiro trimestralmente. Assim você consegue enxergar as necessidades do seu negócio em expansão e conduzi-lo nessa direção. Se as vendas não aumentarem, talvez a contratação diminua. Por outro lado, se o crescimento está explodindo, talvez você possa liberar mais gastos.
- **Instale a disciplina financeira desde o início.** Gaste o dinheiro como se ele fosse seu – e, se você não é bom para administrar dinheiro, gaste-o tendo como inspiração a pessoa mais austera da sua família.
- **Alinhe a equipe executiva e o conselho em relação aos objetivos globais.** Isso significa: receita, resultado bruto, lucro/prejuízo, quadro de funcionários etc.
- **Trabalhe a alocação.** Sempre achei prudente reservar alguma alocação para o nível do CEO. Isso permite que você tenha recursos para problemas inesperados, em vez de ter que arrancar de volta as coisas de alguém – é melhor não dar nada a alguém do que dar e depois ter que tirar. Na WIN, 10% do

orçamento é alocado como "discricionário"; então, se cometermos um equívoco e eu não tiver recurso suficiente para fazer algo, ainda posso decidir executar aquilo e aliviar um pouco da pressão.

- **Crie um desafio.** Se você está próximo do que quer gastar (a 5% ou 10%), defina esse valor como um desafio que toda a equipe se comprometa a cumprir. A maioria das empresas acaba contratando mais devagar do que o planejado e também avalia por baixo a perda de pessoal, o que provavelmente será o suficiente para sanar os problemas com esse desafio. Lembre-se: as pessoas passam muito tempo discutindo de maneira específica qual é o número exato de funcionários de que precisam, ainda que isso geralmente não as atinja.

- **Não existe direito adquirido.** O fato de você ter recebido uma grande alocação no ano passado não quer dizer que o seu ponto de partida será o mesmo este ano. No eBay, pedíamos a todo mundo para reservar 5% do rendimento de sua base todo ano, o que chamávamos de "economizar para investir".

No planejamento orçamentário, provavelmente a regra mais importante seja esta: sempre procure melhorar e gaste com sabedoria. Cada centavo economizado pode ser alocado em investimentos estratégicos.

Tudo de bom,

Maynard

Quando você precisa gastar o seu dinheiro com sabedoria

Caro empreendedor,

Você sempre deve gastar o dinheiro da sua empresa como se fosse o seu. Nesta carta, dou dicas de como gastar corretamente, inclusive dou exemplos de empresas em que testemunhei os fundadores gastando mal. Depois disso, compartilho o que fazer se você está tendo desafios com dinheiro e precisa acertar o rumo.

É recorrente os empreendedores concentrarem-se muito na preservação do dinheiro para permanecerem vivos, por isso não costumo vê-los jogando dinheiro para o alto. São raras as contas com gastos altos ou mesmo salários equivalentes aos do mercado (e, quando vejo essas coisas em startups, simplesmente saio correndo). Embora gastar demais não seja o problema, gastar em coisas erradas no momento errado é. Estas são algumas coisas que os fundadores calculam equivocadamente:

Gastar muito cedo demais. Se você ainda não tem um produto, não gaste muito em mais nada a não ser no desenvolvimento dele.

Não gastar o suficiente. Quando a sua empresa já está comercializando o seu produto ou serviço, pode ser necessário investir no aumento das vendas e em marketing, para crescer ainda mais rápido. Em outras instâncias, torna-se essencial gastar mais na construção da arquitetura e dos sistemas para manter-se à frente do crescimento. Esse foi o cenário que me levou a entrar no eBay como diretor-geral de tecnologia em 1999: manter o site em pleno funcionamento durante seu rápido crescimento.

Contratar uma equipe de vendas cedo demais. Se você está desenvolvendo um produto corporativo, montar uma grande equipe de vendas antes de ter o produto é um erro. A Salesforce é um grande exemplo de empresa que não investiu em vendas até que fosse necessário. Em vez disso, investiu seus recursos em desenvolver um produto útil. E os fundadores e os primeiros funcionários faziam propaganda do serviço aonde quer que fossem – até quando estavam esperando na fila do supermercado.

Reforçar questões administrativas no início. Criar equipes de finanças e RH muito cedo não é prudente. Inicialmente, isso pode – e provavelmente deve – ser terceirizado.

Deixar-se seduzir pelo escritório. Embora a maioria dos empreendedores seja inerentemente econômica, muitos têm um fraco por escritórios requintados. As justificativas para ter um espaço bacana e bem localizado podem ser tentadoras – este espaço vai atrair funcionários, além de impressionar clientes e a imprensa. Porém, invariavelmente o custo não vale a pena, e, pior ainda, arranjar um lugar que diga "A gente se deu bem!" quando, na verdade, isso não aconteceu pode impregnar a sua cultura com uma noção de falsa realização.

Pagar salários altos. Oferecer salários altos em um estágio inicial é a fórmula para desequilibrar as contas. Numa startup, todos devem assumir riscos, e a remuneração precisa ser uma combinação de salário e participação societária. Se o negócio for um sucesso, a participação societária valerá muito mais do que o salário alto inicial.

Subutilizar os recursos disponíveis. Se você precisa de ajuda, peça aos consultores do conselho de administração. Não pense que os membros do seu conselho são apenas umas pessoas que ficam dizendo o que você deve fazer; coloque-os para trabalhar. Os melhores empreendedores sabem alavancar sua rede de contatos e não têm vergonha de pedir conselho e que lhe apresentem a outras pessoas.

Perder tempo. Capital não é apenas dinheiro; o tempo é tão valioso quando ele, e gerenciá-lo bem é igualmente crucial. Você tem que fazer o máximo que puder todo dia, mês e ano. A utilização eficaz do tempo é uma das mais importantes habilidades no arsenal de um empreendedor.

Ok, essas são todas as regras fundamentais do que não fazer e, como resultado, a forma de gastar dinheiro com sabedoria. Mas o que fazer quando você tiver cometido um erro? Você deve sempre saber quanto dinheiro está gastando a cada mês e quanto tempo de vida ainda tem. Como CEO, é seu trabalho ir aonde for preciso e com rapidez para levantar mais recursos quando precisar – e em termos vantajosos.

Se não está conseguindo progredir quanto esperava por quaisquer que sejam os motivos (por exemplo, talvez o produto ainda não esteja pronto, ou o mercado precise ser trabalhado, ou as vendas não estejam sendo fechadas), você tem que mudar a velocidade com que gasta para estender a sua vida.

Embora você possa se sentir muito mal por ter que fazer isso, essa é a fria realidade de gerenciar uma empresa. Como no restante da sua vida financeira, se não consegue pagar as suas contas, terá que achar uma maneira de gastar menos ou ganhar mais.

Vamos prestar atenção em algumas maneiras específicas de manter os custos alinhados às expectativas da nossa empresa.

Se o espaço que a sua empresa ocupa é maior do que o que você precisa, procure uma maneira de sair desse espaço ou de sublocá-lo.

Se você não tem dinheiro para contratar pessoal, diminua o ritmo! Congele as contratações. Se o produto ainda não está pronto, você não precisa de equipe de vendas – nem de vários outros profissionais de que precisará depois, mas que por enquanto são dispensáveis.

Se você já contratou muita gente rápido demais, por mais doloroso que seja, terá que dispensar aqueles que não são essenciais e manter ao seu lado aqueles que podem levá-lo à terra prometida. Você tem que ser cuidadoso quanto a isso. Demitir alguém é uma das coisas mais desagradáveis que um empregador tem de fazer. É muito pior do que ter que despedir alguém por justa causa. No mínimo, isso lhe provará a importância de gerenciar bem o seu dinheiro desde o início.

Se você está gastando demais com folha de pagamento, obviamente terá que dar uma abaixada na própria remuneração. Às vezes, as pessoas estão dispostas a aceitar voluntariamente cortes no pagamento. Entretanto, você deve estar ciente de que, quando começa a reduzir ou adiar salários, está dando um sinal de que o negócio está com problemas, e os profissionais poderão começar a procurar outros empregos.

De fato, a gestão do dinheiro em uma empresa é um processo eterno. Até empresas de capital aberto têm problema para fazer isso bem, e a prova disso são as dispensas temporárias. Há épocas em que você deve ser econômico e épocas em que precisa estimular o crescimento e agarrar uma oportunidade de mercado. Desenvolver a capacidade de julgar que ações tomar em quais momentos é o que faz a magia acontecer!

Tudo de bom,

Maynard

Quando você precisa definir a remuneração da equipe de vendas
Carta escrita por Pete Cittadini,
experiente CEO de startup

Caro empreendedor,

A remuneração da equipe de vendas é uma das coisas mais importantes a serem definidas. Também é muito simples fazer besteira, o que pode levar a consequências terríveis.

Quando eu estava me preparando para ser CEO de uma empresa em crescimento, tive uma reunião com o vice-presidente de vendas para tomar um vinho no Madera, no famoso hotel cinco estrelas Rosewood Sand Hill, em Menlo Park.

"Então, vamos falar sobre metas e remuneração", sugeri.

Todos sabemos que essa é uma parte muito importante na administração de um negócio, mas eu não estava esperando nada fora do comum. Então ele me falou que a meta era de 800 mil dólares. Eu achei aquilo muito, *muito* baixo.

"Quanto você paga?", perguntei.

"Trezentos mil dólares em média por representante de vendas", respondeu.

Opa, aquilo parecia desequilibrado. De acordo com a minha experiência, pagava-se no mínimo 200 mil dólares e talvez, em casos excepcionais, no máximo 275-280 mil dólares. Porém ali todos ganhavam um salário altíssimo. Depois ele me contou que pagavam os representantes antes de receberem o dinheiro.

Eu quase dei um pulo da cadeira! Além de uma meta de vendas muito baixa e de uma remuneração muito alta, os representantes recebiam quando faziam o pedido, e não quando o dinheiro entrava. Aquilo estava totalmente errado – você só pode pagar quando o dinheiro entra, pois assim tem algo para compensar as comissões.

Naquele ano, no final do primeiro trimestre, a empresa pagou 560 mil dólares em dinheiro para o departamento de vendas por terem gerado uma nota de 900 mil dólares (pedidos para o trimestre que não tinham gerado nenhum dinheiro ainda). Eles estavam empolgadíssimos. "Isso já aconteceu com você em algum outro lugar?", perguntei. "Por que deveria acontecer aqui?"

Os representantes ostentavam um sorriso de orelha a orelha com suas contas bancárias recheadas, e a empresa encontrava-se em uma posição vulnerável. Era uma questão grave de negligência. E um problemão. Fiquei em posição fetal na primeira semana depois que me juntei à empresa, perguntando a mim mesmo: "Que inferno é este em que me meti?".

Porém, a parte surpreendente naquilo tudo foi que um trabalho bem básico foi o suficiente para que a empresa ficasse dez vezes melhor. Nem precisamos fazer nada sofisticado. Todo mundo odeia os fundamentos básicos. As pessoas acham que o básico é pouco para elas e que o básico não é para pessoas intelectualmente superiores. Isso não é verdade! Analise os resultados de um time da Liga Nacional de Futebol Americano, o Patriots of New England, treinado pela dupla Bill Belichick e Tom Brady. Eles estão constantemente concentrados nos fundamentos básicos e obedecem ao plano de jogo.

Todo o necessário já existia – os fundadores eram ótimos, a aceitação do produto no mercado era excelente e o conselho era de primeira. Só tínhamos que trabalhar os fundamentos básicos, ou seja, tínhamos que nos concentrar nas coisas elementares. Trabalhamos os itens abaixo.

Defina a meta de vendas e a remuneração adequadas. Estipulamos três níveis que eram baseados em experiência:

- 1,2 milhão de dólares de meta de vendas, 240 mil dólares de remuneração total em salário e bônus;

- 1,4 milhão de dólares de meta de vendas, 260 mil dólares de remuneração total em salário e bônus;
- 1,6 milhão de dólares de meta de vendas, 280 mil dólares de remuneração total em salário e bônus.

Acrescente incentivos. Temos planos simples de aceleradores de vendas que também compensam bastante. O plano começa com 6%, passa para 12%, depois para 18%. É um plano que gera muita motivação. Dessa maneira, os superstars ganham muito bem. Um indivíduo já chegou a cumprir em janeiro 35% da meta anual – motivado, creio eu, pelo nosso plano de incentivos.

Certifique-se de que os acordos sejam quitados depois que o pagamento tiver sido feito. O dinheiro tem que entrar antes de a comissão ser paga. As comissões devem estar atreladas ao recebimento do dinheiro – não à assinatura de um contrato.

Tenha o número certo de representantes de vendas. Você precisa de representantes de vendas, mas não pode exagerar e contratar muitas pessoas no início. Tínhamos 30 representantes quando entrei, e eu baixei esse número para 17, porque muitos deles tinham a mentalidade errada. Muitos saíram por conta própria. Um deles pediu demissão no meu primeiro dia! Outros tiveram que ser demitidos. Um dos integrantes do conselho de administração renunciou. Não acho que eu seja a pessoa mais odiada da empresa hoje, mas nos primeiros seis meses fui, com certeza. Mas tudo bem, nós precisamos das pessoas certas com a equipe de gestão certa. Agora temos mais de 50 funcionários e fizemos tudo isso em dez meses.

Não exagere no pagamento em dinheiro. O melhor incentivo tem que ser participação societária. Essa é a oportunidade de ouro.

Invista no seu produto. O dinheiro dos investidores deve ir para o produto – ser investido no desenvolvimento e na melhora dele. Isso é o mais importante no início de uma startup.

Estamos agora vivenciando coisas maravilhosas. Em breve, ganharemos mais dinheiro do que gastamos para administrar o negócio. A mudança aconteceu com turbulência emocional por parte da primeira equipe de funcionários, mas, ao mudar os fundamentos mais básicos do negócio, chegamos exatamente aonde precisávamos.

Esteja ciente de que gastar dinheiro para crescer a todo custo não está mais em voga. Um negócio envolve geração de lucro e fluxo de caixa enquanto você impulsiona o crescimento. Crie algo sólido, solvente e sustentável.

Tudo de bom,

Pete Cittadini

Quando você precisa entender cascatas, camadas de bolo e cap tables (ou como proteger o verdadeiro valor da sua participação societária)

Carta escrita por Harsh Patel, cofundador e sócio-diretor da Wireframe Venture e afiliado da Webb Investment Network, e Jeremy Schneider, sócio-diretor da Webb Investment

Caro empreendedor,

Em uma época na qual o capital parece abundante e os valuations em estágios avançados ficam cada vez mais altos, achamos que seria prudente compartilhar com você (ou lembrá-lo) algumas importantes lições que afetam diretamente o seu sucesso financeiro pessoal.

Sempre que vemos enormes acordos de fusão e aquisição ou de ofertas públicas iniciais de ações, instintivamente presumimos que todos aqueles anos de trabalho intenso dos fundadores enfim foram pagos de forma justa. Entretanto, a realidade é que os resultados do fundador variam muito, inclusive há alguns casos em que os fundadores acabam com uma saída surpreendentemente pequena, o que poderia ter sido bem diferente. A razão objetiva para isso pode simplesmente ser muita diluição durante a vida da empresa – ter que levantar capital demais em relação ao preço no momento em que você está apto a fazer a sua saída. Embora certamente difícil para os fundadores, esse cenário não costuma ser uma surpresa, e sim algo que você conhece e gerencia durante a vida da empresa. O cenário mais insidioso é movido por expectativas excessivamente agressivas e pela complexidade da cap table (tabela em que são descritos todos os integrantes da sociedade), que é o nosso foco aqui.

Um dos papéis mais importantes de um fundador é definir e gerenciar as expectativas de todos os constituintes – funcionários, investidores, parceiros, clientes e imprensa. Você traça a imagem do que é possível alcançar algum dia, mas também do que deve esperar que aconteça em cada etapa do percurso da empresa. Em algum momento, o valor da sua startup será determinado por uma combinação singular de condições do mercado macro, qualidade da equipe e do produto, escassez, progressão do negócio e transações comparáveis. Conheça essas informações e use-as para gerar as suas próprias expectativas "ampliadas, mas racionais" de valuation para a próxima rodada de investimentos bem como para a sua saída. Paralelamente, você está definindo expectativas sobre qual deve ser o desempenho da empresa que justifique aquele valuation.

Pode parecer perfeitamente racional maximizar o valuation a cada passo, em troca da aceitação de termos de acordo que você considere improváveis de serem acionados ou que tenham impacto negativo mínimo (por exemplo, preferências, ratchets, garantias, débitos). Com muitíssima frequência, no entanto, os cálculos não batem e as expectativas não se realizam. A sua empresa pode estar com um bom desempenho de acordo com algum padrão razoável – porém "com um desempenho abaixo do desejado" em relação às expectativas que você embutiu nos termos durante as rodadas de investimentos. Se isso acontece, os fundadores sempre se surpreendem com a quantidade de valor pessoal que podem ter perdido. Isso porque fundadores e funcionários tendem a pensar em sua participação na empresa em termos de porcentagem societária totalmente diluída (por exemplo, "eu tenho X% da empresa). Ou seja, se eu tenho 10% da minha empresa quando ela está avaliada em 100 milhões de dólares, mas ela é vendida por 50 milhões de dólares, pelo menos ainda tenho 5 milhões de dólares, certo? Provavelmente não.

Os retornos de capital para os acionistas são determinados com base em uma análise em cascata da liquidação usando o que está declarado na sua cap table. Imagine que a cap table é um bolo em camadas. Na parte de baixo do bolo estão as ações ordinárias (geralmente os fundadores e funcionários), e acima dela você sempre coloca uma camada nova toda vez que levanta capital – ações preferenciais Série A, acima delas as Série B etc. e, por fim, todos os débitos encontram-se no topo. Além disso, cada camada tem o seu próprio conjunto de termos (por exemplo, tamanho, dividendos, preferências, ratchets etc.). Quando há uma saída, os rendimentos são distribuídos camada por camada – de acordo com os termos particulares de cada uma dessas camadas – de cima para baixo. Consequentemente, cada camada do bolo se torna "mais densa" de baixo (bolo esponja) para cima (brownie). Se a sua empresa atinge ou supera as expectativas que você criou na cap table, todas as camadas devem participar do resultado como você presumiu. Mas, se isso não acontece, o bolo começa a ficar espremido de cima para baixo porque o seu valuation está comprimido. Quanto maior a lacuna entre as expectativas e a realidade, mais contundente será essa compressão. Quando se aplica a compressão, as camadas mais baixas/fofas ficam mais espremidas do que as camadas densas de cima. No pior dos cenários, o brownie se dá bem, mas o bolo esponja (você) fica achatado. Essa metáfora explica por que a sua teórica porcentagem societária totalmente diluída do total do valor de saída pode ser muito diferente do valor real que você recebe.

Algumas sugestões:

- Não se desculpe nem se sinta culpado por pensar no seu próprio resultado financeiro. Tanto os fundadores quanto os investidores concentram-se legitimamente no sonho e na construção de uma empresa bem-sucedida no longo prazo, mas os seus investidores têm um portfólio, você não. Se eles podem modelar o perfil de retorno e a taxa interna de retorno (TIR) deles, você pode fazer o mesmo.
- Se você não está fazendo isso ainda, comece a pensar em usar uma ferramenta on-line para gerenciar a sua cap table. Serviços como Carta, Solium, Capyx, entre outros, podem otimizar o gerenciamento da sua cap table, e a maioria também fornece

modelos para se projetarem cenários de saída levando em consideração a liquidação em cascata. Familiarize-se com o funcionamento dessas análises.

- Antes de cada rodada de investimentos, reavalie os cenários de saída e leve-os em consideração quando definir quais valores e termos está procurando. Se você levanta capital com um valuation alto impulsionado por expectativas muito agressivas, está atrelando o seu resultado ao cenário mais agressivo. O custo gerado por qualquer fracasso no cumprimento desse plano vai ficar por sua conta.

- Como na entropia, a complexidade da cap table só aumenta. Tente evitar – ou pelo menos postergar – a inserção de termos financeiros complexos na sua cap table. Reconheça que um "bom acordo" deve levar em consideração todos os termos, não somente o valuation.

Nós encorajamos os fundadores a compreender inteiramente aquilo com que estão se comprometendo quando levantam capital e como a complexidade da cap table se expande ao longo do tempo. Você pode ser visionário e focado no longo prazo e ainda assim definir expectativas racionais ao longo da vida da empresa. Nada disso vai importar se tudo funcionar exatamente como planejado. Porém, já que isso raramente acontece, faça um planejamento que aborde uma variedade de cenários para assegurar que você sempre protegerá o valor pessoal daquilo que está construindo.

Sucesso,

Harsh Patel e Jeremy Schneider

Quando você se pergunta se há espaço para filantropia na sua startup

Caro empreendedor,

Se você está lendo esta carta, deve estar se perguntando se há ou não espaço para filantropia na sua startup.

Eu tenho uma opinião muito forte sobre isso: SIM.

Em nossa vida, fomos todos abençoados com talento e acesso à oportunidade. Mesmo quando você está começando, irregular e pequeno, preocupar-se com os menos afortunados diz muito sobre o tipo de empresa que está tentando construir.

Eu testemunhei as maravilhas de fazer isso. Durante o processo de abertura de capital do eBay, Heff Skoll e Perre Omidyar criaram uma fundação que ajudou a estabelecer uma forte cultura de retorno. Aquilo me inspirou e me levou a criar minha própria fundação familiar depois que fui afortunado o bastante para sustentar a minha família.

A Salesforce também foi inspirada pela eBay Foundation e observou o modelo do eBay quando tomou uma iniciativa nesse sentido, em 1999. Marc Benioff desenvolveu essa ideia e a expandiu. Desde o primeiro dia, ele implementou um modelo 1-1-1 e dedicou 1% da participação societária, 1% do tempo dos funcionários e 1% do produto para instituições educacionais e sem fins lucrativos. Por meio do www.salesforce.org, a tecnologia da Salesforce empoderou mais de 32 mil instituições educacionais e sem fins lucrativos. A Salesforce e suas entidades filantrópicas forneceram mais de 168 milhões de dólares em concessões, e os funcionários da Salesforce registraram mais de 2,3 milhões de horas de trabalho voluntário para melhorar comunidades no mundo todo.

Quando fui recrutado como CEO da LiveOps, insisti que a implementação de um modelo 1-1-1 era um dos requisitos para que eu aceitasse o cargo. Tínhamos uma equipe interna de voluntários responsáveis por gerenciar a criação do programa e as atividades por vir. Nossos funcionários ficaram orgulhosos desse trabalho, e a maioria dos candidatos que entrava por meio de processo de seleção enfatizava quanto ele diferenciava a nossa empresa.

Mas sei o que você deve estar pensando agora:

- "Não tenho participação societária suficiente que me permita abrir mão de 1% – e sequer sei se isso valeria alguma coisa."
- "Estou tentando gerenciar os gastos com rigor, por isso não tenho dinheiro para dar."
- "Espero que a minha equipe faça coisas grandiosas, e as pessoas estão trabalhando como loucas. Como posso pedir a elas para dedicar tempo extra a isso?"

A boa notícia? Esse negócio todo é muito mais simples do que parece. Vamos analisar um exemplo: a Salesforce Ventures, o braço de investimentos da empresa, encoraja as startups de seu portfólio a inserirem a retribuição social no modelo de negócios delas desde o início, e dezenas dessas empresas, inclusive Appirio, Box, DocuSign, Demandbase, e InsideSales, adotaram o modelo 1-1-1 por meio da iniciativa Pledge 1%.

Então, o que você deve fazer para começar?

- **Comece com moderação.** Participe de uma campanha beneficente de fim de semana para arrecadar comida, brinquedos etc. Comemore quanto você arrecadou ou doou.
- **Deixe o seu pessoal "ser dono" dessa iniciativa e desenvolvê-la.** Dê aos funcionários a liberdade para dedicar de dois a cinco dias por ano a uma instituição sem fins lucrativos que eles mesmos escolherem. Poder tomar as próprias decisões sobre onde investir o tempo deixa a atividade significativa para eles e os incentiva a apoiá-la.

- **Use a filantropia para unir a empresa.** Cogite fazer exercícios de criação de equipes para ajudar uma instituição de caridade que elas admirem.

Nenhuma das práticas acima vai custar muito, mas você e sua equipe descobrirão quanto é gratificante retribuir e que esse esforço vale muito a pena.

É claro, se quiser se dedicar com mais afinco, você pode. Eu, no entanto, entraria nesse campo aos poucos, pois as pessoas podem desenvolver um sentimento tão forte sobre isso que voltar atrás o mínimo que seja pode baixar o moral. Se você está pronto para mergulhar de cabeça e criar um plano abrangente desde o início, o site da Pledge 1% será uma excelente fonte de informações.

Acredito piamente que as empresas podem ter uma alma desde o início. Preocupar-se com os menos afortunados que nós é alimento para a alma. Quero muito saber como sua empresa incorpora a filantropia no DNA dela.

Tudo de bom,

Maynard

PARTE II
COMO SE TORNAR RELEVANTE

3
Conceitos básicos de gestão

Quando você precisa delegar

Caro empreendedor,

Estou satisfeito por discutir com você um dos mais importantes elementos do sucesso de um líder: a arte de delegar.

Quando você é muito pequeno e emprega apenas duas ou três pessoas, todo mundo tem que dar uma mão, dividir as tarefas e arregaçar as mangas. Mesmo nesse estágio, é provável que alguém assuma a liderança em cada iniciativa. Por exemplo, alguém vai assumir a liderança em relação ao produto, enquanto outra pessoa liderará o processo de levantamento de capital ou de vendas. A delegação começa a surgir naturalmente.

Quando você começa a crescer e já tem de dez a cem funcionários, terá que delegar mais e fazer isso de maneira sistemática e eficaz. *Eficaz* é a palavra-chave aqui.

Muitas pessoas que receberam uma tarefa grande costumam dizer: "Deleguei isso a X", achando que o trabalho delas acabou. Nada disso!

Anos atrás, eu tinha um ótimo gerente que sempre entregava o que eu queria no prazo e dentro do orçamento. Infelizmente, era conhecido por ser um microgerente, o que tornava difícil a vida dos que trabalhavam com ele. Consequentemente, tivemos que ajudá-lo a desenvolver a "delegação eficaz", e começamos a trabalhar nisso, presumindo que as coisas melhorariam.

Não muito tempo depois, estávamos trabalhando em um projeto arriscadíssimo para a empresa e esse gerente (e sua equipe) ocupava um papel de protagonista nele. Eu o procurei para perguntar como estavam as coisas, e ele respondeu todo orgulhoso: "Não sei, deleguei para a equipe – não está feliz comigo?". Eu não estava.

Em anos de gerenciamento de equipes, aprendi que delegação *eficaz* significa saber que o serviço será feito com os resultados que você espera. A princípio, isso significa que você deve:

- Avaliar a capacidade e a disposição da equipe em realizar o serviço. Frequentemente, as pessoas vão se oferecer para fazer tarefas bacanas, mas será que elas são capazes de executá-las e vão realmente conseguir fazê-las?
- Comunicar o que significa o sucesso às pessoas a quem você delega. Qual é o cronograma, a qualidade etc.?
- Assegurar que elas saibam que, se tiverem problemas, você estará ali para orientá-las. No geral, você ainda é o responsável pelos resultados. Delegação não é abdicação.
- Definir pontos de checagem para monitorar o progresso, a fim de não ter surpresas desagradáveis no final.
- Comemorar o sucesso da equipe quando ela entregar o combinado.

Quanto maior a confiança em uma equipe ou em um profissional, menor a sua necessidade de estrutura para o trabalho de delegação. Entretanto, se você não ensinou a sua equipe a pescar, isso provavelmente será uma receita para o desastre.

Não há nada mais satisfatório do que ver equipes realizarem mais do que elas (ou você) acharam que era possível, com o mínimo de input ou orientação sua. Isso liberta ciclos imensos para você inovar ou liderar outras áreas. No final das contas, a delegação eficaz é um elemento crucial para o ganho de escala.

Tudo de bom,

Maynard

Quando você precisa saber quem é responsável pelo quê

Caro empreendedor,

Todos nós temos que tomar decisões cotidianamente. O processo de tomada de decisão não é apenas uma questão de velocidade e resultado – na verdade ele implica capacitar outras pessoas a tomarem as melhores decisões pela equipe.

Para chegar a isso, uso o modelo RACI. Esse sistema, que conheci quando estava na Bay Networks, articula com nitidez *quem faz o quê*. Usei essa matriz durante muitos anos em empresas grandes, nas quais ajudei a esclarecer papéis e responsabilidades em equipes e projetos multifuncionais. Nós a usamos hoje na WIN para definir tudo, desde quem é responsável pela decisão final sobre os investimentos até a nossa estratégia de RP. Ela é parte tão integrante de tudo que fazemos que se tornou uma espécie de código de comunicação.

O primeiro passo desse modelo é esclarecer qual é a decisão e quando ela deve ser tomada. Tome nota.

Em seguida, você emprega a RACI, um acrônimo que delineia os stakeholders necessários para uma decisão. Ela delineia as pessoas a que serão atribuídas as tarefas de:

- **Responsabilidade.** Quem é o dono? Quem estabelece a estratégia? Quem vai decidir? O ideal é que seja apenas uma pessoa, mas podem ser duas. Lembre-se, a tomada de decisão precisa ser levada até o nível de competência mais baixo. Se isso não é feito, você não está delegando adequadamente. Pior ainda, isso significa que você deve estar administrando uma monarquia.
- **Aprovação.** Quem vai ratificar ou vetar? Essa pessoa é quem delega os trabalhos ao "R".

- **Consulta.** Quem será afetado? Essas pessoas não têm o direito de tomar decisão, porém você tem a obrigação de colher informações delas e saber o que elas têm a dizer antes de a decisão ser tomada.
- **Informação.** Quem deve ser informado sobre a decisão? Peque sempre por informar gente demais, nunca gente de menos.

Esse modelo pode ajudá-lo a tomar decisões mais rapidamente e a implementá-las com mais eficácia, porque ajuda a evitar bate-boca interno (o que geralmente decorre de dúvidas sobre quem deve fazer o quê) e a prosseguir com o processo de tomada de decisão. Esse modelo ajuda a fornecer clareza de papéis, afastando o surgimento de tensão entre a equipe. Ele evita discussões confusas como:

"Essa decisão é minha!"

"Não é não."

"Oh, eu sou só um C ou um I? Me sinto um R."

A matriz RACI é uma maneira simples de discutir e codificar papéis evitando batalhas emocionais.

As melhores decisões não vêm do voto da maioria nem de uma única voz autoritária. Elas são o resultado de algo mais equilibrado. O modelo RACI permite que decisões sejam feitas de modo colaborativo, com a inserção de várias vozes e todos os dados necessários – porém, no final das contas, a resposta é dada por um único tomador de decisão, que ficou incumbido dessa responsabilidade. Esse método reduz discussões desnecessárias e permite decisões oportunas e alinhadas com as prioridades da empresa.

Tudo de bom,

Maynard

Quando você está com medo de que pode ser um "meio-termo"

Caro empreendedor,

Se você está lendo esta carta, provavelmente está passando por dificuldades com a estratégia ou a execução do seu negócio.

Com o risco de declarar o óbvio, destaco abaixo dois pontos a ser considerados:

1. Se as coisas estão realmente indo bem e você vem trabalhando em um negócio bem-sucedido e atraente aos investimentos, é muito fácil decidir dobrar a aposta.
2. Se o seu negócio está indo de mal a pior e você não enxerga sinais de melhora, sua decisão também é fácil: encerre as atividades, trate bem as pessoas e devolva o máximo possível aos acionistas.

Agora vamos à nuance e à situação que vejo mais habitualmente: o cenário de "meio-termo". Você não é nem um grande sucesso nem um fracasso completo. É muito fácil dizer se você é um grande sucesso. Não é uma questão de estar simplesmente atingindo determinada meta, e sim de estar ganhando um fôlego impossível de se ignorar. Se você tem uma empresa que lida diretamente com o consumidor, pode com facilidade ver se atingiu num ponto sensível. Se é uma empresa corporativa, as pessoas passam a querer entrar para a sua equipe, os funcionários estão empolgados, os parceiros estão falando sobre a sua tecnologia, o clientes são grandes fãs, a sua equipe de vendas já está precisando de mais integrantes para dar conta do ritmo, investidores estão implorando para lhe dar dinheiro, a infraestrutura precisa aumentar. Você sabe quando isso está acontecendo e, caso não saiba (ou sinta isso levemente), sua empresa não é um grande sucesso.

Ok... então o que *está* acontecendo? A sua situação provavelmente é a seguinte: você tem alguns clientes, mas o fluxo ou o produto não são suficientemente consistentes para sustentar o crescimento rápido. Você pode ser capaz de levantar fundos, mas não com termos mais desejáveis ou com investidores excelentes.

Faça a si mesmo as seguintes perguntas:

- O retorno da imprensa, dos investidores e de funcionários em potencial é positivo?
- Os seus clientes mandam mensagens sobre quanto o seu produto é importante para eles?
- As pessoas falam sobre sua empresa nas redes sociais?
- Você está realmente atendendo a alguma necessidade melhor do que qualquer outra empresa?

Se você disse *não* para as perguntas acima, está no território do meio-termo.

E quais as suas respostas para as perguntas a seguir?

- Você ainda tem que explicar por que o seu produto é importante?
- Você acha que o grande sucesso está sempre prestes a chegar, assim que fizer um próximo lançamento?

Se a sua resposta foi *sim* a uma dessas perguntas, você está em uma zona de perigo.

No mundo de hoje, o ajuste entre produto e mercado acontece mais rápido do que nunca. Quando investimos, as empresas estão a um ou dois anos desse encaixe. E isso é natural, não se trata de um problema. Porém, se você já tiver passado desse ponto, pode valer a pena perguntar a investidores de sua confiança se eles acham que você já é um grande sucesso. Essa pode ser uma pergunta desconfortável, mas eles gerenciam um portfólio de negócios e provavelmente já têm uma opinião a esse respeito. Fechar um trimestre e perceber que o seu negócio está igual a três meses atrás significa que o potencial da sua empresa para tornar-se um grande sucesso é menor.

Talvez você não tenha problema em ser considerado um meio-termo. Talvez ache que pode aguardar um pouco mais. Só que não pode. O CEO de uma empresa meio-termo precisa agir com extrema urgência.

- Você deve traçar planos sólidos e colocá-los em prática para voltar ao caminho que o levará a ser um grande sucesso.
- Você precisa olhar atentamente para o estado atual das coisas e as projeções futuras com o conselho de administração e a equipe de gestores para definir quanto a estratégia é viável e o futuro, favorável. Se algum aspecto do seu negócio *estiver* funcionando, considere a possibilidade de apostar todas as fichas nele. Muitas vezes, as startups tentam fazer coisas demais e oferecer uma solução "completa", e isso pode reduzir o seu cronograma de lançamentos, o que torna a aquisição da tecnologia delas mais onerosa e, o que é pior, dilui a qualidade de tudo que oferecem.
- Talvez você precise tomar providências importantes (por exemplo, demissões dolorosas, refazer produtos, pivotar etc.) para assegurar que tenha o dinheiro suficiente para atingir o ponto de virada.

Como investidor, acredito que todas as empresas do meu portfólio vão ser um grande sucesso. Mas sei que isso não acontecerá. Não há problema nisso, porque alguns grandes sucessos compensarão um monte de meios-termos e de fracassos. Porém, como CEO, você está investindo toda a sua energia e o seu tempo em uma ideia única. Você precisa assegurar que aquilo vai gerar um bom retorno para os funcionários, para os investidores e para você mesmo.

Se não estiver convencido de que tem muita chance de se tornar um grande sucesso, deve pensar com seriedade em um processo de fusão e aquisição. Já vi empresas gastarem até o último centavo sem ter um plano ou esperança, e já vi empresas tomarem a difícil decisão de devolver dinheiro para os acionistas e partir para algo em que acreditavam muito.

Tenha em mente que essa avaliação é uma das mais difíceis que você vai enfrentar na vida. Até agora, você investiu anos de capital humano, dinheiro e reputação no negócio e pode ser um grande golpe para o seu ego reconhecer que ele não está dando certo. Os fundadores que apoiamos, sem exceção, tendem a ser inteligentes e determinados e nada jamais terá um impacto tão grande em vários deles quanto o fracasso. Mas não é assim. O verdadeiro fracasso é jogar mais tempo e capital em um negócio que não está dando certo e arruinar as suas chances de levantar capital no futuro. Pegue o aprendizado, aceite a perda, tire umas férias e siga em frente.

Esse jogo é longo. Todos queremos trabalhar com coisas que sejam importantes. Desejo o mesmo a você.

Tudo de bom,

Maynard

P.S.: Por favor, leia o apêndice desta carta; ele possui mais dicas para que você descubra se está na terra do meio-termo.

....

Apêndice

Ainda não tem certeza se é ou não um meio-termo? Estas são as coisas que geralmente ouvimos quando recebemos relatórios de atualização de empresas na fase do meio-termo.

- "Estamos trabalhando no nosso problema de rotatividade."
- "Agora estamos trabalhando no (novo projeto X)."
- "Publicamos 20 artigos neste trimestre."
- "Nosso chefe de produto/chefe de vendas/chefe de marketing está indo embora."
- "Nosso modelo (baseado em premissas infundadas e agressivas) mostra que nossa receita crescerá cem vezes em dois anos".
- "Não conseguimos fazer (uma coisa que prometemos) porque (um concorrente fez algo, a equipe foi lenta, mudaram a liderança no nosso principal cliente, perdemos o nosso patrocinador)."
- "Estamos trabalhando em dívidas técnicas."
- "Perdemos um cliente grande este mês porque as necessidades dele mudaram."
- "Crescemos 5% todo mês."
- "As coisas continuam acontecendo com (três clientes que são amigos pessoais)."
- (Inexistência de relatórios de atualização.)

Quando você precisa definir objetivos

Caro empreendedor,

O ser humano precisa intrinsecamente de objetivos. Desde os primeiros dias após a abertura da empresa, ou o lançamento de uma iniciativa, você define objetivos. Respostas a perguntas básicas como as relacionadas a seguir levam à definição de objetivos claros e eficazes para a sua empresa:

- Quantas pessoas contrataremos?
- Quanto capital precisamos levantar?
- Quanto tempo o nosso dinheiro vai durar?

Definir objetivos é natural e fácil. Definir objetivos alcançáveis, realistas e inspiradores é a verdadeira magia.

Sempre começo com esta pergunta: "Aonde você quer chegar?". Em seguida, pergunto: "Se conseguirmos chegar lá, isso será importante?". Ou, parafraseando Steve Jobs, "Isso entortará o Universo?".

Com muita frequência, vejo objetivos alcançáveis, mas o desafio é tão pequeno que a empresa não chega ao *destino* que está almejando – esse cenário é sem dúvida desestimulante para todos os envolvidos. Por outro lado, se o desafio é alto demais e a equipe acha que os objetivos são inatingíveis, ela não se comprometerá de verdade a alcançá-los – esse cenário torna impossível que qualquer coisa seja feita.

Sou um perfeccionista, por isso quero alcançar aquilo que me propus a fazer, mas também quero definir objetivos que sejam espetaculares – e desafiadores – de alcançar. Aprendi que é melhor mirar bem alto e não alcançar a perfeição do que cumprir todos os objetivos e ter um resultado medíocre.

Este é o processo que uso para definir e alcançar os objetivos:

Avalio como está a equipe. É uma equipe de alta performance? Qual nível de alta performance? Como isso funciona?

Traço objetivos que terei orgulho de atingir. O que vou considerar espetacular?

Dou um passo para trás. Tenho ciência de que objetivos muito audaciosos podem intimidar a equipe. Equipes que ainda não atingiram a alta performance vão achar que não conseguirão cumprir objetivos agressivos. Quando os objetivos estão muito fora do alcance, você não consegue a adesão e o comprometimento de que precisa para que as coisas aconteçam.

Reavalio os objetivos. O que seria aceitável para mim e que ao mesmo tempo faria sentido para a equipe? Busque o ponto mágico nesse momento – um objetivo que gere um pouquinho de angústia (é agressivo e inspirador), porém que também seja realista (factível). Em vez de marcar a entrega do que foi acordado para o trimestre seguinte, marque para nove meses depois. As pessoas enlouquecem em 90 dias, mas têm mais disposição para se comprometer com objetivos mais agressivos em um período de nove meses. Com tempo suficiente, as pessoas acreditam que podem fazer qualquer coisa.

Apresento esses objetivos reavaliados e um plano à equipe. Se tiver feito tudo direito, a equipe vai continuar achando o objetivo agressivo, mas também factível. Quando eu estava no eBay, por volta de 2000-2001, tínhamos uma receita de aproximadamente meio bilhão de dólares, e Meg Whitman disse que queria atingir 3 bilhões de dólares em 2005. Foi mais ou menos a mesma coisa que na ocasião em que JFK disse que levaria um homem à Lua. Inicialmente, não víamos uma maneira de chegarmos àquilo, mas desenvolvemos um plano, e todos aderiram a ele.

O mais impressionante é o que acontece depois que a equipe passa por alguns ciclos de sucesso no cumprimento dos objetivos. Em pouco tempo, ela começa a aprender a alcançar objetivos agressivos sistematicamente. E depois eu vi algo ainda mais excepcional acontecer. As equipes definiam e superavam objetivos agressivos que excediam as minhas expectativas. Não há nada que eu ame mais do que conter a empolgação de alguém!

Quanto antes as equipes aprendem a fazer coisas que ninguém mais imaginou, mais as coisas dão certo.

Tudo de bom,

Maynard

Quando você tem que dar (e receber) feedback

Caro empreendedor,

Como líder, você tem a responsabilidade e a obrigação de ajudar as pessoas a melhorar e atingir o potencial delas.

Isso significa que dar feedback é uma importante – e geralmente difícil – parte do seu trabalho. Um feedback ponderado pode ser um presente, mas acho que muita gente geralmente não o enxerga assim. Por esse motivo, os líderes devem fornecer feedback de forma que a pessoa que o recebe esteja aberta a ele. Algumas dicas:

Elogie em público, critique em particular. Sempre siga essa regra. E lembre-se de que as pessoas estão observando a forma como você reage. Não é apenas o que você diz, mas como você diz e como se comporta.

Construa confiança. Faça o trabalho necessário antecipadamente. As pessoas recebem melhor o feedback quando confiam na pessoa que o está dando. O ideal é que a pessoa compreenda que você está compartilhando pensamentos com o propósito de servir aos interesses dela. Quanto mais confiança você constrói, mas fácil é ter discussões difíceis, porque você terá desenvolvido um espaço em que trabalham juntos, e não um espaço de julgamento. Além disso, se você sabe quais são as aspirações que o seu funcionário tem para a carreira dele, informar-lhe sobre o comportamento ruim pode ajudá-lo a melhorar e a alcançar os próprios objetivos. Quanto mais confiança você constrói, mais franco pode ser.

Dê feedback de maneira construtiva. Quando comecei a minha carreira, recebia feedback no estilo dos chefes de *Mad men: inventando verdades*, que o usavam como uma arma de punição. Entretanto, de maneira muito similar ao bullying, essa abordagem caiu em desuso, e é improvável que produza grandes resultados. O feedback deve gerar validação e inspiração. Enxergo o ambiente de trabalho hoje como um lugar muito mais civilizado do que aquele em que iniciei minha carreira – e isso é bom.

Seja atencioso. Essa é uma ferramenta para ajudar as pessoas. Dê feedback com amor e boas intenções. Não tenha essas conversas quando estiver nervoso, porque é muito mais provável que a pessoa se sinta magoada ou julgada – consequentemente, ficará na defensiva.

Entenda o estado de espírito da pessoa. É melhor dar o feedback quando a pessoa está receptiva. Como você sabe disso? Perguntando a ela. Diga: "Você tem um tempo para uma conversa? Queria compartilhar umas sugestões que tenho. Se não estiver preparado para isso agora, podemos conversar quando estiver pronto". Preparar a conversa dessa maneira é uma forma de dar à pessoa uma pista sobre o que está acontecendo e de deixá-la consciente de que você está ali para ajudá-la. Recentemente, alguém com quem trabalho queria botar a raiva para fora, e deixei claro que não estava aberto a ouvi-lo. Às vezes você tem que deixar as pessoas tirarem a emoção do caminho e depois entrar em uma discussão pragmática sobre o que aconteceu, para que consiga ajudá-las a ganhar perspectiva. Você pode fazer isso com um simples: "Estou vendo tal coisa. O que você está vendo?".

Não deixe de dar feedback só porque é difícil. Não podemos levar ao extremo esse novo e melhor ambiente de trabalho e deixá-lo retirar a nossa habilidade de oferecer feedback construtivo. Ele pode ajudar muito as pessoas no caminho em direção ao aperfeiçoamento.

Como líder, você também tem que entender o valor de pedir feedback às pessoas com quem trabalha e de recebê-lo.

Recebi muitos feedbacks excelentes de Meg Whitman, e esses inputs mudaram a forma como eu trabalhava com ela e a de abordar liderados. Uma de suas preocupações era que às vezes ela só estava interessada em brainstorming, mas eu via o diálogo como uma oportunidade de ação. "Só quero ter uma conversa, isso não significa que quero que você faça isso", dizia ela. Tive que aprender a diminuir o ritmo e a colaborar, em vez de querer *agir* o tempo todo.

Solicitar feedback é uma ótima maneira de um executivo do alto escalão aprender e crescer. Estas são algumas dicas de como pedir e receber feedback:

Seja implacável na solicitação de feedback. Eu sempre pergunto: "Isso está funcionando? Há mais alguma coisa que eu possa fazer?".

Seja acessível e prudente. É difícil para as pessoas falar algo delicado, e é importante que você compreenda que elas podem achar isso desafiador. Tente "jogar a isca" – você conhece algumas de suas fraquezas. Pergunte a um colega ou a um subordinado direto se eles observaram você fazendo algo que não deveria e se têm algum conselho para você. Com frequência, essas pessoas também passarão a pedir conselhos.

Comece de mente aberta. Tente compreender de onde o conselho da pessoa está vindo. Ainda que discorde, compartilhar feedback é difícil, e você deve enxergar essa consideração como um presente.

Ouça o que está sendo dito. Isso não quer dizer que tenha que aceitar ou fazer o que estão lhe dizendo, mas é fundamental escutar.

Você não deve ter medo da verdade. Comprometa-se a criar um ambiente de aprendizado e angarie o apoio da sua equipe para ajudá-lo a crescer – porque você pode melhorar todos os dias. Ganhar a compreensão de que você nunca para de se aperfeiçoar ajudará a sua carreira de formas espetaculares.

Tudo de bom,

Maynard

Quando você precisa deixar a porta aberta

Caro empreendedor,

Sou um grande fã de abertura e transparência. Acho que os fundadores e CEOs têm que ser acessíveis. Devem ser abertos para o diálogo, tanto dentro quanto fora da empresa, e solicitar feedback por parte dos funcionários, dos investidores e dos clientes.

Quando você está começando, sugiro que atualize os funcionários frequentemente. O ideal é que essas atualizações sejam feitas pessoalmente, mas também podem ser por escrito. A ideia é manter as equipes informadas sobre a sua perspectiva e as suas iniciativas. Essa prática deve continuar à medida que você cresce. Marissa Mayer passava informações aos funcionários semanalmente em reuniões chamadas FYIs. Na Salesforce, Marc Benioff fazia encontros regulares fora da empresa com sua equipe de liderança, nos quais compartilhava o que estava acontecendo com a empresa e organizava um fórum para discutir e definir um direcionamento.

Você definitivamente deve ser acessível e assegurar que a cultura não "amacie" questões importantes. Quando você é pequeno, provavelmente não tem um departamento de RH para lidar com assuntos delicados, como assédio sexual, discriminação ou bullying. Isso quase sempre significa que esses assuntos vão para o CEO. Portanto, é responsabilidade sua garantir que eles sejam resolvidos corretamente ou por você ou por integrantes da sua equipe capazes de fazê-lo.

Você não precisa assumir e resolver todos os problemas pessoalmente, mas deve assegurar que todos sejam solucionados. Geralmente, é melhor que a pessoa que tem o problema recorra à gerência direta dela para resolvê-lo (e não esperar *você* resolvê-lo) e depois lhe reporte a solução.

No geral, você deve manter a porta aberta. Se não tem certeza do que fazer, lembre-se sempre de que advogados de fora da empresa podem ser úteis em casos assim. É para isso que eles servem, e você deve sempre se certificar de que está agindo de acordo com a leis apropriadas. (Por exemplo, a lei de proteção aos denunciantes, que requer que você não apenas investigue a situação como também proteja de retaliação a pessoa que está levantando a questão.)

É claro que, quanto mais você usa o tom apropriado desde o início (veja a carta "Quando você precisa definir o tom do comportamento adequado"), mais fácil isso se torna. Muitas empresas chegam a instalar um serviço de atendimento telefônico para lidar com questões que podem ser relatadas de forma anônima e sem medo de represálias.

Tudo de bom,

Maynard

Quando você precisa oferecer ajuda a alguém

Caro empreendedor,

Um ditado conhecido afirma que chegar ao sucesso é, em grande parte, destacar-se. Obviamente, se você quer ser bem-sucedido, precisa destacar-se, mas aprendi que o sucesso resulta de verdade daquilo que você faz quando chega lá. Demonstrar comprometimento, engajamento, foco – e gerar ótimos resultados – é o que faz a diferença.

O mesmo vale para quando você precisa oferecer ajuda a alguém. Venho me envolvendo com muitas empresas há anos e, como resultado, trabalhei com uma quantidade grande de pessoas, e as tragédias que vi não foram poucas: morte de pessoas queridas, divórcio, vício, suicídio e até assassinato. É sempre doloroso ver alguém passar por algo tão difícil.

Como empregador, você pode ficar um pouco afastado. Contudo, também é papel seu, se possível, conseguir ajudar o seu pessoal. Você pode ser o chefe, mas também é um ser humano, e oferecer apoio é a coisa mais importante que pode fazer. Recentemente, alguém próximo a mim perdeu um ente querido, e essa experiência me fez pensar na necessidade de oferecer ajuda a um funcionário e um amigo que está passando por um período desafiador, e sobre a melhor forma de se fazer isso.

A primeira regra é comparecer – mesmo quando é difícil e você não sabe o que dizer –, e o segundo e mais importante passo é demonstrar que realmente queria estar ali. Isso parece óbvio, mas, infelizmente, não acontece com frequência. As pessoas, todas tão ocupadas, frequentemente ficam distantes em períodos difíceis. O que elas realmente precisam é que você se aproxime e intervenha.

Eu recebi apoios inestimáveis de muitas pessoas durante períodos difíceis da minha vida. Perdi o meu pai quando eu era criança e me lembro de como as pessoas se aproximaram. Os treinadores dos esportes que eu praticava, bem como pais de outras crianças do bairro, passaram mais tempo comigo e me deram mais conselhos. Foram sinceros ao demonstrarem que se importavam comigo, e aquilo significou muito para mim. Mais tarde, quando minha filha foi hospitalizada com uma doença grave e recebeu um prognóstico terrível, muitos dos meus colegas de trabalho nos procuraram prontamente e ofereceram ajuda. Eles mandaram presentes e cartões, e vários desejaram visitá-la (embora não pudessem, por ela estar na UTI). Foi um dos períodos mais difíceis da minha vida, e o apoio das pessoas ao nosso redor, sinceramente, ajudou a minha família a atravessá-lo.

Quando alguém perde um ente querido ou tem um filho que está muito doente, é importante demonstrar que você realmente se importa. Demonstre solidariedade e exponha suas próprias experiências, porque as pessoas conseguem identificar falta de sinceridade a quilômetros de distância.

Eis o que você deve fazer:

- Primeiro, em um momento tranquilo e sem estresse, pergunte se a pessoa está disposta a conversar.
- Diga-lhe que sente muito pela perda ou pela situação pela qual ela está passando.
- Pergunte se pode ser útil ou ajudar de alguma maneira. Quando um acontecimento é particularmente grave, minha sugestão é que você simplesmente parta para a ação e ajude. Voluntarie-se para tomar conta dos filhos dela, pergunte se há uma fundação à qual pode fazer uma doação, ofereça-se para retirar compromissos de trabalho da responsabilidade dela.

- Apenas escute. Em casos de doenças graves e morte na família, procure saber mais sobre quem é essa pessoa tão especial por quem ela está sofrendo.
- Ajude a confortá-la. Mande comida para que tenha menos coisas com que se preocupar. Ou envie flores para que saiba que você se preocupa com ela.
- Pergunte se pode voltar a procurá-la. Diga-lhe que, se não estiver querendo falar, não precisa atender ao telefone.
- Reafirme que você se importa com ela e que está tudo sob controle no trabalho, que não há nada com que se preocupar. É muito provável que a produtividade dela caia, mas descobri que acontecimentos trágicos também trazem à tona o melhor dos colegas de trabalho.

Lembre-se de que, como administrador, o seu comportamento é aquele em que você espera que os colegas se espelhem. E, nesse caso, as coisas que parecem certas a fazer pela pessoa também são coisas certas a fazer pela empresa.

Períodos de crises de funcionários.

É preciso salientar que há períodos em que você não sabe o que está se passando na vida de alguém da sua equipe, mas sabe que alguma coisa está errada. Essa pessoa também precisa da sua ajuda. A linha é tênue entre dar ajuda, oferecer apoio e passar dos limites.

- Se você vir que algo não está certo, procure a pessoa e pergunte. Faça isso no início e com frequência.
- Você não pode se intrometer, mas pode demonstrar empatia e preocupação. Se estiver com receio de estar se preocupando demais e passando dos limites, é sempre melhor ser humano e se importar do que ser perfeitamente correto.
- Tente obter a ajuda de que ela precisa, quer isso signifique

tirar um período de folga ou ajudá-la a encontrar os recursos profissionais adequados e ter acesso a eles, os quais, espera-se, estejam cobertos pelo plano de benefícios da sua empresa.

- Esteja ciente de que acontecimentos graves podem gerar uma depressão coletiva na equipe. Determine que recursos você pode providenciar para ajudar o restante da equipe.
- Comprometa-se. Faça a pessoa sentir-se segura para compartilhar aquilo pelo que está passando e obtenha aconselhamento profissional para que você possa ter certeza de que está dando os passos certos para ajudá-la.

Para serem produtivos, os seus funcionários têm que estar saudáveis e felizes. Se vir que há algo diferente com alguém, procure a pessoa e veja como pode ajudar. Sim, isso pode não estar relacionado com o trabalho, mas está relacionado com a vida, e tentar fazer as coisas funcionarem holisticamente só traz benefícios a todos os envolvidos.

É sempre complicado ver alguém passar por um período difícil, mas é responsabilidade sua ajudar as pessoas a enxergarem a luz além do problema. Há muita coisa fora de controle, mas esta parte está nas suas mãos. O que fazemos nesses momentos delicados é muito importante.

Lembre-se: um integrante da equipe passando por um momento muito difícil afeta a equipe toda. Você precisa prestar atenção nele também. Leve em consideração a possibilidade de contratar recursos profissionais para a equipe inteira para ajudá-la a superar esses momentos.

Tudo de bom,

Maynard

Quando você tem que liderar com inspiração, não medo

Caro empreendedor,

A comunicação é importante. Mas ela não envolve apenas o que e com que frequência você fala. Ela também envolve – e talvez isto seja o mais importante – aquilo que você escuta. Aderir a essa prática é especialmente importante quando você é CEO. Isso tem implicações gigantescas na cultura que você quer construir para a sua empresa. Quer gerir a sua empresa com base em medo e força, ou em inspiração? Stephen Covey tem um conselho famoso: "Procure primeiro compreender, depois ser compreendido". Há um popular ditado que diz que Deus nos deu dois ouvidos e uma boca por um motivo.

Escutar é muito importante, porque não fazer isso soa como uma postura defensiva e, pior ainda, é um obstáculo para o sucesso. Recentemente, vi o perigo de não seguir o conselho de Covey durante uma comunicação desafiadora com o CEO de uma das empresas do nosso portfólio que estava a caminho de se tornar um grande sucesso. Embora viéssemos despejando toneladas de energia e recursos nela para que deslanchasse, ela tinha entrado em um período de turbulência causado por si mesma. Apesar de a turbulência não ter sido catastrófica, a empresa precisava corrigir o rumo depressa para colocar em prática o seu potencial máximo.

Em uma conversa com o CEO sobre a situação, era minha intenção ir fazendo leves sugestões sem lhe dizer exatamente aquilo que devia fazer. Tentei comentar que tinha passado um tempo pensando no problema dele, que já havia visto uma situação semelhante e que queria ajudar. Infelizmente, o CEO enxergou o meu conselho como uma crítica, o que levou a uma discussão com as emoções afloradas, em vez de a um diálogo amistoso em que as opiniões de todos fossem ouvidas.

Talvez eu não tenha sido suficientemente explícito, mas tentei dar conselhos com sutileza, porque sabia que esse CEO às vezes ficava exasperado quando percebia que estava sendo desafiado. Essa atitude era muito diferente da maneira como ele geralmente se comportava, pois eu diria que sua conduta costumava ser a que considero a do bom CEO. Aquela questão desencadeou um problema angustiante para mim: me peguei não querendo me manifestar ou levantar um assunto porque temia que isso poderia levar a uma discussão ou briga. Essa preocupação fez com que eu me contivesse de vez em quando, principalmente em relação a questões menos importantes, porém, quando sentia que algo era muito relevante, eu levantava a questão. Como investidor, tenho a obrigação de chamar a atenção para qualquer problema sério, e preciso fazer isso de modo produtivo.

Quando um CEO costuma reagir a informações ou opiniões alheias de forma defensiva, ele dispara alarmes para os acionistas e o conselho de administração. Se o CEO reage dessa maneira com as pessoas a quem deve prestar contas, como estará interagindo com os funcionários da empresa? Os funcionários sentem-se seguros para expor suas preocupações e suas opiniões? A esta altura, já passei por muitas batalhas e consigo lidar com um pouquinho de turbulência. No entanto, sinceramente, eu as considero cansativas, sem graça e invariavelmente desnecessárias. O que me preocupa MUITO mais do que o CEO ouvir o meu feedback é se ele está escutando ativamente os próprios funcionários, clientes e acionistas.

Não tenho como deixar mais clara a importância da escuta ativa. Às vezes os CEOs perdem dicas de conselheiros ou funcionários porque não estão escutando com cuidado suficiente, não estão prestando atenção nas pistas não verbais ou estão distraídos com outras coisas. Isso é inaceitável. A escuta ativa é uma habilidade que todo CEO deve dominar para ser bem-sucedido com o conselho, os funcionários, os clientes e a comunidade. Algumas maneiras de aprimorar suas habilidades de escuta:

- **Abra-se para os pensamentos dos outros.** Entenda que todos têm direito às próprias opiniões e percepções, mesmo que você discorde delas.
- **Certifique-se de seguir o conselho de Covey e procure compreender primeiro.** Continue a fazer perguntas até ter esgotado todos os pontos que a pessoa desejava expor. Se alguém demonstra estar desconfortável ou tenta mudar de assunto, provavelmente há algo mais na mente dessa pessoa. Crie um ambiente seguro para que as pessoas exponham seus pensamentos.
- **Faça perguntas com o objetivo de esclarecer as coisas.** Não faça julgamentos com frases do tipo: "Você está errado". Em vez disso, fale: "É uma perspectiva interessante, preciso pensar nela".
- **Não aja defensivamente nem negligencie o que os outros dizem.** Você pode compartilhar a sua perspectiva; porém, no final deve repetir o que ouviu e obter alinhamento sobre os próximos passos para corrigir a situação.
- **Lidere com inspiração, não medo.** Se toda discussão é uma batalha, as pessoas devem decidir quanta energia querem despender e onde, e você não conseguirá comprometimento a não ser que haja algo muito errado. Substitua uma cultura baseada no comando e no controle por uma baseada na inspiração e dê a todos a oportunidade de participar e fazer contribuições significativas. As melhores empresas são lideradas pela inspiração – não por medo ou pressão. Problemas acontecerão em todas as empresas, mas as pessoas fazem o melhor trabalho que podem quando a cultura é baseada em conseguir o melhor de todos, em ser aberta, em celebrar os problemas e resolvê-los depressa, além de fazer todos sentirem-se seguros para ajudá-la a chegar ao seu destino.

Todos sabem que, como empreendedor, você é uma pessoa que assume riscos e com frequência lida com pontos de vista diferentes do seu. Sendo assim, você é constantemente questionado e precisa ter firmeza para conseguir executar sua visão. Isso é uma força. Entretanto, ela se torna uma fraqueza quando você se compromete de tal maneira com a sua convicção que deixa de escutar aquilo que não está dando certo e não se abre para reiterar e modificar sua visão.

Tudo de bom,

Maynard

Quando você precisa ser explícito

Caro empreendedor,

Você fica surpreso quando pessoas da sua equipe às vezes fazem coisas ou se comportam de maneira diametralmente oposta àquilo em que você acredita ou que espera delas? Quando vê esse tipo de situação acontecer, você acha que elas já deviam saber que o que fizeram não é adequado, tendo em vista que já comunicou explicitamente qual era o comportamento que esperava em determinadas circunstâncias – várias vazes, talvez?

Houve uma época em que eu tinha uma executiva superstar trabalhando para mim. Ela sempre entregava os resultados acordados, mas deixava muito caco de vidro ao redor dela. Fazia coisas do tipo marcar reuniões one-on-one à meia-noite, o que não levava em conta o horário dos funcionários e era incompatível com a maneira como queríamos tratar as pessoas. Abordei esse assunto várias vezes com ela. Como ela não mudou, achei que podia não estar sendo explícito o bastante. Ao que tudo indicava, dessa vez, eu estava, sim, sendo bem explícito. Ela disse: "Eu entendi, só que optei por fazer as coisas de um jeito diferente". Isso acabou nos levando a seguir caminhos separados.

Porém, em outras ocasiões, as pessoas não estão tomando suas próprias decisões; elas simplesmente não se dão conta de que o comportamento delas não está de acordo com as suas expectativas. Recentemente, fui a uma reunião, fora da empresa, de um dos conselhos de que participo e houve uma discussão centrada em como a pontuação dos gerentes havia caído, ano após ano, no critério "melhores lugares para se trabalhar". Ao pesquisar o motivo, a empresa descobriu que, embora todos achassem que os gerentes estivessem fazendo o básico, como reuniões one-on-one, reuniões de equipe e dando feedback, muito gerentes na verdade não vinham fazendo isso. O motivo? *Haviam presumido que não era preciso fazê-lo, mas jamais declararam explicitamente.* Ninguém disse aos gerentes que eles deviam se comprometer com aqueles tipos de atividades e fazê-las com eficácia. Os gerentes não estavam fazendo aquilo simplesmente porque não lhes haviam comunicado que eram práticas importantes. Ao perceber essa falta de comunicação, a empresa resolveu o problema rapidamente ao enfatizar a importância dessas ferramentas no planejamento de todos e certificar-se de que os gerentes entendessem que se tratava de uma prioridade.

Eu já fui culpado de cometer o mesmo erro da "pressuposição". Há não muito tempo, recebi, na WIN, uma reclamação por não termos dado resposta a uma empresa. Fiquei surpreso, pois não dar a alguém a dignidade de uma resposta está em total desacordo com os nossos valores e com a forma de tratarmos as pessoas. Depois de pensar a esse respeito, tive que fazer uma autocrítica. Eu me dei conta de que não reiterava a importância desse comportamento havia muito tempo. Achei que estava na memória coletiva. Aprendi, entretanto, que não podia confiar nisso. Essa situação me lembrou da importância de reiterar as mensagens constantemente. O erro forneceu uma boa oportunidade para relembrar a equipe, de maneira explícita, da importância desse comportamento e estou confiante de que isso não acontecerá novamente.

Em um recente jantar da WIN com Meg Whitman, ela mencionou que, no critério valores, mesmo quando você acha que está sendo muito repetitivo, provavelmente ainda não é o suficiente. A informação se perde em organizações complexas e, como fundador, um dos seus papéis é assegurar que as mensagens principais do que está fazendo e daquilo que é importante ecoem pela organização para que todos as compreendam.

Quando o comportamento está em descompasso com as expectativas, faça o seguinte:

Conceitos básicos de gestão   153

- **Verifique se as expectativas de comportamento foram comunicadas de maneira clara e recorrente.** Há sempre muita coisa acontecendo, e as coisas mais importantes necessitam de reforço periódico.
- **Se a comunicação não tiver sido feita, agora é uma boa hora para começar.** Aborde isso calma e profissionalmente.
- **Se a comunicação tiver sido feita, descubra o que está causando o lapso entre os seus desejos e o comportamento efetivamente praticado.** As expectativas podem às vezes não ser realistas, mas também pode ser que os funcionários tenham se desviado delas, não se sintam comprometidos com elas ou as desprezem conscientemente.

Quando há uma desconexão – independentemente da raiz do problema –, é você quem deve corrigi-la. Faça a sua parte para assegurar que a comunicação acontecerá eficaz e repetidamente. Tome providências para que as expectativas fiquem bem claras e as pessoas se comprometam com elas.

Além disso, seja realista. Saiba que você não pode fazer com que TUDO seja importante. Se tentar ser explícito sobre tudo, vai exaurir a equipe. Em vez disso, defina o que é mais importante. Deixe todo o resto pra lá e explicite o que for mais importante.

Tudo de bom,

Maynard

Quando você precisa encontrar sincronicidade

Caro empreendedor,

Recentemente, eu estava tendo um dia muito ruim. Um funcionário pediu demissão inesperadamente e do nada eu me vi com um problemão pela frente. Fui a uma reunião com um dos CEOs das empresas do nosso portfólio e, no final do encontro, ficamos conversando mais alguns minutos sobre os negócios e a vida. Compartilhei com ele a crise pela qual passava – estava novamente procurando um assistente executivo – e ele comentou que a esposa tinha trabalhado no recrutamento desse tipo de profissional e que eles podiam ficar de olho em candidatos em potencial para mim. Depois ele me disse que a esposa estava tendo dificuldades para contratar um gerente de remuneração e me perguntou se eu podia indicar alguém. Por sorte, eu conhecia os CEOs de duas firmas de consultoria que trabalhavam com muitos executivos especialistas em remuneração e disse que ficaria feliz em colocá-los em contato.

Saí da reunião abismado com a sincronicidade que havia acabado de acontecer. Ele tinha uma solução perspicaz para um problema que não sabia que eu tinha, e eu, respostas úteis para o problema da esposa dele. Nada disso teria acontecido se não tivéssemos extrapolado aquilo que estava agendado para discutirmos e feito perguntas sobre outros assuntos.

Para conseguir sincronicidade, você deve observar lugares diferentes – e isso é necessário quando se está fazendo algo tão complicado quanto construir uma empresa. Com muita frequência, esperamos achar as respostas de que precisamos em fontes que conhecemos, porém há respostas para perguntas em todos os lugares. É necessário ter a mente de quem está disposto a aprender e estar aberto aos inputs e insights de todos os lugares. Algumas maneiras de observar lugares diferentes:

- Identifique o que o está perturbando. Você deve enxergar com muita clareza o problema que está tentando resolver.
- Esteja aberto para receber insights de todos os lugares.
- Às vezes, isso significa fazer algo desconfortável. Esteja disposto a sair da sua zona de conforto.
- Sonde as pessoas que estão ao seu redor.
- Procure saber mais detalhadamente de que maneira pode ajudar a solucionar os problemas de outra pessoa.
- Quando a sincronicidade acontecer, agarre-se a ela.

A sincronicidade pode parecer algo simples, mas eu garanto que ela pode desencadear processos incríveis e servir de resposta para os seus problemas mais complexos. Sei disso por experiência própria. Quando fui nomeado diretor-executivo de operações (COO) do eBay, recebi a tarefa de definir a "cultura" da empresa. Depois de um esforço exaustivo, o programa inteiro desandou. Fiquei transtornado com aquela situação e sabia que teria de fazer algo excepcional para colocar as coisas de volta nos trilhos.

Naquele momento, um livro chamado *Radical Change, Radical Results* [Mudança radical, resultados radicais] foi lançado. Por coincidência, a minha esposa e os meus filhos estavam viajando e eu passei o fim de semana lendo-o. Foi como se os autores Kate Ludeman e Eddie Erlandson estivessem observando alguns problemas culturais que tínhamos no eBay. Nas páginas que escreveram, encontrei soluções para o meu enigma. Fiquei abismado. Entrei em contato para agradecer-lhes, mas outra coisa aconteceu. Meg Whitman (em grande parte para me agradar) concordou em contratar Kate e Eddie para fazer uma avaliação 360° para nós dois. Embora no início ela quisesse me matar por tê-la arrastado para aquilo, depois ela adorou.

Eu também aprendi muitíssimo, o que levou a um exercício cultural muito melhor e maior no eBay e serviu de estopim para um conjunto totalmente novo de valores, culminando no renascimento da cultura na empresa. Esse trabalho inicial levou a um relacionamento de longo prazo com os dois coaches, que influenciaram fortemente o curso da minha vida. Kate me mostrou que a minha persona de pobre coitado tinha deixado de ser útil. Com os incentivos dela, comecei a conversar mais com as pessoas, o que acabou me levando a escrever um livro e a fundar, em sociedade, a Everwise.

Adoro ouvir histórias de sincronicidade de outras pessoas. Veja a história de Marc Benioff. Quando ele fundou a Salesforce, no início não compartilhou a ideia com muita gente, mas, durante um almoço, seu amigo Bobby Yazdani, fundador do Saba Software, o encorajou a encarar o projeto, dizendo que o primeiro erro que empreendedores cometem é ficar segurando as ideias para si. Marc refletiu sobre o comentário e compartilhou com Bobby aquilo que queria fazer. "Que bom que você me contou", disse Bobby, que depois o apresentou a três fornecedores que já haviam trabalhado para ele e que não demoraram a se juntar a Marc como cofundadores, ajudando-o a desenvolver um serviço e uma empresa impressionantes. Na verdade, Marc descreve o encontro com Parker Harris, um desses cofundadores, como "a maior sorte que já tive na vida". Isso é sincronicidade, e aconteceu porque Marc articulou sua visão e a compartilhou com alguém que tinha experiência, percepção e vontade de ajudar.

A sincronicidade acontece com mais frequência do que imaginamos. Busque-a em todos os lugares e verá do que ela é capaz.

Tudo de bom,

Maynard

Quando você se pergunta se vale a pena investir tempo em eventos de networking e marketing

Caro empreendedor,

Como empreendedor, são muitas as demandas que exigem a sua presença ao lado da equipe para administrar a empresa, porém às vezes sair é exatamente o que a sua empresa (e você) pode estar precisando.

Se você for extrovertido, a ideia de ir a um evento pode energizá-lo. Se for introvertido, como eu, a ideia pode estressá-lo e levá-lo a querer evitar o evento. Eu acredito muito no poder dos eventos certos para acelerar o seu negócio e apresentar novas perspectivas. Quando abordados da maneira correta, os eventos podem permitir que eu faça em algumas horas o trabalho que levaria três semanas. Eles também são uma grande oportunidade para a sincronicidade.

Dito isso, minha aversão generalizada por eventos me levou a ter problemas no passado. Durante anos na WIN, eu tinha uma forte convicção de que não devíamos promover eventos próprios. A minha equipe conseguiu me convencer do contrário, e acabamos realizando uma conferência com duração de um dia e meio para todos os fundadores das empresas do nosso portfólio e nossos afiliados, e eu saí dele como um adepto dos eventos. A energia foi incrível. Viabilizamos dezenas de novos contatos, criamos sessões para que fundadores e afiliados pudessem discutir abertamente seus aprendizados e todo mundo foi embora com uma ideia melhor daquilo que fazia a nossa empresa ser especial. Alcançar os mesmos fins por meio de reuniões individuais teria levado um ano.

Se você for participar de eventos:

Não vá a todos. Nosso tempo é muito corrido. Decida quais eventos são mais relevantes para a sua empresa e controle o seu tempo rigorosamente. De modo semelhante, não participe de todas as sessões nos eventos. Na Dreamforce, a conferência anual de usuários da Salesforce, sempre participo das sessões principais e deixo o restante do minha agenda aberta para o acaso.

Planeje algumas reuniões antecipadamente. As pessoas têm agendas lotadas, principalmente no tempo compactado dos eventos. Faça uma lista das pessoas que estarão presentes e agende reuniões antes de ir para não perder a oportunidade de se encontrar com quem quer.

Divirta-se, mas pondere os resultados. Os eventos não envolvem apenas diversão, embora isso costume definir alguns deles. Certifique-se de manter sempre em mente aquilo que é importante: novos insights e novos contatos. Eu me preocupo em assegurar que a minha participação em um evento me permita causar pelo menos duas vezes mais impacto do que no escritório, e defino o que isso significa para que eu saiba como distribuir o meu tempo no evento. Defina antecipadamente o que é um evento bem-sucedido para você, depois persiga os seus objetivos quando estiver lá. Também lembre-se de deixar um tempo sem compromissos na agenda (ver a carta "Quando você precisa encontrar sincronicidade"). Com frequência, tenho novos insights ou ideias quando estou escutando tranquilamente alguém falar.

Seja comedido. No mercado de tecnologia em particular, pode haver a tentação de tentar tornar-se um "fundador celebridade", que fala toda semana em um evento diferente. É muito fácil justificar a alocação do tempo dessa maneira, já que cada conferência gera novos cartões de visita que dão a aparência de progresso, mas eu costumo achar esses métodos insustentáveis. O aumento de vendas deve vir em grande parte de um departamento de vendas saudável, não das dezenas de eventos dos quais o CEO participa. Além disso, a permanência frequente na estrada pode ser tóxica para a empresa. Grandes problemas podem passar despercebidos e, se a sua empresa sofre um contratempo ou revés, o retrocesso pode ser catastrófico. Se a participação em muitos eventos for importante, pense em elencar alguns integrantes da sua equipe para ir em seu lugar; isso é uma experiência extraordinária para eles e permitirá que você atente para muito mais aspectos do seu negócio.

Se você estiver realizando um evento:

Pense cuidadosamente em quem participará. Você precisa certificar-se de que terá a mistura certa de pessoas. Não faça uma lista de convidados muito grande – ela não deve ter milhares de coadjuvantes, mas ser um evento mais reservado com o calibre certo de pessoas. Marc Benioff organiza com maestria a mescla certa de participantes, que inclui clientes, possíveis clientes, integrantes da equipe, membros do conselho de administração, jornalistas, filantropos e algumas outras pessoas interessantes. Às vezes ele inclui um músico ou um mágico. Isso mantém as coisas interessantes!

Crie um momento informal para a interação. Deixe espaço para surpresas. Realizar eventos em locais fora da empresa e de centros de conferência é uma ótima maneira de fazer as pessoas se concentrarem mais no evento e estarem mais presentes. Os encontros mais significativos acontecem quando as pessoas se dedicam a um evento durante determinado período, e não quando apenas dão um pulo lá no momento de um tópico que lhes interessa. Isso porque os relacionamentos não são construídos durante a programação formal, e sim quando as pessoas têm a oportunidade de puxar conversa em uma atmosfera na qual podem ficar à vontade – na Upfront Summit, um grande evento de tecnologia em Los Angeles, algumas das melhores "reuniões" acontecem ao redor dos foodtrucks que servem almoço. Certifique-se de que haverá períodos para os participantes se enturmarem, em vez de ficarem correndo de volta para o quarto do hotel para se esconderem (ou checarem os e-mails).

Certifique-se de que as pessoas vão querer voltar. Isso significa assegurar que todos os participantes vão embora com mais do que esperavam. Organize a programação com conteúdo impactante e dê oportunidade para as pessoas se divertirem (eu acho que competições ajudam nisso), pois isso as ajuda a sentir que valeu a pena investir o tempo no seu evento – inclusive o custo da viagem e o tempo longe da família.

Ou seja, introvertido ou extrovertido, participar de conferências deve ser um item presente na sua lista de prioridades. Como todo o resto, no entanto, você precisa gerenciar essas participações com sabedoria e assegurar-se de conseguir o retorno esperado pelo tempo gasto. E, a propósito, divirta-se um pouco e leve o aprendizado de volta para a sua equipe!

Tudo de bom,

Maynard

Quando você precisa criar uma rede de contatos de ex-colegas

Caro empreendedor,

É difícil perder um profissional talentoso. Eu me lembro de que no início do eBay (e de várias outras empresas), quando alguém ia embora, geralmente reagíamos com frieza – pois sentíamos que havíamos sido rejeitados.

Aquilo era errado. Essa é uma atitude equivocada. Eu tenho que agradecer a John Donahoe por ter nos ajudado a mudar essa postura. John tinha sido CEO da Bain e mais tarde tornou-se CEO do eBay (agora é CEO da ServiceNow). A Bain tem uma sensacional e ativa rede de ex-colaboradores. É tão eficiente que desde então tentamos implantar uma em todas as outras empresas.

O fato é o seguinte: não somos donos de nossos funcionários, eles escolhem trabalhar para nós e nós escolhemos contratá-los. É nossa obrigação fazer tudo o que pudermos para que melhorem enquanto estão conosco. É obrigação do funcionário fazer tudo que puder para que a empresa seja bem-sucedida.

Quando alguém sai da empresa – se o contratante decide que o funcionário não é mais necessário ou o funcionário decide que não quer mais trabalhar lá –, em ambos os lados devemos estar gratos e ser compreensivos. Devemos concordar em manter contato.

Sob vários aspectos, criei a Webb Investment Network com o objetivo de manter contato com colegas enquanto fazia a transição da minha atuação operacional para a atuação como investidor. É uma fonte constante de energia e alegria ver a rede de contatos crescer e se divertir, além de contribuir com recursos e orientação às empresas do nosso portfólio.

Inclusive, um dos afiliados da nossa rede de contatos alega que eu o demiti (não demiti, acho que ele saiu por conta própria), mas seguimos tendo um bom relacionamento. Eu investi em sua empresa nova, que acabou sendo vendida para o Yahoo!. Ele soma muito à nossa rede de contatos, algo que eu não imaginava quando nossos caminhos tomaram rumos diferentes.

Aqui vão alguns passos que você pode dar para manter contato com ex-colegas e construir a sua rede.

- Sempre se despeça de maneira cordial de todos os integrantes da equipe. Agradeça pelo trabalho deles e pergunte se estão dispostos a manter contato.
- Crie uma página de ex-colaboradores no Facebook ou no LinkedIn. Mantenha uma lista na empresa.
- Periodicamente gere conteúdo para dar informações sobre as últimas atividades da empresa. Inclua coisas com as quais eles possam ajudá-lo, como sugerir alguém para uma vaga.
- Disponha-se para comparecer a eventos de ex-colegas. Você pode pensar até mesmo em realizá-los.
- Faça todos sentirem que ainda fazem parte da família, ainda que tenham saído da empresa!

Uma rede de contatos de ex-colaboradores pode ser uma excepcional fonte de referência para contratações e negócios novos. Ainda mais importante do que isso, entretanto, é uma fonte de validação para as pessoas que fizeram parte da jornada da sua empresa.

Tudo de bom,

Maynard

Quando você tem que montar um ótimo conselho

Caro empreendedor,

Parabéns! Você oficialmente tem uma empresa de verdade. Bom, você já tinha uma empresa de verdade, mas agora levantou capital externo – e provavelmente terá que reunir um conselho.

Tome cuidado!

Se for possível, mantenha-o informal – evite um conselho formal pelo maior tempo possível. Uma das empresas mais bem-sucedidas do nosso portfólio tem um "conselho de um integrante só", e o fundador brinca que faz uma reunião de conselho por ano nas ilhas Cayman, onde conversa consigo mesmo. Na WIN, tomei a decisão de me autofinanciar exatamente por essa razão – presto contas a mim mesmo e a mais ninguém (a não ser à minha esposa).

Contudo, vamos olhar para essa questão de modo realista: infelizmente, a maioria dos fundadores não tem o sucesso imediato nem o capital suficiente que lhes permita não precisar correr atrás de capital externo. Se você levantou capital externo, é possível participar da primeira rodada de investimentos sem ter que reunir formalmente um conselho? Caso a resposta seja sim, eu recomento veementemente que siga esse caminho. Sugiro que faça reuniões periódicas com investidores-chave e que conduza essas reuniões como se fossem de conselho, mas sem que nenhum dos outros participantes tenha poder de voto e controle (veja a carta "Quando você foi bem-sucedido na sua primeira rodada de investimentos"). Adotar essa estratégia o mantém no comando e também acaba atuando como um bom teste decisivo, isto é, você tem a oportunidade de verificar qual o nível de contribuição e de interação de um membro.

Muito provavelmente, se você construir um negócio de sucesso, não vai conseguir seguir muito tempo sem formar um conselho. E, quando chegar a hora de criá-lo, descobrirá que é uma das decisões mais fundamentais que tomará em toda a sua carreira.

Por quê? Pergunte à maioria dos membros de conselho qual é o principal trabalho deles e eles provavelmente responderão que é contratar e despedir o CEO. Os membros do conselho farão vários outros tipos de coisas – fornecerão insights estratégicos, abrirão portas, farão recomendações, darão conselhos e explicarão todas as obrigações regulatórias que surgem ao se abrir o capital de uma empresa –, porém sempre dirão que o trabalho principal deles é assegurar que o negócio tenha um ótimo CEO.

Então, para um CEO fundador (ou qualquer CEO), montar um excelente conselho é essencial para o sucesso da empresa (isso sem mencionar o seu sucesso pessoal). Embora a seleção de um investidor com base somente em termos contratuais seja compreensível, no longo prazo é mais importante priorizar as pessoas (e a firma) e o impacto que elas podem gerar, em vez do capital que oferecem.

Quando eu estava sendo recrutado como CEO da LiveOps, deixei muito claro que ia querer montar um conselho de administração diferente e negociei a possibilidade de fazer isso como parte da minha transição. Selecionamos uma oferta de investimento em uma rodada Série C de uma pessoa que era uma fonte muito confiável – mesmo ela não sendo a melhor opção financeira. A química é crucial, e a seleção do conselho certo para a nova direção da empresa fez toda a diferença para que alcançássemos aquilo que nos propusemos a fazer.

Algumas coisas a ter em mente quando se está montando um conselho e trabalhando com ele:

Prefira conselhos pequenos, principalmente quando sua startup estiver no início.

Menos é mais! Mantenha o seu conselho o mais enxuto possível. Prefira membros que estejam dispostos a botar a mão na massa e aconselhar, em vez de gente que fica tentando dar uma de "o espertão do pedaço". É importante se certificar de que o conselho está comprometido e sendo tratado com o respeito e a dignidade devidos.

Da mesma forma que avalia o talento dos integrantes da sua equipe, você deve avaliar o talento de quem está no conselho.

De que ajuda você precisa agora e de qual precisará quando sua empresa for muito maior? Alguns lugares (como os dos investidores) já têm dono, mas na maioria das vezes os lugares no conselho podem ser barganhados, e mudanças devem ser feitas para que todos eles sejam ocupados pelas melhores pessoas possíveis.

Selecione membros do conselho que preencham lacunas.

Sempre seleciono membros com base nas áreas ineficientes. Eu não tinha muita experiência em vendas e marketing, então trouxe alguém que havia sido diretor-executivo de marketing de uma grande empresa de software e um executivo de vendas da Hewlett-Packard. Alguns lugares no conselho são diretamente associados à expertise funcional, tal como o chefe do comitê de auditoria. Sempre tentei selecionar alguém excelente para esse papel, mas que também fosse interessado em ajudar de maneira mais estratégica. Se possível, insira uma pessoa no papel de "consultor" primeiro, para você ver como ela se sai.

Entendas as razões que fazem alguém querer fazer parte do seu conselho.

Quais são os motivos para entrar no conselho? Às vezes, a melhor maneira de se tornar CEO é por meio de um lugar no conselho. Às vezes, membros de conselho ainda querem dirigir empresas. Outros querem massagear o ego. Nenhuma dessas razões é boa. A maioria das pessoas elegíveis a conselhos é muito bem-sucedida, mas você precisa saber se elas querem fornecer conselhos e recomendações ou se querem atuar na parte operacional. O membro do conselho quer ser uma voz em cinco? Ou quer que todo mundo faça o que ele está mandando? Membros de conselho exercem muito poder e é bem difícil tirar uma pessoa. Escolha as pessoas dispostas a ser úteis.

Vá atrás de pessoas que não querem fazer parte do conselho.

Essa sugestão parece estranha, mas é provavelmente a minha melhor dica. Pessoas com empregos importantes são ótimas escolhas porque não passarão o tempo todo obcecados pela sua empresa (mas se certifique de que essa pessoa estará disponível quando você precisar). Uma pessoa com muito tempo livre pode querer passá-lo com você – evite isso. Descobri que geralmente as pessoas que mais falam e mais demandam são as que têm menos valor.

Em vez de temer reuniões do conselho e enxergar os membros como "um custo desnecessário", ponha esses ótimos recursos para trabalhar para você.

A importância de contar com uma colaboração próxima com o conselho é uma das coisas mais valiosas que aprendi como CEO. Eu sempre levo as minhas maiores questões para o conselho, busco a opinião de seus membros e depois tomo a decisão. Transforme as reuniões em fontes de compromisso e insight. Ponha o conselho para trabalhar na geração de leads, na resolução de problemas e no reconhecimento de padrões. Conselhos de veteranos experientes também podem ajudá-lo a crescer como gestor e líder e, consequentemente, a operar melhor.

Faça aliados, não inimigos.

Trate bem os membros do conselho quando estiver em seus melhores momentos, para que o apoiem nos períodos mais difíceis. Reuniões de conselho e as tarefas que elas geram podem ser tanto tediosas e chatas

Conceitos básicos de gestão   167

(quando as coisas estão indo muito bem) quanto muito intensas e loucas (quando as coisas estão estagnadas ou instáveis). Quando está tudo correndo bem e o CEO e a empresa cumprem ou superam as metas, é fácil ficar um pouco arrogante com o conselho e enxergá-lo como um custo desnecessário. Não faça isso. Ter excelentes química e confiança é muito importante, porque, quando a maré mudar (o sucesso geralmente não é linear), você deve estar com um conselho bem informado e ávido por ajudá-lo.

Espero veementemente que você monte um excelente conselho, daqueles que tornam a sua empresa e você mais fortes e com o qual você goste de passar o tempo. Como todo o resto, está tudo sob o seu controle!

Tudo de bom,

Maynard

4
Desafios de gestão

Quando o seu primeiro funcionário-chave pede demissão

Caro empreendedor,

Tenho certeza de que você está chateado pelo fato de o funcionário estar abandonando a sua empresa e preocupado com o que fará para compensar as contribuições dele. Talvez esteja ainda mais preocupado com a possibilidade de isso ser o início de uma avalanche: *quantas outras pessoas estão pensando em sair da empresa?*

RESPIRE FUNDO. Se você é tão bem-sucedido quanto eu espero que seja, este será o primeiro de muitos funcionários que vão se demitir ao longo do tempo. É sempre doloroso quando um funcionário-chave vai embora.

Antes de oferecer meus conselhos, vou contar uma divertida história que aconteceu de verdade.

Dois cofundadores de uma das empresas mais bem-sucedidas do nosso portfólio pediram uma reunião comigo para discutirmos um problema sério no RH. Eles me disseram que um dos melhores profissionais que tinham no início da empresa havia se tornado um problema no que diz respeito ao desempenho. Eles queriam demiti-lo, mas havia um problema: todo mundo adorava o cachorro dele. Os fundadores achavam que as pessoas ficariam realmente chateadas se o cachorro fosse embora. Meu conselho: demita o funcionário e fique com o cachorro! Eu estava brincando, mas fui sério ao dizer que precisavam encarar o problema – o que acabou acontecendo: o cachorro também foi embora, mas alguém levou outro cachorro para lá e, muitos anos e centenas de funcionários depois, ainda rimos muito dessa história.

Meus conselhos para quando você estiver prestes a perder alguém que significa muito para a sua empresa:

- **Descubra por que ele está deixando a empresa.** Está correndo de/para alguma coisa? Ele pensou bem antes de tomar essa decisão?
- **A situação é reversível?** Se houver algo errado, você tem como resolver o problema?
  - Sempre uso o aumento de salário como último recurso, pois geralmente não é isso o que faz uma pessoa querer ir embora.
  - Se você tiver como resolver o problema, a pessoa é madura o suficiente para restabelecer o compromisso e voltar a se dedicar inteiramente?

- **Mesmo que você tenha como resolver o problema, use seu instinto e certifique-se de que não está caindo em um golpe.** Às vezes as pessoas ameaçam sair para tentar ganhar mais dinheiro. Infelizmente, às vezes há pessoas que não são sinceras. Já passei por experiências em que pessoas mentiram sobre uma proposta de trabalho. Você dá a elas um voto de confiança, porém deve tomar cuidado porque não pode construir uma cultura em que os funcionários achem que, se ameaçam pedir demissão, tornam-se elegíveis para uma promoção. Isso fará os seus custos dispararem insanamente e o tornará impotente. Deixe para bancar o herói com 1% do seu quadro de funcionários – os verdadeiros talentos –, não com 30-50% das pessoas que estão tentando ganhar mais. Todo mundo sabe o que está acontecendo e você tem que ficar atento a como eles reagem à sua resposta. Se você não tomar cuidado, em breve todo mundo estará à sua porta com uma contraproposta e um pedido de aumento e promoção.

Como discernir uma coisa da outra? Descubra para onde eles estão indo. Depois lhes diga que parece uma ótima oportunidade e que, se não der certo, as portas estarão abertas para que voltem.

- **Se a pessoa definitivamente for embora, você consegue negociar um plano de transição adequado para ambas as partes?** Você consegue negociar com ela a participação em uma eventual emergência mesmo que ela já esteja no emprego novo?

- **Trate a pessoa com respeito e dignidade quando ela estiver indo embora.** Agradeça as contribuições dela e deixe claro que é bem-vinda de volta se as coisas não derem certo no local para onde ela está indo.

- **Lembre-se, no entanto, de que você precisa valorizar as pessoas que ficam e fazem um trabalho tão bom – ou melhor – quanto o do funcionário que está saindo.** Já ouvi pessoas dizerem que só são reconhecidas quando vão embora (a síndrome de "a roda que range é a que recebe a graxa"), o que leva a uma dinâmica cultural muito ruim.

  - Certifique-se de que a equipe saiba que o funcionário que está saindo fará falta, mas fale também das ações que você e eles têm que tomar para assegurar a realização dos sonhos da empresa.

  - Reconheça que essa é uma grande oportunidade para outra pessoa ascender e ser promovida.

- **Por fim, olhe para trás e avalie se a perda desse funcionário foi inesperada.** Você percebeu que isso poderia acontecer? Trabalhe de forma proativa para saber como se sentem todos os talentos que trabalham para você – e se esforce muito para mantê-los motivados e participando do jogo.

Sei que é uma grande perda e um grande aborrecimento ter que lidar com a partida de um funcionário-chave. Entretanto, isso é totalmente normal e gerenciável. Supere logo e com elegância a mágoa e retorne para a terra firme o mais rápido possível.

Tudo de bom,

Maynard

Quando você tem que demitir um funcionário pela primeira vez

Caro empreendedor,

Fico muito triste por você estar nessa situação. A maioria das pessoas sinceramente não gosta de causar sofrimento e desconforto a alguém, que é o que acontece quando você tira o emprego de uma pessoa.

Fiz minha primeira entrevista para um cargo de gerência na IBM quando tinha 20 e poucos anos. O chefe do meu chefe me perguntou se eu conseguiria demitir alguém e eu respondi: "Consigo, mas nunca terei de fazer isso". Ele riu na minha cara e perguntou por quê. Expliquei que achava que a maioria das pessoas queria fazer um bom trabalho e que, com a orientação correta e o gestor certo, elas fariam um excelente trabalho. (Por alguma razão, mesmo assim eu consegui o emprego.)

Bom, algumas décadas depois, eu já tinha demitido pessoalmente uma quantidade considerável de pessoas – milhares se você contar as organizações que gerenciei. Isso nunca é prazeroso, mas quase sempre necessário.

As empresas, mesmo startups pequenas, têm funcionários com desempenho excelente e pessoas que não são tão boas assim. É notório que em empresas grandes sempre há funcionários medíocres. Startups não podem bancar isso. Como fundador, você tem que enxergar cada funcionário como alguém a quem você está entregando algo muito precioso – como um ingresso no melhor lugar do estádio para uma partida do Super Bowl. Você espera mudar a trajetória da vida dessa pessoa e, ao fazer isso, precisa cobrar responsabilidade dela para que a empresa atinja seu potencial.

Com muita frequência, aceitamos a mediocridade. Peço rotineiramente aos gestores para olharem para suas equipes e decidirem quantas pessoas eles contratariam novamente se tivessem uma vaga disponível. Infelizmente, o número raramente supera os 80%. Lembre-se, o desempenho não é algo estático. Uma pessoa pode ter um desempenho excelente inicialmente e sair depois. Ou o papel ou as prioridades dela podem mudar ao longo do tempo. As melhores culturas requerem um desempenho superior o tempo todo e, se algo começa a piorar, tome providências para corrigir isso depressa.

O fato é que a maioria das pessoas demora demais para demitir alguém. Isso é um problema, porque a maioria das pessoas que tem um ótimo desempenho fica muito frustrada por ter que lidar com os resultados de trabalhar com quem não tem um bom desempenho. Elas esperam que os bons gestores e líderes não permitam que essa situação perdure e aplaudirão desde que aquilo seja resolvido com humanidade.

Quando você sabe que é hora de mandar alguém embora? Quando começa a se preocupar, provavelmente já é tarde demais. Calculo que em 80% dos casos nos quais alguém começa a se perguntar se um funcionário está cumprindo as exigências, isso não está acontecendo e eles não ficarão muito tempo na organização. É claro que isso às vezes significa que a pessoa pode melhorar. Portanto, seja muito transparente sobre o que levou você a questionar a capacidade de sucesso dessas pessoas em determinada atividade. Descubra o problema que o está preocupando: elas não estão se comprometendo? Elas não estão trabalhando com dedicação suficiente?

Assim que tiver esclarecido essa questão, você tem que avaliar:

- **Se a situação é reversível.** Dedique-se com afinco e tente ajudar. Espere que esses funcionários melhorem; porém, simultaneamente, trabalhe em planos de recuperação para o caso de isso não acontecer. (Se você tiver lido a carta "Quando você precisa recrutar", já sabe a importância de procurar pessoas antes que haja uma vaga aberta.)

- **Se a situação é irreversível.** Enxergue o funcionário em questão como "alguém no corredor da morte". Trate bem a pessoa, continue a pedir-lhe que cumpra as metas, defina mais pontos de checagem, porém não invista mais em mantê-la naquele papel. É apenas uma questão de tempo até a pessoa sair da empresa. Aja de maneira a minimizar o estrago.

Estas são as minhas recomendações:

- **Não protele a questão.** A situação deve ser abordada imediatamente.
- **Projete como será o outro lado deste difícil processo.** Sempre achei que pensar em demitir alguém é bem mais difícil do que a demissão em si.
- **Olhe para trás. Você fez o seu trabalho para proporcionar um caminho de sucesso para a pessoa?** Caso a resposta seja positiva, siga em frente. Se a resposta for negativa, você acha que é capaz de proporcionar com eficácia um caminho de sucesso para ela? Além disso, você e a sua equipe estão dispostos a tentar? Caso a resposta seja positiva, ponha a pessoa em um plano de desenvolvimento com expectativas e pontos de checagem claros. Se a resposta for negativa, repito, siga em frente, mas da próxima vez faça um trabalho melhor para proporcionar um caminho de sucesso para as pessoas.
- **Trate bem as pessoas quando estiverem deixando a empresa.** Seja firme sobre o motivo pelo qual elas estão sendo demitidas, mas explique o que está fazendo para ajudá-las. Deixe-as pedir demissão, se quiserem, mesmo assim dê a elas todas as verbas rescisórias que havia se preparado para pagar após demiti-las. Deixe que elas proponham (sujeitas à sua revisão e aprovação) a mensagem sobre a partida delas. Algumas pessoas preferem dar a impressão de que a saída é uma opção delas. Deixe-as escolher.

Desafios de gestão   177

- **Compreenda que a forma como você trata os funcionários que estão sendo demitidos ou cujo desempenho está sendo reavaliado é importante e será lembrada por todos na empresa.** Seus funcionários não apenas tomam conhecimento do que está acontecendo, como também se projetam em situação similar. Muito tempo atrás, eu tive um chefe que era veloz e furioso quando tinha que demitir as pessoas. Certa vez, ele demitiu um dos meus funcionários tão repentinamente – e sem falar comigo antes – que o cara foi embora correndo, deixando um par de botas para trás na gaveta da mesa. Não demita de modo que a pessoa queira sair correndo. Isso cria muito drama, gera uma grande lacuna que você vai ter que preencher, além de muito medo. Lembre-se: a forma como você demite repercute em todo o pessoal da empresa. Use a regra de ouro: trate as pessoas como você gostaria de ser tratado, até mesmo, e principalmente, quando elas estão deixando a empresa.

- **Pense no que você dirá como referência – e converse sobre isso.** Esse tipo de diálogo é uma boa maneira de assegurar uma boa transição.

- **Depois da demissão, seja franco com a sua equipe.** Disponha-se a responder a perguntas sem depreciar o profissional demitido.

- **Encontre alguém excelente para a vaga que ficou em aberto.** Por mais difícil que seja demitir, compreenda que essa é uma ótima oportunidade para alguma outra pessoa. Dê a uma das suas estrelas a oportunidade de ocupar esse espaço. Ao longo da carreira, me surpreendi positivamente mais com promoções "no campo de batalha" do que contratando superstars externos. Eu sempre tive mais sucesso promovendo internamente do que contratando gente de fora. Dê a alguém da equipe a oportunidade de ascender, aprender e crescer.

- **Comprometa-se a melhorar ainda mais na próxima contratação.** Se a pessoa não deu certo, a culpa não é só dela. É sua também. Você contratou uma pessoa que não era a certa. Quais são os sinais e os aprendizados para que contrate corretamente na próxima vez?

Deixe-me finalizar por onde comecei: sinto muito que você tenha que passar pelo difícil processo de ter que demitir alguém. Entretanto, também estou feliz por você estar se aprimorando – essa é uma das mais importantes partes do seu trabalho, mas muito frequentemente não é feita da maneira correta.

Tudo de bom,

Maynard

Quando você precisa ganhar credibilidade

Caro empreendedor,

Você já sabe muita coisa sobre credibilidade. Já desenvolveu credibilidade suficiente com investidores para levantar recursos e com os funcionários para montar uma equipe.

Mas isso é só o começo. Diariamente, ou você está ganhando ou você está perdendo credibilidade – e gerando ou corroendo confiança.

Veja, por exemplo, este cenário recente. Uma das empresas do nosso portfólio passou longe de cumprir as metas de um trimestre. O chefe de vendas estava tentando convencer o conselho a diminuir a meta que havia sido acordada no planejamento, e eu percebi que os funcionários no local pareciam bem contentes. Ninguém achava que não cumprir a meta do semestre era um grande problema. Fiquei preocupado com aquela atitude *laissez-faire* e comentei com o CEO e o chefe de vendas, que transformaram aquilo em uma simulação de incêndio. Logo depois, fiquei sabendo que de repente todo mundo estava cheio de tarefas, mas ninguém cumpria o que era importante.

Com essa experiência, aprendi – de novo – a não fazer comentários casuais ou espontâneos. Os meus comentários haviam sido duros, mas eu não tinha sido específico sobre o que fazer. Se você está nessa situação, tem de se perguntar o que fazer para corrigir o problema e restabelecer a confiança:

1. Quais são as ações concretas que você pode colocar em prática para melhorar a posição da empresa?
2. Do que você precisa para ajudar a empresa a alcançar esse objetivo?
3. Quando essas ações serão postas em prática?

Algumas questões a serem levadas em consideração:

- **Verifique se a sua estratégia e o seu planejamento inspiram confiança ou medo.** Eles contam uma história espetacular e mostram que você está sendo o mais proativo possível ou contam uma história defensiva (por exemplo, acomode-se, segure o dinheiro e tenha esperança de que o produto seja bem recebido pelo mercado)? Se você não inspirar segurança, não espere criar confiança.
- **Você cumpre as promessas que faz (o que chamamos de "faça o que fala e fale o que faz")?** Manter-se fiel à sua palavra é essencial. Se não estiver cumprindo os seus acordos, você sabe o motivo e está dando os passos corretos para corrigir o rumo?
- **A sua reação é eficaz?** Frequentemente vejo pessoas tomando as medidas erradas e fazendo as coisas com uma "falsa urgência" – veja, por exemplo, o que aconteceu no cenário do chefe de vendas que mencionei acima. Em seu livro *Sentido de urgência*, John Kotter diz que a maioria das pessoas e das empresas vive em uma "zona de complacência". Entretanto, quando se deparam com desafios, Kotter escreve que elas geralmente criam forças-tarefa do tipo "cabeças em chamas", o que manifesta uma falsa urgência, em vez de uma urgência verdadeira – o tipo que inspira as pessoas e realmente faz a diferença. Os líderes só devem trabalhar naquilo que causa impacto verdadeiro.
- **Não confunda ação com progressão.** Tenha em mente que o fato de você estar atarefado não quer dizer está fazendo progresso. Você tem que se concentrar nas coisas certas. É necessário organizar e estabelecer prioridades para alcançar os resultados certos. Como você faz isso?
  - Reavalie a forma como está buscando o sucesso e formule exatamente o que ele é.

- Assim que isso estiver claro, dobre a aposta, mova-se com velocidade e execute.

Para empreendedores, não há escassez de trabalho duro, mas você precisa avaliar os seus esforços para examinar se está trabalhando no que é realmente importante, no que inspira todos ao seu redor e no que gera a confiança deles em você.

Tudo de bom,

Maynard

Quando você precisa entender o impacto que seu julgamento está tendo sobre suas decisões

Caro empreendedor,

Como CEO, você tem que fazer julgamentos o dia inteiro. Eu diria que isso também acontece na nossa vida pessoal. Também fazemos julgamentos precipitados o tempo todo: aquela pessoa é um motorista ruim, um gestor horrível, um cozinheiro tosco. (Há muito material interessante a esse respeito; veja, por exemplo, *Blink: a decisão num piscar de olhos*, de Malcolm Gladwell.)

Embora fazer julgamentos precipitados possa ser ruim na sua vida pessoal, eles são especialmente desastrosos no seu trabalho, onde você pode impactar de forma drástica a carreira e o meio de vida de alguém. Pense nisso: você toma a decisão de contratar uma pessoa com base em seu julgamento e usa o mesmo julgamento para decidir sobre uma promoção ou um aumento de salário. Ele interfere em tudo: que estratégia devemos adotar, que produto devemos criar, que pessoas devemos promover?

Compreender o papel que o nosso julgamento exerce é uma questão realmente complicada. Às vezes achamos que estamos tomando decisões com base nos fatos, mas todos temos tendenciosidades cognitivas inconscientes e poderosas que afetam as nossas decisões. E o nosso cérebro pode nos levar a contratar alguém que age como nós ou que seja familiar e acabar nos afastando de algo que não conhecemos ou não entendemos.

Nada disso significa que devemos evitar tomar decisões. Simplesmente, devemos entender que os nossos julgamentos serão sempre rápidos e imperfeitos e por isso temos que fazer tudo ao nosso alcance para desenvolver um processo e uma transparência para as nossas tomadas de decisões. Isto é o que você deve levar em consideração para manter o pensamento claro e justo antes de tomar uma decisão:

- Não fique preocupado quando tiver que tomar decisões. Preocupe-se, sim, em tomá-las sem julgamentos precipitados e com a mente aberta – isso ditará a melhor coisa a fazer.
- Conduza decisões sempre questionando-se. Pergunte-se: "Tenho todos os fatos que gostaria de ter?"; "Estou deixando alguma coisa passar despercebida?" (sempre está); "Há tendenciosidades em ação?"; "Já pensei em todo o resto?". E volte e reflita.
- Peça a opinião de outras pessoas sobre o que fariam se fossem você. Certifique-se de que não será seletivo em relação a quem perguntar – não evite pessoas que você tem certeza de que discordarão da sua opinião. Pense em como qualquer outra pessoa em seu lugar reagiria e o que ela decidiria. Não tenha medo de pedir ajuda caso não saiba a resposta. Procure o conselho, subordinados ou pares. Reunir informações de outras pessoas geralmente é útil e não significa que quem tomará a decisão final não será você. E a verdadeira maestria acontece quando todos acham que foram eles que tomaram a decisão, mas na realidade foi você.
- Confirme se é realmente você quem deve tomar essa decisão. Se outra pessoa puder tomá-la, isso é bom, pois trata-se de uma oportunidade para ela aprimorar o próprio julgamento. Você deve sempre trabalhar para empoderar o seu pessoal a tomar decisões cruciais (veja a carta "Quando você precisa saber quem é responsável pelo quê").
- Decida. Descubra o prazo que você tem para tomar a decisão e resolva proativamente se vai ou não tomá-la. A situação requer uma decisão imediata? Caso a resposta seja positiva, tome a decisão. Muitas pessoas postergam a tomada de decisões. Isso, em essência, é uma tomada de decisão.

- Aprimore o seu julgamento para que continue melhorando. Se você já tiver tomado uma decisão que não foi acertada, aprenda com esse erro. Admita que errou quando tiver cometido um equívoco. Reconheça o erro e o corrija depressa. Leve em consideração a possibilidade de instaurar um processo de análise retrospectiva de decisões cruciais: elas foram boas ou ruins? Que informações você deveria ter reunido? Julgar tende a ficar mais fácil com a experiência e a prática; porém, manter a mente aberta e questionadora geralmente fica mais difícil com o tempo.

Todos devemos nos dar conta de que julgamos todos os dias. Faça o seu melhor para se basear em motivos puros e transparentes, os quais o ajudarão a chegar a julgamentos melhores e mais justos e a decisões claras e consistentes.

Tudo de bom,

Maynard

Quando ninguém está empolgado por fazer parte da sua empresa

Caro empreendedor,

É possível sentir a energia dos lugares. Ela é palpável. Ela irradia. Quando as equipes estão energizadas, tudo parece bem mais possível de se alcançar.

Nos melhores dias, o seu pessoal se sente como o Philadelphia Eagles depois do Super Bowl ou como o Warriors depois de vencer o campeonato da NBA. Em uma escala de 1 a 10, eles se sentem no 10. Por outro lado, a redução da força de trabalho pela metade ou cortes no pagamento fazem os sentimentos deles serem bem diferentes. Caem para o 1.

Se você está lendo esta carta, deve estar tendo mais dias "1" do que dias "10". Sinto muito que o entusiasmo da sua equipe tenha diminuído. Não há nada pior do que sentir a falta de energia da equipe.

Esta é a verdade: cabe a você, como líder, estabelecer o tom da energia que é esperado. *Você* tem que servir de exemplo e exalar esse tipo de energia.

Algumas dicas para energizar a equipe e desfrutar de dias melhores daqui para a frente:

- **Primeiro, verifique a situação atual.** Qual é o maior nível de energia que a equipe já atingiu? Você já teve um dia "10"? Como é um dia comum? Como está o dia de hoje?
- **Comemore as vitórias que conquista.** Faça coisas divertidas com a equipe. Faça uma pausa e leve todos ao cinema ou façam algum trabalho de caridade juntos. Pode ser algo

simples: na LiveOps de vez em quando fazíamos brincadeiras de arco e flecha da Nerf e campeonatos de aviões de papel; na AdMob e na Everwise, a equipe de vendas batia em um gongo quando um negócio importante se concretizava. É muito importante fazer isso quando se está passando por um período difícil. Quando entrei no eBay, nada funcionava. Nove dias depois que comecei a trabalhar lá, fizemos um dia de isenção de postagens, e as tarifas normais foram suspensas durante 24 horas. A comunidade adorou – as pessoas ficaram acordadas a noite inteira postando produtos com isenção de tarifas, e essa promoção gerou um aumento no volume em um dia que adiantou um ano das nossas projeções de volume. Embora o dia da isenção de tarifas tenha sido uma excelente jogada de marketing para a empresa, foi um inferno para o pessoal responsável pelo sistema. Trabalhamos incansavelmente, superamos os problemas de capacidade e depois compartilhamos um suspiro de alívio. Percorremos as instalações da empresa para agradecer a todos, o que transformou o alívio em energia positiva.

- **Comemore ocasiões especiais.** Convide todo mundo e festeje todas as contratações novas. Reconheça ocasiões especiais como datas de aniversário. A IBM costumava dar um relógio de ouro para comemorar 25 anos de empresa, mas a maioria das pessoas não trabalha mais tanto tempo em um lugar. Não precisa esperar 25 anos! Você pode comemorar todo ano, e também celebrar o aniversário de conquistas importantes, de maneiras mais simples, reconhecendo as conquistas das pessoas em reuniões gerais ou escrevendo cartas de agradecimento.
- **Trate os contratempos como experiências de aprendizado.** Se há problemas, aborde-os de maneira franca e aberta. Deixe as pessoas fazerem perguntas e depois solicite o apoio delas para corrigir as coisas.

- **Modele o entusiasmo pessoalmente – mesmo quando for difícil.** No eBay, alguns dias eram difíceis, e, mesmo sem dizer uma palavra, as pessoas sabiam que algo estava me preocupando. Elas ficavam aflitas e perguntavam o que estava errado. Eu falava: "Nossa, só porque não estou sorrindo você acha que estou nervoso ou que alguém está com problemas". Entretanto, eu tinha que aceitar que o meu comportamento os deixava preocupados. Eu tinha que transmitir calma, mesmo em situações delicadas. Aprendi isso com a liderança de Meg Whitman. Ela me fazia rir todo dia, e essas interações me ajudaram a superar as turbulências. Como líder, você tem que ser um modelo de coragem, franqueza e determinação.
- **Passe tempo interagindo com as pessoas.** Diga oi a elas de manhã e dê tchau à noite. Seja acessível. Pergunte sobre a família delas e demonstre que se preocupa com outras coisas além do cumprimento das tarefas. Quando faltarem ao trabalho porque o filho ficou doente, pergunte como está a criança quando voltarem. Além disso, permita às equipes que se conheçam e se divirtam juntas. Uma maneira muito simples de fazer isso é organizar almoços e jantares para elas.
- **Estenda a inclusão para além dos seus funcionários.** É importante incluir as famílias. As pessoas trabalham duro, e as famílias sentem saudade delas quando estão fora – você também precisa contar com o apoio de entes queridos. Inclua-os em eventos especiais. No eBay, Meg levava todos os funcionários, de vice-presidentes para cima, para uma viagem de fim de semana com as famílias. Ser capaz de compartilhar uma experiência juntos gerava uma ótima vibração com os funcionários e suas famílias.

Sinto muito pela sua equipe não estar tão energizada. Quando as coisas ficam difíceis, é hora de a liderança se fazer mais presente e demonstrar como passar por cima desses obstáculos e chegar a dias melhores. Assuma esse papel e não deixe a equipe desanimá-lo – você precisa guiá-la à excelência!

Tudo de bom,

Maynard

Quando você tem que lidar com pessoas de baixo desempenho

Caro empreendedor,

Isso acontece o tempo todo: uma pessoa é excelente no papel, se destaca na entrevista e entra na empresa – aí as coisas não saem como o planejado. As habilidades dela não são tão boas quanto pareceram, a experiência não está gerando resultados, e ela não vem cumprindo as tarefas que lhe são dadas. Essas são questões com as quais todo empreendedor luta. Na verdade, alguns estudos mostram que as contratações não funcionam em 50% das vezes. Algumas coisas que podem ser levadas em consideração sobre funcionários com baixo desempenho:

Investigue sempre. Como líder, é responsabilidade sua fazer tudo que puder para compreender o motivo por trás do baixo desempenho. Descubra por que o funcionário está tendo dificuldade. Ele não está conseguindo dar atenção total ao trabalho? Não gosta mais do trabalho? Tenha uma conversa com a pessoa e recolha informações com a equipe de executivos e o conselho para determinar quais são os passos adequados a dar em seguida.

Deixe claro que a expectativa é de excelência e certifique--se de que há compreensão total em todos os lados. As expectativas devem ser altas, e tanto agressivas quanto alcançáveis. Com objetivos agressivos, atingir 80% deles é maravilhoso, mas cumprir 100% dos objetivos significa que você provavelmente não estabeleceu uma meta alta o bastante.

A comunicação é a chave. Deixe claríssimo para o indivíduo o que ele deve fazer para melhorar.

Construa uma cultura que permita às pessoas pedir ajuda com frequência e quando o problema está na fase inicial. Os problemas são bons. Se você tiver conhecimento deles cedo, pode resolvê-los.

Corrija o problema rápido. Se os problemas não melhorarem, às vezes outras ações são necessárias. Lembre-se, quando você toma conhecimento do baixo desempenho, os seus superstars já sabem que alguma pessoa não está fazendo a parte dela. Eles estão contando com você para resolver isso.

Demita amigavelmente e celebre as contribuições. Todo mundo está observando como você lida com a situação. Não há problema em despedir pessoas se elas não estão dando certo no trabalho, mas sempre as trate com dignidade e respeito, mesmo quando estão indo embora.

Ok, agora vamos nos ater ao que é realmente importante. Nos nossos esforços para extrair o melhor de nossos funcionários, com muita frequência cometemos um erro comum: passamos tempo demais nos preocupando com as pessoas com baixo desempenho e tempo insuficiente nos concentrando nas melhores e mais excepcionais.

Infelizmente, isso acontece mesmo. Os melhores colaboradores são vistos como funcionários tão bons que geralmente os deixamos por conta própria. Temos que pensar sobre isso de forma diferente. Se uma pessoa é excepcional, você deve perguntar: "O que posso fazer para ela melhorar ainda mais?". Se você tem um aluno que só tira 9, deve explorar o que tem para que ele passe a tirar 10. A receita para a excelência não está na transformação de um aluno que tira 6 em um que tira 8.

Como diz o ditado: "Se quiser que algo seja feito, peça a uma pessoa atarefada". Já vi essa frase ser atribuída a Benjamin Franklin e Lucille Ball, mas gosto muito da versão estendida do meu amigo e ex-chefe na IBM, John Frandsen: "Encontre uma pessoa atarefada e tente arrebentá-la".

Desafios de gestão 191

Tente localizar as melhores pessoas, inspire-as e peça-lhes para fazer mais. O que receberá em retorno o deixará impressionado e é o que vai assegurar o seu sucesso e o da sua equipe, hoje e amanhã.

Tudo de bom,

Maynard

Quando você precisa dar más notícias

Caro empreendedor,

Você tem boas notícias e está ansioso para compartilhá-las. Não faça isso.

Deixe a pessoa ou a equipe responsável pelo sucesso dar a notícia. Depois, você pode fazer as suas colocações – e seus elogios. Todos devem ter a oportunidade de brilhar – uma ressalva: se essa informação for para o conselho, revise-a antes, e use o seu discernimento para decidir quem deve enviá-la. Por exemplo, se for gerar outras perguntas, você mesmo pode dar a notícia.

E as notícias ruins? Você delega ao pessoal que considera ser o responsável por algo que está dando errado a responsabilidade de dar uma notícia ruim? Nesse caso, a resposta é um firme "de jeito nenhum". Não peça a eles para dar a notícia e, se quiserem fazer isso, não deixe.

Quando eu estava no eBay, toda hora havia um problema de tecnologia, e era eu quem tinha que ligar para Meg Whitman pessoalmente. Como era o eBay de 1999, eu precisava ligar para ela no meio da noite o tempo todo. O marido de Meg é neurocirurgião e sempre atendia o telefone, achando que podia ser um paciente com alguma emergência. Eu falava: "Não tem ninguém morrendo, só o meu site, posso falar com a Meg?". Sei que ela não ia gostar de receber essa ligação de nenhuma outra pessoa; eu é que tinha que dizer o que estava acontecendo e precisava mostrar que vinha trabalhando com a minha equipe para encontrar uma solução. Contudo, quando chegava a hora de comunicar o que estava acontecendo ao conselho, a responsabilidade era de Meg, não minha.

Recentemente, eu me lembrei disso quando uma das empresas do portfólio da WIN deixou de cumprir as metas de agendamentos em

Desafios de gestão   193

40%. A empresa havia assinalado previamente que o trimestre seria ruim, mas nem tanto. O chefe de vendas da empresa enviou uma nota ao conselho assumindo a responsabilidade. Respeito esse desejo de assumir a responsabilidade, mas a nota deveria ter sido do CEO. Isso demonstraria que a empresa inteira estava ciente do problema e trabalhando duro para solucioná-lo.

Como CEO, é responsabilidade sua dar as más notícias. Jamais distancie-se disso. Com elas, você também deve fornecer o contexto e explicar o que aquilo significa. Por exemplo, você não pode simplesmente dizer: "Não cumprimos as metas do trimestre", sem detalhar como isso aconteceu e o que fará para superar o problema. O seu objetivo é deixar as pessoas que receberam a notícia pensando: "Ok, obrigado por nos informar", e não preocupadas com o que devem fazer em seguida. A maioria dos membros de conselho reage às más notícias com ação, e cabe a você lhes dar informações suficientes sobre como resolverá os problemas, para que eles o deixem em paz para se concentrar em corrigir as coisas.

Independentemente de quem está dando as más notícias, é necessário haver pitadas de boas notícias nelas. O seu trabalho não acabou só porque está falando a verdade. Você não pode simplesmente pedir às pessoas para absorverem más notícias o tempo todo – essa não é uma receita para a excelência, muito menos para a longevidade! Você deve encontrar uma maneira de enaltecer o progresso, dar algumas boas notícias e ajudar as pessoas a se sentir otimistas.

Doze passos que você pode pensar em implementar quando tiver que partilhar más notícias:

1. As más notícias não melhoram com a idade, portanto não espere (veja a carta "Quando você tem uma crise").
2. Mantenha-se calmo e concentrado.
3. Defina quão ruim é a situação.
4. Defina quem precisa saber.

5. Se for algo muito sério, peça o conselho de seus advogados e consultores.
6. Defina o que revelar – não reaja de forma exagerada nem comedida.
7. Certifique-se de que você mesmo transmita a informação.
8. Diga a verdade, admita a situação e assuma a seriedade do problema.
9. Compartilhe o que está fazendo para resolver o problema e siga em frente.
10. Delineie as expectativas de como será o progresso.
11. Não ache que alguém ficará feliz com as más notícias.
12. Peça ajuda e pergunte àqueles que estão recebendo a má notícia o que mais você pode fazer.

Dar más notícias não é divertido; eu sempre tive pavor de fazer ligações emergenciais para Meg ou enviar e-mails com informações negativas. No entanto, essa aflição me forçava a descobrir como podíamos agir para que eu fizesse esse tipo de ligação ou escrevesse esse tipo de e-mail com menos frequência. E foi o que aconteceu. Nunca paramos de nos comunicar com Meg, mas, à medida que a equipe ficava mais sólida e nós melhorávamos, eu dava menos notícias ruins, e a equipe começou a mandar seus próprios informativos com boas notícias. Desejo o mesmo a você.

Tudo de bom,

Maynard

Quando você precisa definir o tom do comportamento adequado

Caro empreendedor,

É importante dar o tom certo da sua empresa desde os primeiríssimos dias de sua existência. O mais importante? Trate todos com dignidade e respeito, sempre.

Você geralmente sabe a maneira correta de se comportar, porém, caso fique em dúvida sobre alguma situação, imagine o que está fazendo impresso na primeira página do *The New York Times*. Como você se sentiria? Melhor ainda, como se sentiria se a sua mãe lesse aquilo? Esses eram os cenários que Meg Whitman costumava apresentar para nós no eBay. Na Bain, eles chamavam isso de "Teste da Luz do Sol" (isto é, como você se sentiria se aquilo fosse exposto em plena luz do dia?).

Ultimamente, há uma onda de notícias sobre investidores, CEOs e pessoas em posições de liderança que se comportam mal. A cada dia que passa, ficamos sabendo mais e mais sobre assédio sexual no Vale do Silício, na indústria do entretenimento, na mídia, no governo etc.

É ótimo que as pessoas estejam falando sobre isso, porque precisamos de mais conscientização e visibilidade sobre determinadas questões para acabar com esses episódios terríveis. No entanto, não podemos ficar esperando por aqueles que botam a boca no trombone. Os líderes têm um papel mais significativo para pôr um fim nesses problemas. Eles devem bolar uma maneira de evitar que esses abusos aconteçam e avaliar criticamente o próprio comportamento.

Caso você ainda não tenha dado o tom certo, a hora é agora:

- Seja obsessivo quanto à clareza em relação ao comportamento esperado na sua empresa. Crie diretrizes sobre o que é e o que não é aceitável e diretrizes sobre como você responsabilizará as pessoas.

- Não promova uma monocultura, tal como uma "cultura dos manos" – isso é antiquado e perigoso. Faça com que o ambiente de trabalho de sua empresa celebre a diversidade e faça todos sentirem-se à vontade.
- Comemorar com as equipes e festejar as vitórias é uma coisa boa. Validar e recompensar as pessoas é importante. Porém, os líderes devem se lembrar de seus papéis de liderança, mesmo quando estão fora do escritório. Eles jamais podem perder o controle ou passar dos limites. Conheço uma empresa que tem uma festa tradicional de feriado em que o CEO se encontra com os funcionários para uma "disputa de shots". É uma estupidez da parte dele. Independentemente de quanto você seja inteligente e bem-comportado normalmente, o álcool (e outras substâncias) altera o seu julgamento e diminui as suas inibições.
- Entenda de uma vez por todas que nunca é correto pressionar alguém de maneira indesejável. Além disso, tenha sempre em mente qual é a sua posição antes de se envolver romanticamente. Jamais envolva-se romanticamente com um subordinado. Lembre-se: quanto mais responsabilidade e autoridade você tem na empresa, menos liberdade possui em relação a isso.
- Nunca faça nada antiético nem ilegal. Simples assim.
- Entenda que percepção é realidade. Vivemos em um mundo de extrema transparência e privacidade peneirada. Há câmeras em todos os lugares. Tudo pode ser filmado. Um comportamento ruim provavelmente será registrado e publicado. Não se coloque em nenhuma situação imprópria ou comprometedora. Se estiver em uma posição de poder, não interessa se você não "fez" nada. Até mesmo a aparência de estar fazendo algo será prejudicial.

Desafios de gestão   197

- Lembre-se de cultivar seu lado humano. É fácil ver quando algo passou dos limites e é errado, mas há áreas nebulosas e questões sutis.
  - É sempre tranquilo abraçar alguém no trabalho? Acho que sim – contanto que não haja restrições por parte da pessoa abraçada.
  - E falar: "E aí, rapaziada?"? Eu costumava falar isso sempre me referindo a todo mundo. Agora, isso me parece errado e estou trabalhando na migração para um termo diferente, como "equipe" ou "pessoal".
  - Chamar alguém para beber sozinho? (Provavelmente não é uma boa se a pessoa trabalha para você.)

Líderes devem se agarrar a padrões mais elevados. Quanto mais você ascende, mais obrigado está a dar o exemplo. Faça a coisa certa.

Tudo de bom,

Maynard

5
Desafios pessoais da liderança

Quando você está sobrecarregado

Caro empreendedor,

Lamento que esteja se sentindo sobrecarregado. Infelizmente, essa é uma sensação comum para a maioria de nós. *O importante é entender que se trata de um estado momentâneo.* Ao partir para a ação, você consegue se livrar dessa desconfortável sensação.

Algumas histórias pessoais, das triviais às muito estratégicas:

Há apenas algumas semanas, comecei o meu dia bem cedo, pois tinha que viajar duas horas até San Francisco para uma reunião às 8 horas da manhã. Acordei cedinho, me vesti e fui apressado ao escritório para responder a alguns e-mails importantes antes de partir. O meu e-mail travou e, quando eu tentava atualizar, ele não reconhecia a minha senha. Eu estava com o nariz muito congestionado por causa de um resfriado e me sentia mal. "Por que isto está acontecendo comigo?", pensei. Respirei fundo algumas vezes, reiniciei meu computador e consegui fazer tudo voltar ao normal. Às vezes, em momentos estressantes, mesmo os menores problemas podem parecer intransponíveis – mas quando você dá um passo para fora daquilo e implementa a ação importante para resolver a situação, descobre que essas questões nunca são insolúveis e não valem uma fração do sofrimento que causaram.

Na semana passada, eu estava preparando uma festa de aniversário surpresa para a minha esposa em Jackson Hole, Wyoming. Familiares e amigos vinham de todos os lugares para comemorar conosco. A minha família toda chegaria em casa às 17 horas e iríamos jantar às 19 horas em um lugar onde todos os nossos amigos também surpreenderiam a minha esposa. Ao mesmo tempo, estávamos no meio das negociações da compra da Demandware pela Salesforce e eu chefiava o comitê de

Aquisições e Fusões. Eu achava que tinha tudo sob controle quando recebi um telefonema do conselho da Salesforce às 14 horas. Tempo suficiente para cuidar de tudo. Só que a empresa me pediu mais tempo para pensar no acordo. Recebemos uma ligação às 17h30 solicitando uma reunião adicional com o conselho às 18 horas. Estávamos a 25 minutos do restaurante onde seria a festa. *Por que aquilo estava acontecendo comigo?* Expliquei a situação à minha família (eles já estavam acostumados com esses "bombardeios repentinos" àquela altura) e avisaram a pessoa que estava organizando a festa. Detalhamos o que era necessário com o conselho e conseguimos mantê-lo concentrado para realizar a discussão necessária. Chegamos à festa na hora e deu tudo certo com a surpresa sem nenhum problema. No entanto, com certeza eu estava me sentindo estressado e sobrecarregado, o que, é claro, fez estrago na minha pressão arterial!

A jornada inteira com o Yahoo!, sobre a qual eu não posso falar, teve muitos momentos em que ficar sobrecarregado era uma possibilidade muito real (por exemplo, acionistas ativistas, a atividade principal do negócio não dava a resposta rápido o bastante, matérias na mídia que nos difamavam etc.). A única coisa que mantinha todo mundo lúcido era o conselho ser muito alinhado em relação à venda da empresa. Foi partir para a ação – em vez de nos concentrarmos em todas as possibilidades negativas – que tirou de nós boa parte da sensação de sobrecarga.

Na maioria dos casos, a primeira reação a algo frustrante é o foco em como aquela situação não é boa e na pergunta "por que isto está acontecendo comigo?". Esse tipo de mentalidade, embora natural, não é favorável à resolução da situação. Escrevi outra carta sobre o que fazer se estiver em crise, mas compartilharei a versão resumida aqui:

Comece a agir e concentre sua energia na resolução.

Em quase todas as situações nas quais você se sente sobrecarregado, siga este plano de cinco passos:

1. Reduza o ritmo.
2. Faça perguntas.
3. Oriente-se.
4. Desenvolva um plano no qual acredita.
5. Comece a tomar ações proativas.

O reconhecimento de que a sensação de sobrecarga é um estado emocional que pode ser superado por uma abordagem calculada e pragmática é uma das habilidades que mais têm me beneficiado ao longo da carreira (tive vários empregos em que passei por muitas crises e conflitos – não sei por que sou tão sortudo). Para mais informações sobre esse tópico, o livro *Your Brain at Work* [Seu cérebro a todo vapor], de David Rock, oferece uma visão geral fantástica dos limites cognitivos do cérebro.

Assim que percebo que estou me sentindo sobrecarregado, não preciso consertar tudo para me livrar dessa sensação; só preciso de um plano no qual acredito e que posso pôr em execução. As coisas que têm funcionado para mim são:

- **Eu planejo o meu cronograma e tudo que tenho que fazer de maneira proativa.** Antecipe o máximo possível. Pergunte a si mesmo: "O que provavelmente interromperá as coisas mais importantes?". Desenvolva maneiras de absorver os bombardeios repentinos.
- **Eu não espero a perfeição em tudo que tenho que fazer, mas espero executar as coisas mais importantes.** Sempre achei que a preocupação sobre quanto tempo se levará para fazer alguma coisa é bem pior do que o tempo que geralmente se leva para ir lá e fazer. Então, como o slogan "Just do it" da Nike já nos diz, parta para a ação.
- **Toda semana, eu reservo espaço para reflexão e certifico-me de que estou me dedicando ao que é mais**

Desafios pessoais da liderança 203

importante. Todos nós somos atarefados, mas não devemos confundir ação com progressão.

- **Eu me esforço muito para não ser um gargalo.** Veja a carta intitulada "Quando você precisa melhorar a execução".

Todos nós nos sentimos sobrecarregados de vez em quando, mas não é conveniente para um CEO deixar isso transparecer. Lembre-se, você é um líder, e as pessoas decidem de que forma lidam com uma situação com base em sua atitude. Geralmente, você terá acesso às informações antes da maioria das pessoas na empresa. Se achar que está sobrecarregado, tire um tempo e processe a situação em particular para que a comunicação pública aos funcionários e outras pessoas seja feita de maneira profissional e proativa.

O mais importante a fazer quando realmente se está sobrecarregado é permanecer calmo e reconhecer que a melhor atitude para derrotar essa sensação é transformá-la em ação e execução de um plano bem pensado.

Tudo de bom,

Maynard

Quando você tem que aceitar que a sua startup está falindo

Caro empreendedor,

Eu realmente sinto muito que você tenha sentido a necessidade de ler esta carta.

Mas entenda: você não está sozinho. De tropeços em contratações a lançamento de produtos mal-acabados, e até empresas que nunca progridem, os empreendedores têm que lidar com todo tipo de fracasso. Porém, o que realmente importa é *como* lidamos com isso. Já vi o fracasso ser encarado de duas maneiras muito diferentes:

1. Racionalização

Como investidor, frequentemente ouço um monte de justificativas dos fundadores para seus problemas: "O mercado não estava preparado", "O produto não estava pronto", "Estávamos gastando o dinheiro em caixa rápido demais". Bem, *quem* escolheu o mercado? *Quem* desenvolveu o produto? *Quem* gastou o dinheiro? Quando se trata de lidar com o fracasso, recuperar-se do fracasso e aprender com o fracasso, é importante assumir a responsabilidade por qualquer tropeço. Essa é a única maneira de garantir que ele não acontecerá novamente.

2. Responsabilidade

Quando as coisas dão errado, fico sempre de olho para ver se os fundadores assumem o resultado e os erros que levaram àquele fracasso e estimo e dou crédito às pessoas que fazem autocrítica e aprendem com os erros. Ao mesmo tempo, é importante ser um pouco cauteloso, pois algumas pessoas podem assumir a responsabilidade da boca para fora, em vez de sentirem-na profundamente.

Desafios pessoais da liderança 205

O que você deve fazer? Algumas ideias sobre como fracassar com graça e dignidade.

Saia da zona cinzenta. Permanecer na área nebulosa em que você continua gastando dinheiro e fica "na esperança" de uma reviravolta não é uma boa ideia. Você precisa saber: isto está certo ou não? Se a ideia não é nem boa nem importante o bastante, descubra se há alguma possibilidade de pivotar. O que você precisa fazer para se reestruturar? O que tem que fazer diferente? Nós recentemente fizemos uma pivotagem em uma das empresas do nosso portfólio e trocamos o CEO – mudanças que salvaram a empresa. Entretanto, mudar o CEO não vai resolver tudo. Em casos raros, o fundador retorna para salvar o dia, como Steve Jobs fez na Apple e Michael Dell fez na Dell.

Saiba quando desistir. Se a ideia não for vingar, defina como venderá a tecnologia e o talento e devolva algum capital aos investidores. Uma das empresas do nosso portfólio providenciou a transferência de seus talentos para o Google. Ao encontrar um local para os integrantes da equipe, os fundadores cuidaram de seus engenheiros e devolveram todo o dinheiro aos investidores.

Trate as pessoas da forma como você gostaria de ser tratado. Da mesma forma que faria em qualquer trabalho, saia em bons termos. Ao tratar todo mundo com respeito, você dá às pessoas outra oportunidade de enxergá-lo de forma positiva. Faça-as sentirem que você as tratou da melhor maneira possível, ainda que a empresa não tenha atingido o potencial total. É bem provável que você venha a abrir outra startup, e a forma como lida com os seus fracassos agora servirá de precedente para estabelecer quanto será provável que consiga captar recursos para os seus futuros empreendimentos. Se você se queimar, será muito mais difícil as pessoas o apoiarem em seu próximo empreendimento. Portanto, especificamente:

- **Comunique com antecedência.** Surpresas não são bem-vindas, principalmente quando todo o dinheiro tiver acabado.

As pessoas devem saber que a empresa está com problemas antes de ela sucumbir. Os investidores podem ser capazes de ajudar a colocar a empresa nos eixos. Dê a eles essa oportunidade.

- **Cuide dos seus clientes.** Não deixe as coisas chegarem ao fundo do poço a ponto de deixá-los de mãos abanando. Se você tiver clientes, instrua-os a migrar para outros lugares e informe-lhes até quando sua empresa estará atendendo – tente mantê-la funcionando durante 90 dias ou mais após a notificação.

- **Seja generoso com os seus funcionários.** Ceritifique-se de que eles consigam outros empregos. Eu acredito que alguma indenização é pertinente. Você terá que tomar algumas decisões difíceis sobre quem recebe o que e a que custo para os investidores – não há regras inflexíveis a esse respeito. As decisões que você tomar serão muito circunstanciais e dependerão do desempenho da equipe, entre outras coisas. A palavra pertinente para essa operação é *justiça*.

Transfira a sua atenção para a seguinte pergunta: "E agora?". Decida se você tem estômago para começar tudo de novo. Você tem a paixão e o entusiasmo para correr atrás disso de novo, ou quer percorrer um caminho mais seguro, com aspectos financeiros mais previsíveis? Aproveite a oportunidade para recuar um passo e refletir: o que realmente deu errado? O que aprendi sobre mim mesmo que eu não sabia? Estou pronto para recomeçar?

Parte do empreendedorismo é fracassar. Não se sinta péssimo por causa disso. Não perca a vontade de mudar o mundo e fazer a diferença.

Lembre-se, a verdadeira inovação está em tentar, fracassar e tentar de novo. Thomas Edison descobriu centenas de maneiras de como não inventar a lâmpada antes de encontrar uma forma de produzir algo sem o qual não vivemos. Babe Ruth é o recordista de strikeouts – não só de home runs. E Henry Ford teve duas fábricas de carro fracassadas antes de criar a que revolucionou o sistema de produção moderno. O mundo precisa de mais empreendedores audaciosos o bastante para pensar em ideias novas e corajosos o suficiente para colocá-las em prática.

Tudo de bom,

Maynard

Quando você precisa de inspiração

Caro empreendedor,
Você precisa de inspiração. Talvez esteja tentando ter uma ótima ideia, ou talvez precise encontrar outra forma de resolver um problema intrincado.

De onde vem a inspiração? Como a conseguimos? Acho que há um monte de gente muito mais qualificada do que eu para falar sobre inspiração e sua gênese. E certamente há ótimas fontes, inclusive o livro *Creative Confidence* [Confiança criativa], de David e Tom Kelley, da IDEO, que fala do valor de ter uma mente de iniciante, ou o TED Talk de Elizabeth Gilbert sobre a origem da genialidade.

Todo mundo tem fontes diferentes de inspiração. Às vezes é o resultado de um momento eureca; no entanto, com mais frequência, é produto de trabalho duro, acaso e mente aberta – enxergar oportunidades onde outros veem barreiras (ou às vezes ela vem de absolutamente nada). Pierre Omidyar estava de bobeira quando lhe veio a ideia do eBay. Marc Benioff teve a ideia para a Salesforce quando nadava com golfinhos no Havaí durante férias sabáticas da Oracle. E teve a inspiração para incorporar a filantropia ao negócio observando líderes a quem admirava, inclusive Amma (a santa dos abraços) e Colin Powell. O presidente Kennedy expandiu o programa espacial dos Estados Unidos e definiu um objetivo ambicioso para levar o homem à Lua porque os russos haviam dado um salto na frente dos Estados Unidos na corrida espacial com o Sputnik, inspirando-o a redefinir qual deveria ser a linha de chegada.

Para mim, a inspiração frequentemente começa com a frustração. Ela começa com problemas que parecem intransponíveis – seguidos de uma relutância em aceitar que não existam soluções. Mantenho esses problemas intransponíveis na cabeça e fico procurando respostas ou insights que possam vir de qualquer lugar. Veja alguns exemplos da minha experiência.

Quando eu estava no eBay, tínhamos um problemão na ferramenta de busca. Especialistas em busca como o Google e o Yahoo! estavam relutantes em ajudar a resolver o nosso problema. Encontramos um fornecedor que nos convenceu de que podia solucionar o problema; porém, após um ano tentando fazer o programa funcionar, a equipe me procurou e disse que aquilo não daria certo. Nossa capacidade de busca degringolava cotidianamente e estava nos custando uma fortuna. A equipe não sabia o que fazer. Eu não sabia o que fazer. Então reuni os nossos melhores e mais extraordinários funcionários. Eu não tinha um cronograma exato para eles nem tarefas a distribuir, mas expliquei a situação toda: "Temos um problema intransponível. Sei que podemos resolvê-lo e é isso que acontecerá quando terminarmos. Tenho dinheiro, por favor me digam do que mais precisamos que eu dou um jeito". Isso serviu de estopim para alguma coisa. A equipe desenvolveu uma solução radicalmente melhor e mais barata em mais ou menos seis meses.

Acredite ou não, a inspiração para a WIN também surgiu de um problema intransponível – nesse caso, um problema pessoal. Minha esposa e eu combinamos que eu não "administraria" mais nada depois que deixasse de ser CEO da LiveOps. Também combinei com ela que só ficaria lá cinco anos. Eu não queria me aposentar. Sabia que ainda tinha muito com que contribuir, porém, devido à minha promessa, não podia fazer isso de maneira tradicional. Fiquei num beco sem saída.

Em um domingo à noite, quando a minha esposa estava viajando, concordei em ir a um jantar do presidente do conselho da FCC em San Francisco no domingo. Quando estava lá, eu e Mitch Kapor – uma lenda do Vale do Silício e o empreendedor que abriu a Lotus – começamos a conversar sobre aquilo em que estávamos trabalhando e ele me convidou para ir me encontrar com ele dali a algum tempo.

No dia da nossa reunião, entrei no carro me perguntando se aquela seria uma boa maneira de usar o meu tempo, mas eu tinha assumido um compromisso, então fui. Quando cheguei lá, Mitch compartilhou comigo o que ele estava fazendo com a Kapor Enterprises. Saí dessa reunião ciente de que era *eu* quem devia escolher a forma de gastar o meu tempo dali em diante. Em vez de querer ser selecionado para a equipe de alguém, eu podia criar a minha própria equipe. Depois de algumas semanas, criei a WIN. Ela, além de estar sendo a solução certa para o impasse na minha carreira, também vem se mostrando muito gratificante.

A ideia para a Everwise também nasceu de um problema. Eu estava trabalhando no meu livro e incomodado com os limites do mundo editorial. O livro levou muito tempo para ser lançado e, além disso, a editora recusou as minhas ideias para desenvolver um aplicativo de acompanhamento. Eu fiquei muito irritado. Mas depois peguei essa chateação e a usei para me inspirar em outra coisa. Eu me desafiei: "Aposto que consigo abrir uma empresa antes de o livro sair". Então me veio a ideia da Everwise – o mentoring estava na minha cabeça e era um capítulo do meu livro –, e eu sabia que o mundo precisava de um serviço que colocasse em contato e gerenciasse mentores e pessoas que precisavam deles. Nós a abrimos antes de o livro sair, e hoje ela é muito mais do que um desafio divertido, é uma empresa de verdade.

A WIN é um desafio maior do que eu tinha imaginado no princípio, mas soube, depois de alguns anos, que podíamos ampliar mais aquilo que vínhamos fazendo. Precisávamos engajar a rede de contatos de uma maneira totalmente diferente para desencadear mais a sua capacidade. Em vez de apenas financiar excelentes empresas novas, decidimos criá-las do zero. E então tropecei em outro problema – e numa solução. A WIN Labs ainda é um bebê, mas sei que estamos trazendo ao mundo algo que se transformará em uma capacidade nova interessante.

Mesmo que você não tenha as respostas de que precisa agora, prometo que suas respostas estão todas por aí. Você só precisa reconhecer que tem um problema difícil, se comprometer a solucioná-lo e dar início à sua jornada sempre se questionando e com a compreensão de que a mágica pode e vai acontecer.

Você deve começar com "Como posso?", em vez de "Não posso". Um brinde à sua jornada de inspiração – que seja rica e recompensadora!

Tudo de bom,

Maynard

Quando você toma um duro golpe

Caro empreendedor,

Minha irmã recentemente me enviou o obituário do dr. George Diaz, nosso vizinho na infância na Florida. O dr. Diaz era o dentista da cidade e estava sempre a postos no momento certo na minha vida. Ele estava disponível para fazer uma cirurgia de emergência no meu aniversário de 5 anos quando a tentativa do meu pai de arrancar o meu dente mole com uma linha amarrada à maçaneta da porta deu muito errado. Estava a postos quando lasquei o dente jogando futebol com o meu irmão. Estava disponível quando perdi os dois dentes da frente depois que dei uma pirueta por cima do guidão da bicicleta entregando jornais. "Você está com os dentes?", perguntou ele. Eu estava – e ele os colocou de volta.

O dr. Diaz era uma alma boa, e lembrar dele me faz pensar em resiliência. Ele viu algumas das primeiras porradas que levei e, talvez em parte por causa dele, eu tenha aprendido que é preciso se recompor, se recuperar e seguir para a próxima aventura.

Eu sempre falo sobre os golpes no corpo ou sobre quanto eles foram fortes – isso acontece com todo mundo. E, como fundador – um dos trabalhos mais difíceis do mundo –, você recebe uma quantidade considerável de golpes. Entretanto, o importante não é você ter tomado essas porradas ou quanto elas foram fortes, mas como lida com elas e o que aprende.

Na minha carreira, e na minha vida, vi que o que desestabiliza completamente uma pessoa mal abala outra.

Eu recentemente tomei um dos meus piores golpes quando notícias de vários anos atrás emergiram sobre as empresas com as quais estou envolvido. Foram tão fortes que fariam qualquer um perder o rumo.

Mas você só pode deixar isso acontecer durante curto período, senão está admitindo a derrota! Quando algo ruim acontece, você tem duas escolhas: pode se encolher debaixo das cobertas e ficar na cama, ou pode se recompor e fazer aquilo a que se propôs.

Foi exatamente isso que vi acontecer recentemente quando o CEO de uma das empresas de grande sucesso do nosso portfólio teve que lidar com um golpe. Um executivo do alto escalão – que havia sido contratado depois de um ano de procura – pediu demissão inesperadamente depois de apenas seis meses no cargo. Em vez de deixar isso desestabilizá-lo ou à empresa, o CEO imediatamente se reergueu e começou a entrevistar excelentes candidatos.

Essa era a atitude correta – e única. É claro que é mais fácil falar do que fazer. Você tem sempre que se recompor, mas como?

Quando você é golpeado por algo penoso, isso machuca. Primeiro, entenda o que está sentindo. Reconheça a dor. Compreenda que essa experiência, embora difícil no momento, acabará deixando-o mais forte. Sempre penso em um versículo bíblico que li pela primeira vez há muito tempo na bíblia do Rei James: "Considerem motivo de grande alegria o fato de passarem por diversas provações, pois vocês sabem que a prova da sua fé produz perseverança".

Passe pelo processo de cura. Faça o que for necessário para solucionar o problema – seja ir ao dentista no caso de uma perda de dentes à força, conversar com alguém sobre a sua perda ou esperar um tempo para se recuperar de um ferimento.

Não fique calejado. Algumas pessoas conseguem lidar com qualquer coisa e perdem a humanidade após vivenciarem perdas. Elas tornam-se duras ou egoístas. Aceite os aprendizados oriundos desses golpes com sensibilidade e cuidado. Ganhe sabedoria e compreensão, não arestas. Deixe esses reveses ajudarem-no a criar empatia com mais pessoas.

Compreenda que esse golpe não pode impedi-lo de retornar. A rapidez com que consegue se recuperar é importante. Você tem que voltar para o ringue – não pode ficar com medo de assumir o risco novamente. Coisas ruins acontecem, mas, se você deixá-las desestabilizá-lo, elas vencem.

Recupere suas forças. Além disso, aumente a sua flexibilidade para lidar com as coisas de modo diferente na próxima vez.

Motive-se. Infelizmente, você acabou de tomar um golpe significativo. Sinto muito por isso, mas é hora de se reerguer – há muito trabalho que precisa ser feito para você se deixar chafurdar em autocomiseração.

A resiliência não é só uma questão de força de vontade e persistência. A resiliência encapsula potencial. Toda vez que você se aproxima do seu potencial, ele se expande. Todos – e especialmente líderes e executivos do alto escalão – precisam ter esse tipo de resiliência. Sem ela, você permanece na sua zona de conforto. Não é aí que a excelência acontece. Aí é onde o mediano e o medíocre acontecem.

Jamais deixe de desenvolver a sua capacidade de suportar mais pressão e torne-se uma pessoa boa em se recompor. A liderança e o crescimento são isso.

Tudo de bom,

Maynard

Quando você precisa colocar as necessidades da empresa acima das suas

Caro empreendedor,

Você deve estar em conflito com uma das questões mais difíceis que todo líder enfrenta: quando colocar as necessidades da empresa acima das suas?

Ser CEO parece ser um trabalho excelente – até você realmente ter que fazer o serviço e descobrir que esse trabalho deve vir antes de muitas de suas necessidades pessoais. Descobrirá que o papel de principal liderança requer que você coloque a missão da entidade à frente dos seus objetivos pessoais. Às vezes, isso é um grande sinal de alerta.

Pelo menos foi para mim. Quando me tornei gerente na IBM, me dei conta de quanto a minha responsabilidade era maior do que no período em que era um colaborador individual. Comentários que eu costumava fazer de brincadeira eram interpretados com medo (por exemplo, "O meu emprego está em perigo?"). Também me dei conta de que os funcionários esperavam que eu resolvesse as preocupações deles sobre o departamento. Essa foi a primeira experiência que me levou a compreender o papel mais amplo de um líder em relação ao de um integrante individual da equipe, que era o que eu havia sido no passado.

À medida que eu progredia na carreira, assumia mais responsabilidades e ficava empolgado com os papéis cada vez mais importantes que precisava desempenhar, inclusive os de diretor--executivo de tecnologia da informação (CIO), diretor-executivo de operações (COO) e CEO. Assumi papéis em conselhos de administração e cheguei inclusive a ser presidente do conselho algumas vezes. Foram inúmeras as ocasiões em que tive de fazer algo para o bem da entidade à custa de sacrifícios pessoais. Para dizer a verdade, eu geralmente ficava com uma remuneração menor para assegurar que os meus funcionários mais extraordinários pudessem receber mais. Cancelei férias com a família e cheguei ao ponto de dar meia-volta no carro a caminho do aeroporto. Uma vez me pediram para passar meio ano na China, longe de casa e da família, para ajudar o eBay a se recuperar. Essa "oportunidade" ocorreu durante o último ano do meu filho no ensino médio e no meio da construção da casa dos sonhos da minha família. Meg Whitman me pediu para dar uma nota de 1 a 10 (sendo 10 a mais alta) ao meu entusiasmo em relação à missão. Respondi com honestidade "1 ou 2". Ela me disse: "Você vai mesmo assim". E eu fui. Dei o meu melhor para colocar coração e alma na resolução das coisas na empresa, mas foi a um custo familiar alto. (Olhando para trás, o sacrifício valeu a pena, mas, no momento, eu não tinha tanta certeza – nem a minha família.)

Um ano depois, quando a minha filha estava prestes a entrar no último ano do ensino médio, quiseram me transferir para a Europa, onde eu dirigiria o Skype. Dessa vez, pus a minha família em primeiro lugar, mas também soube que era hora de deixar a empresa. Não que o eBay tivesse me pedido para sair; eu simplesmente me dei conta de que não estava disposto a colocar a missão acima dos meus desejos pessoais, o que eu sentia ser errado, considerando que eu ocupava o segundo posto mais alto na hierarquia da empresa. Jamais me arrependi da decisão de não ter mudado e da decisão seguinte de pedir demissão; foi a escolha certa devido àquilo com que eu estava disposto a contribuir na época.

Há todo tipo de líder: desde aqueles que exercem controle e comando e vociferam ordens e esperam que todo mundo ande na linha até aqueles que são inspiradores e dedicados, que colocam as necessidades da entidade acima das próprias. Os CEOs mais inspiradores assumiram o compromisso de mudar o mundo e são capazes de fazer isso colocando o destino da empresa à frente de seu ego e de suas necessidades.

(Complicado mesmo é conseguir simultaneamente cuidar de todos os grupos de que fazem parte – a empresa, a família, a equipe.)

O seu estilo de liderança é pessoal; portanto, não deixe ninguém decidir como você quer desempenhar o papel de líder na sua empresa. Os CEOs conduzem seu papel de maneiras diferentes. Porém, para decidir se ainda merece o papel, todo grande CEO precisa avaliar seu desempenho e se perguntar periodicamente:

- Estou conduzindo/levando a empresa adiante ou a estou travando?
- Que contribuições singulares estou fazendo para o sucesso e o futuro da empresa? Eu me recontrataria como CEO? Por quê?
- Estou sendo complacente com a equipe? Ou estou desafiando a equipe a dominar capacidades anteriormente sequer imaginadas?
- Quando desafio a equipe e mais tarde olho para trás em retrospecto, percebo que estava incentivando o pessoal ou causando uma agitação desnecessária e um fracasso no alcance do resultado desejado? Por quê?

Às vezes, quando você está cansado ou sobrecarregado, é preciso firmar a determinação e aprofundar mais. Acredito muito em fundadores e na vontade e no comprometimento deles de fazer o impensável. Entretanto, se você não tem mais o desejo ardente de assumir os desafios e as responsabilidades que vêm com o trabalho no alto da cadeia hierárquica, talvez deva colocar as necessidades da empresa acima das suas. E isso pode significar afastar-se.

Ser líder é um trabalho duro e requer toneladas de sacrifício pessoal. Você tem que fazer a gestão dos funcionários, dos clientes, do conselho de administração e dos investidores. O fundador da firma de capital de risco TPG uma vez disse que ser CEO é como jogar um jogo de xadrez em três dimensões. É difícil demais.

Saiba que o seu trabalho é o mais difícil e bacana no planeta. Desejo-lhe força.

Tudo de bom,

Maynard

Quando você está confundindo arrogância com audácia

Caro empreendedor,

Você abriu uma empresa – essencialmente, criou algo do nada. Isso é alquimia. Como fundador, você tem um desejo descomunal de fazer a sua empresa atingir a excelência. Isso é audácia. Você também deve achar que tem ideias ou talentos que ninguém jamais teve. Isso é arrogância.

O que é (em grande parte) aceitável. O fato é que você acredita que pode fazer algo novo, diferente e de nível internacional. Entretanto, também precisa dar consistência àquilo que fala. A sua capacidade "de mostrar serviço" precisa ser alta. Afinal de contas, a sua visão não vale nada se não se tornar realidade. Em outras palavras, você precisa produzir.

Tudo isso é senso comum, mas o fato é que existe uma linha tênue entre autoconfiança e petulância. Todos já fomos contagiados tanto pelo entusiasmo de algumas pessoas como pela arrogância de outras – e sabemos que a impressão que ela transmite não tem nada de sutil.

Na WIN passamos muito tempo nos reunindo com os empreendedores, e a conversa envolvendo audácia *versus* arrogância surge com muita frequência. O que demonstra audácia? Sempre gostei de ouvir por que alguém acredita que a ideia e o método dele são vencedores. Obviamente todos que nos procuram acham que têm uma estratégia vencedora, mas, quando a pessoa realmente tem convicção, isso transparece. Como? Isso acontece quando a pessoa consegue articular de forma decidida a visão, a proposição de valor, o mercado e o potencial. Ela tem clareza sobre quais são os próximos passos a serem dados e o que será feito com o dinheiro. Em vez de ficar acusando os concorrentes de burros ou ingênuos, ela explica quais são as forças de cada um deles e por que essas forças tornarão difícil fazer a nova startup superar a concorrência.

Contudo, aquilo que realmente sinaliza a audácia é algo que pode parecer absurdo: estar seguro o bastante para enfileirar todas as coisas terríveis que podem dar errado. Fico impressionado com as pessoas que dizem "Ainda não temos tudo planejado" ou "Ainda é cedo, mas isto é o que vimos até agora". Nenhum plano ou modelo de negócios é à prova de balas, e gosto de empreendedores que destacam as incógnitas. Ser franco sobre todas as possibilidades, boas e ruins, mostra que o empreendedor é cauteloso, racional e disciplinado. Também mostra que é honesto e reconhece a necessidade de aprender.

(Observação: mesmo assim você dever ter certeza a respeito de *algumas* coisas. Por exemplo, se está levantando capital, já tem que ter conversado com potenciais usuários e clientes, deve compreender a concorrência etc.)

A arrogância, por outro lado, é perigosa. Às vezes, nós a descobrimos quando um fundador diz que tem agendada uma rodada de investimentos importantíssima com um número exagerado de participantes, mas isso na verdade é uma manobra para conseguir investidores mais depressa de maneira artificial, quando ninguém se comprometeu. Embora existam rodadas de investimentos velozes que requerem decisões rápidas, ninguém gosta de ser enganado. Outros sinais que começam a expor a arrogância para nós incluem a falta de preparação e de compartilhamento do deck com antecedência, respostas pretensiosas sobre o tamanho do mercado, respostas precárias sobre rentabilização do negócio e projeções agressivas e difíceis de acreditar. Adoramos entusiasmo e paixão extraordinários, mas desde que sejam acompanhados de fatos, envolvendo a equipe, o mercado ou o produto, que comprovem tanta exuberância.

No geral, a grande diferença entre audácia e arrogância, entretanto, tem a ver com a escuta. Empreendedores audaciosos são atenciosos e bons ouvintes. Eles podem até não implementar o nosso conselho (e não há problema algum nisso), mas precisamos ver que eles valorizam e levam em consideração inputs externos.

Infelizmente, é comum empreendedores – depois de alcançarem algum sucesso – tornarem-se vítima da sensação de que já têm tudo sob controle. Notei um paradoxo estranho que ocorre quando as pessoas ascendem na carreira. Quando começam, elas às vezes têm que se esgoelar simplesmente para atravessar o barulho; mais tarde, depois que "fazem sucesso", todo mudo as escuta e concorda com elas, mesmo quando talvez não devessem. Estas são algumas maneiras de você manter a atitude audaciosa no primeiro plano e a arrogância controlada:

- **Demonstre vulnerabilidade para gerar confiança.** No passado, eu me lembro de pensar que revelar qualquer vulnerabilidade era sinal de fraqueza. Lembro-me de ter ficado tão preocupado quando tive de passar a usar aparelho auditivo na faixa dos 40 anos que achei que a minha carreira tinha acabado. Como eu estava errado! Parece um absurdo, mas descobri que, quanto mais vulnerabilidades eu compartilhava, mais boa vontade as pessoas tinham comigo. Como executivo, você sente pressão para ser perfeito, mas, quanto mais humano, mais genuíno e autêntico você é, e mais as pessoas se identificam com você e o apoiam. (O meu aparelho auditivo acabou sendo um trunfo – quando as pessoas ficam falando demais e enrolando em reuniões longas, basta eu fazer uma piada sobre abaixar o volume do aparelho auditivo que todo mundo entende a mensagem.)
- **Assuma os erros.** Todo jogador de futebol profissional perde a bola. O importante é você recuperá-la. Quando comete um erro, admita o mais rápido possível. Desculpe-se, explique, conserte e siga em frente. Aprendi essa lição no eBay quando tive que interromper as contratações. Era necessário para o negócio,

e foi eficaz, mas fizemos aquilo de forma nada elegante, o que levou os gestores a se sentirem desautorizados e excluídos, além de muito insatisfeitos. Percebemos o nosso erro e nos desculpamos em uma reunião. Fomos muito aplaudidos por aquilo, e eu aprendi que agiria melhor na próxima vez sendo mais inclusivo com todo mundo. Como líder, lembre-se de que os funcionários seguirão o seu exemplo. Obviamente você não deve transformar os erros em hábito – problemas rotineiros são uma maneira rápida de perder credibilidade.

- **Aqueles que o criticam são seus melhores mentores.** Obviamente, é ótimo que todo mundo o apoie e o ache fabuloso – até você se lembrar da história "A roupa nova do rei". Quando se livra das agradáveis sensações que acompanham as coisas boas que as pessoas dizem sobre tudo o que faz, você se dá conta de que não quer apenas "pessoas que só dizem sim" ao seu redor. As "pessoas que só dizem sim", aquelas que sempre o apoiam e nunca o questionam, não o ajudarão a melhorar. Em vez de se cercar apenas de gente doutrinada, você precisa ter por perto pessoas honestas e críticas. Elas podem chateá-lo, mas o ajudarão a manter-se fiel ao que é bom e a melhorar naquilo que precisa ser melhorado. É difícil fazer isso, então ponha em prática políticas que ajudam nesse sentido. Na WIN, a minha equipe faz recomendações de investimentos, e tenho que dar apoio a todas as empresas nas quais investimos. Historicamente, esse processo tem levado a melhores tomadas de decisão para nós; contudo, em casos raros nos quais minha equipe sente que devemos investir em uma empresa e eu discordo, me disponho a ouvir a perspectiva deles e investir. E, quando estou empolgado e a equipe discorda de mim, discutimos até chegarmos a uma conclusão que agrade a todos nós.

- **Permaneça humilde e não acredite em tudo o que dizem a seu respeito por aí!** Quando for bem-sucedido – o que desejamos que aconteça –, terá que se empenhar muito para ser o seu próprio crítico. É claro que você deve acreditar em si mesmo e se orgulhar do que alcançou, mas só durante dois segundos. Há fortes indícios de que a tomada de decisão pode ser diretamente afetada pela percepção pública do líder. Notícias muito favoráveis podem levar a decisões pretensiosas e negligentes, e notícias ruins recentes podem levar a perigosas atitudes modestas demais (se quiser saber mais sobre esse assunto, dê uma olhada no livro *Decisive* [Decisivo], de Chip e Dan Heath). Para permanecer centrado, tento lembrar-me do lugar de onde vim, e recordo as oportunidades, os privilégios e a sorte que me ajudaram ao longo da minha trajetória. Preste atenção nisso, agradeça às pessoas que o ajudaram e retribua fazendo o mesmo pelos outros.

Depois que se torna bem-sucedido, você acha que sabe de todas as respostas e que não tem mais dúvidas. Isso é a mais completa irrealidade. Ninguém é perfeito – e não há conquista (por exemplo, tornar-se CEO, conseguir capital em uma rodada de investimentos, abrir o capital da empresa etc.) que mude isso repentinamente.

Com a experiência, você aprende que ser o melhor que pode não significa fazer tudo certo, significa empenhar-se constantemente para melhorar. Você também aprende que o comportamento e a postura agressiva que foram essenciais para o seu sucesso no início da carreira podem inviabilizar o sucesso na próxima parte dela. Ou seja, modere a insolência, dome a arrogância, mas nunca deixe de ser corajoso nem audacioso.

Tudo de bom,

Maynard

Quando você é acusado de trabalhar demais

Caro empreendedor,

Equilíbrio entre vida profissional e vida pessoal? Geralmente respondo assim a essa pergunta: "Você está de sacanagem comigo?".

Não estou dizendo que o equilíbrio entre trabalho e vida pessoal não seja importante – é, sim –, mas, se você é um fundador, *já* decidiu que o trabalho vai receber a maior parte da sua atenção durante muitos anos pela frente. Ainda estou por ver um fundador dizer que ter um ótimo equilíbrio entre trabalho e vida pessoal é um pré-requisito. Eu investi em vários empreendedores que trabalhavam muitas e muitas horas para fazer a diferença. Jamais me esquecerei de como os fundadores da Grubwithu, uma das empresas no nosso portfólio (atualmente conhecida como GOAT), dormiam no carro quando estavam tentando levantar capital semente. Isso me disse muito sobre o foco deles na empresa e os sacrifícios que estavam dispostos a fazer para garantir o sucesso dela. É claro que nem todos os fundadores têm a liberdade de assumir esses tipos de risco – e isso também não é problema algum.

Erguer uma empresa transformadora requer heroísmo de muitas pessoas, particularmente dos fundadores. Ao criar uma empresa, a infeliz realidade é a de que não existe esse negócio de equilíbrio. Levar uma ideia à excelência requer esforços radicais – hercúleos.

Todos sabemos que abrir uma empresa não é para os de coração fraco. A maioria das startups fracassa. Nos primeiros estágios de uma startup, você deve ter uma concentração obsessiva. A vida em uma startup não é – e não deve ser – para todo mundo. Se você autofinancia a sua empresa, pode fazer o que quiser. Entretanto, se quer usar dinheiro externo, os investidores esperam comprometimento total, porque é disso que uma empresa precisa para conseguir sair do atoleiro. Se você quer fazer algo que vire o jogo, se quer crescer mil vezes, se quer transformar um setor ou mudar o mundo, provavelmente haverá trade-offs difíceis.

Às vezes, esses trade-offs valerão a pena; outras vezes, não. Se não valerem a pena, não se comprometa a fazer o trabalho pela metade. Muitos anos atrás, fui recrutado para ocupar o segundo cargo mais importante na hierarquia de uma startup que tinha tudo para estourar. O trabalho era na região de San Francisco, mas aí o CEO novo, um ex-executivo da Microsoft, quis levar o negócio para Seattle. A minha esposa não tinha o menor interesse em se mudar do Vale do Silício para Seattle. Ela, entretanto, não queria me segurar e disse que eu podia ir e voltar para casa nos fins de semana. "É uma startup", argumentei, "não existe fim de semana". Ela estava acostumada com esse tipo de horário de trabalho. Ela ainda gosta de contar às pessoas da vez em que – quando eu estava na Thomas-Conrad, na época em que ainda era uma startup em Austin – liguei para o trabalho num domingo avisando que não podia ir porque estava doente. Ciente de quanto tempo o novo posto iria requerer, educadamente recusei o trabalho em Seattle e fui para uma empresa que estava em uma fase diferente e permitiria que eu ficasse com a minha família.

Embora erguer uma startup exija muito e requeira muitos sacrifícios, os fundadores também devem ter em mente a situação da família e fazer o que é melhor para os seus entes queridos no que diz respeito a cuidado e atenção constante. A família não pode ser abandonada pelas necessidades da empresa. Um negócio bem-sucedido à custa da família é um fracasso. Transformar o negócio num enorme sucesso, mas perder o cônjuge e os filhos não faz sentido.

Além disso, um negócio nunca é bem-sucedido sem o apoio e a compreensão das pessoas queridas. Quando se abre uma empresa, no início, os fundadores devem assegurar que seus parceiros estejam totalmente cientes e que também encarem o desafio. Antes de abrir o seu negócio, converse com outras pessoas – fundadores e seus cônjuges – sobre quais são os verdadeiros sacrifícios. Ao mesmo tempo, os fundadores precisam saber quando se dedicar à família, independentemente do trabalho.

Como sempre, a comunicação sobre essa questão com as pessoas da família é fundamental. Isso não significa que o seu parceiro sempre entenderá ou que nunca haverá momentos de tensão. Nem sempre haverá harmonia, mas você deve comunicar permanentemente o que está fazendo e por que aquilo é importante. Há certos momentos – na oferta pública inicial de ações, por exemplo – em que o equilíbrio entre trabalho e vida pessoal ficará ainda mais abalado e é melhor enfatizar com antecedência o que vai acontecer. As empresas também devem acolher vários familiares e fazer com que se sintam bem-vindos. Isso não eliminará o fardo daqueles que ficam em casa, mas ajudará a entender melhor o que está acontecendo e por que tal atitude é necessária.

Escolher entre as demandas do trabalho e da família pode ser o estopim para decisões difíceis a serem feitas, mas você pode resolver esse número de equilíbrio. Às vezes é dolorosamente óbvio. Quando a minha filha era bebê, ela contraiu *E. coli* e ficou muito doente. Ela ficou na UTI por oito semanas e não tínhamos certeza se conseguiria se recuperar. A minha esposa, Irene, tirou licença no emprego. Eu trabalhava meio período.

Em outros momentos, você precisa de um sistema de referência para lidar com as charadas do dia a dia. Brad Smith, o CEO da Intuit que fez uma palestra na WIN Summit, articulou muito bem esse dilema. Ele dividiu os momentos da vida em duas categorias: "momentos bola de borracha" e "momentos bola de vidro". Sobre os momentos bola de borracha ele disse que, se você os deixa cair, eles quicam e voltam. Já os momentos bola de vidro, se você os deixa cair, eles estilhaçam e nunca mais voltam. "O segredo da vida em harmonia é conseguir distinguir com certeza um do outro", disse Brad.

Ele deu exemplos da própria vida com as duas filhas. Uma delas é bailarina, fez 15 recitais no ano passado e queria a presença dele em todos, mas Brad não podia se comprometer a isso. "Eu sabia que, se deixasse a presença em um dos recitais cair, ela quicaria e eu iria à apresentação da semana seguinte. Ela ficaria magoada, mas não seria para sempre", disse ele. Brad definiu como momento bola de vidro a formatura do ensino médio. Isso só acontece uma vez. Se deixasse esse momento cair, ele se estilhaçaria para sempre. "Eu nunca, jamais priorizei o trabalho em detrimento de um momento bola de vidro, mas tive que fazer escolhas em momentos bola de borracha. "Eu sei distinguir *exatamente* um momento do outro", explicou Brad.

A tecnologia e a conectividade constante que ela oferece transformaram muitas das escolhas diárias tanto mais fáceis quanto mais difíceis. Em um mundo conectado 24 horas por dia e 7 dias por semana, em que checamos o e-mail depois do jantar (e às vezes durante o jantar) e podemos trabalhar de casa quando as crianças estão na escola, não existe mais esse negócio de horário de expediente e horário de folga. Trabalho e vida pessoal colidem com frequência e isso continuará assim.

A melhor maneira de fazer isso tudo funcionar é não separar em nichos essas partes distintas, mas entrelaçá-las em uma tapeçaria personalizada. Se agir assim, e se estiver realmente fazendo aquilo que ama, superará a necessidade de equilíbrio e alcançará algo melhor, algo mágico.

Tudo de bom,

Maynard

Quando você impõe limites a si mesmo

Caro empreendedor,

"Não posso assumir o risco porque tenho que pagar o financiamento da casa."

"Não posso aceitar o emprego dos meus sonhos porque terei que me mudar."

"Não posso fazer hora extra porque o meu cônjuge vai se zangar comigo."

Ouço essas afirmações – esses limites que a pessoa se impõe – todo dia. Como seres humanos, geralmente temos uma visão pessimista demais sobre o que é possível e deixamos o mundo nos convencer de que não podemos fazer algo, em vez de pensar: "Como posso fazer isso?".

Bem, na maior parte do tempo, estamos errados. Lembre-se, o senso comum já teve certeza de que o mundo era plano e que viajar a cavalo era a maneira mais veloz pela qual o homem podia chegar a algum lugar. Quando eu era mais jovem, de todo o coração, eu achava que morreria aos 47 anos, porque foi o que aconteceu com o meu pai.

Errado, errado, errado.

Criar limites que não existem de verdade é uma forma de justificar o lugar em que está. E ele nunca é tão bom quanto aquele em que *poderia* estar. Ao estabelecer limites, está efetivamente decidindo não avançar mais. Portanto, você deve forçar os limites que está impondo a si mesmo.

Mas como?

Faça uma pausa. Descubra de onde os limites estão brotando e por que você os está reforçando. Geralmente, não questionamos nossas grandes convicções. Quando meus pais se casaram, meu pai queria ser perito imobiliário. Entretanto, esse trabalho requeria treinamento especial e certificação, e ele achava que ser casado e ter filhos tornaria isso difícil demais. Minha mãe o ajudou a enxergar que esse objetivo e a vida familiar não eram incompatíveis. "Por que impor limites?", perguntou ela. "A gente consegue fazer isso." Eles se mudaram para Gainesville, na Flórida, ele se matriculou no curso e tirou a certificação.

Reconheça que você está se reprimindo. Sim, o mundo tenta nos reprimir às vezes, porém os limites mais coercitivos que você tem são os que estabelece para si. É fácil culpar a sociedade, o governo, a economia, a sua saúde ou a sua família – e tudo isso pode ser desafiador e completamente debilitante –, mas com frequência impomos mais limites a nós mesmos do que qualquer agente externo conseguiria. Em vez de culpar os outros pelos contratempos, assuma a responsabilidade e entenda que você é o encarregado de perseguir – e agarrar – os seus sonhos.

Faça escolhas cautelosas. Todas as escolhas vêm com trade-offs; cabe a você decidir o que vale a pena. Quando comecei a progredir na carreira, soube que não tinha a mesma formação dos meus pares. Isso de certa maneira fazia com que eu me sentisse inferior e, em determinado momento, quando eu já era diretor de tecnologia da informação, pensei em voltar para a faculdade e fazer MBA. Na época, eu era o único provedor para quatro filhos, então essa decisão teria consequências enormes para a minha família. Procurei alguns amigos e mentores em busca de conselhos e aprendi muito sobre tomada de decisão – e sobre mim. O meu amigo Andy Ludwick tinha uma carreira excelente e um MBA da Harvard, e a orientação dele me surpreendeu. "Maynard, essa oportunidade vai ter um custo muito alto para você, que está vivendo o período de pico dos seus ganhos salariais", disse ele. "A maioria das pessoas volta para a faculdade para aprender coisas que você já está fazendo e vão atrás de redes de contato, o que você já tem. Não vale a pena para você." Aquilo foi libertador. Sempre tive vergonha de falar sobre o meu currículo por medo de ser julgado, motivo pelo qual queria voltar para a faculdade. Eu queria compensar aquilo que eu achava que estava faltando. A conversa com Andy me fez perceber que estava tudo na minha cabeça – não me faltava aquilo que eu precisava saber –, e depois eu me dei conta de que a minha história também tinha valor. O meu histórico e a falta de pedigree – depois que aceitei essa realidade – acabaram sendo inspiradores para outras pessoas. Mostrava que todos temos a oportunidade de progredir, independentemente do lugar de onde viemos.

Desempenhe muito bem todas as opções e descubra aonde elas levam. Com 20 e tantos anos, eu estava começando a progredir na carreira, mas ainda explorava caminhos diferentes e tentava enxergar aonde eles me levariam. Eu adorava ver as pessoas liderarem e sabia que queria ser gerente. Eu estava apaixonado pela arte do RH e do coaching, mas também muito interessado por tecnologia. Eu trabalhava com segurança – ainda que adorasse o gerenciamento de pessoas e quisesse me dedicar a isso –, mas havia muitas oportunidades em tecnologia e eu não me impedi de tentar algo na área. Havia uma infinidade de coisas que as pessoas não queriam fazer, inclusive ser chamado para trabalhar no meio da noite ou no fim de semana. Eu me voluntariei, porque estava ansioso para provar o meu valor, e não tinha ilusões de que existiam tarefas que não estavam à minha altura. Consegui meu primeiro emprego de gerência – cargo que eu cobiçava e que outras pessoas não queriam – porque um dos requisitos era trabalhar dois sábados por mês fazendo serviço de folha de pagamento, e não de gerenciamento de profissionais. Depois de um ano nesse cargo, comecei a gerenciar profissionais de TI, e, após um ano mais, a IBM me promoveu a um cargo de subdiretoria. Em vez de impor limites a mim mesmo declarando "Não vou trabalhar no fim de semana" ou "Só quero trabalhar com coisas empolgantes", permaneci aberto a todas as opções e as enxerguei como caminhos para aquilo que eu estava buscando.

Se existe uma receita para o sucesso, creio que seja esta: saia do módulo defensivo e passe para o módulo questionamento. Toda vez que se pegar dizendo "Eu não posso", reconsidere e pergunte: "Por quê? Quais são as razões pelas quais eu não posso?". Após a introspecção, você talvez se dê conta de que muitas coisas que você acha que o estão reprimindo não existem em nenhum outro lugar a não ser na sua cabeça.

Todos possuímos um potencial ilimitado. Toda vez que você o força, ele se expande. Mal posso esperar para ver até onde você vai.

Tudo de bom,

Maynard

Quando o mundo tenta controlá-lo

Caro empreendedor,

Acontece todo dia. Em vez de deixar você traçar o seu próprio curso, o mundo intervém e tenta direcioná-lo para um caminho diferente. Às vezes, você até tem um plano perfeitamente mapeado, e essa divergência não é inteiramente bem-vinda. Porém, isso não quer dizer que pode ignorá-la; você tem que lidar com aquilo que foi jogado na sua frente.

No início da minha carreira, na primeira vez em que fui o diretor responsável pelo TI, eu finalmente consegui chegar ao patamar de executivo, e ainda assim o mundo não enxergava a minha trajetória da mesma forma que eu. Lembraram-me que eu não tinha frequentado nenhuma das faculdades pertencentes à Ivy League e que eu tinha crescido na própria empresa. Recebi um feedback de que era um executivo bom para o "chão de fábrica" – e não para a sala da diretoria.

Um tempo depois, isso aconteceu novamente comigo, quando decidi sair do eBay e estava definindo o que fazer em seguida. Parecia que todo mundo tinha suas próprias ideias sobre o lugar ao qual eu pertencia. O mundo foi rápido ao afirmar o que era certo para mim, mas nada daquilo me parecia correto. Isso mudou quando, anos depois, eu me encontrei com Mitch Kapor e ele me apresentou a possibilidade de trabalhar por conta própria reunindo minha própria equipe, em vez de me juntar à de alguma outra pessoa. Esse insight mudou toda a minha visão de mundo. Durante toda a minha carreira, o mundo ficou tentando me controlar ao me mandar para empregos convencionais, mas eu me dei conta de que não tinha que seguir as ideias de outras pessoas. Eu podia mapear as minhas próprias ideias.

Esses são apenas alguns exemplos daquilo que chamo de "o mundo tentando fazer você se submeter". Estamos o tempo todo sendo julgados e categorizados, mas isso geralmente é baseado em "detalhes superficiais" que podem ou não ser importantes. O que realmente importa é o impacto que você está tentando gerar no mundo e quanto está comprometido em fazer isso acontecer. Como fundador, você provavelmente encontra-se em situações similares com muita frequência. Quando se depara com elas, você deve:

Refletir sobre a fonte. Somos sufocados todos os dias pelo lixo na nossa caixa de e-mails, propagandas que vão para o spam e também por conselhos não solicitados. Se você não conhece a fonte nem confia nela, despreze a informação na mesma hora.

Escutar e ponderar. Se confia na fonte, deve escutar e decidir se ela pode influenciar a sua opinião sobre si mesmo e movê-lo na direção de algo diferente. Ninguém é perfeito, e precisamos estar abertos para novas opiniões.

Decidir se você quer modificar o comportamento por causa de opiniões. Em muitas ocasiões, decidi não ceder àquilo que outra pessoa queria. Mas essa nem sempre é a melhor resposta. Às vezes, a mudança se justifica.

Se você decidir não aceitar a solicitação, aprecie integralmente o conforto e a satisfação que sente em ser você mesmo. Não deixe os outros fazerem você se sentir culpado por perseguir os seus objetivos.

Por fim, quando o mundo tenta fazê-lo se submeter, cabe a você prestar atenção no lugar ao qual sente que precisa ir. Você é a única pessoa que compreende qual é o seu destino. Não deixe as ideias e pressuposições de ninguém mais interferir nesse caminho.

Tudo de bom,

Maynard

Quando o conselho de administração está te enlouquecendo

Caro empreendedor,

Lamento que esteja tendo problemas com o seu conselho de administração. Isso não é legal. E você tem que resolver a questão – porque os seus diretores não farão isso. Organizei em tópicos maneiras de fazer isso, mas, primeiro, vamos olhar para trás e identificar por que isso está acontecendo.

Lembra-se de quando criou o conselho? Isso foi no início da formação da empresa, quando tudo era cheio de potencial e parecia haver só pontos positivos. Você decidiu abrir mão de algum controle, provavelmente em troca de participação societária, e havia harmonia. Se uma pessoa se tornou membro do conselho como resultado de um investimento, provavelmente havia paz e entusiasmo no momento, mas esses sentimentos também vêm com certas expectativas, sobretudo a respeito de crescimento, oportunidade de mercado, liderança, entre outras.

Agora, se há problemas, você precisa entender como eles ocorreram. Uma dica: é provável que você não tenha atendido às expectativas deles.

Como em qualquer relacionamento, aquele entre fundador e conselho muda ao longo do tempo.

Embora a dinâmica do seu conselho possa ter começado amistosa quando a sua empresa era nova, à medida que o negócio cresce é provável que se depare com problemas. A maneira como o CEO e o conselho lidam com esses problemas determina tudo.

Nos períodos bons – você bateu as metas do trimestre, fez aquilo a que se comprometeu –, sua relação com o conselho está em harmonia. Você pode pedir que lhe abram portas, eles o incentivam, o desafiam a acelerar. Esse é um bom comportamento do conselho.

A disfunção do conselho é geralmente precedida por uma disfunção do CEO ou da empresa. Isso geralmente acontece quando o negócio ou o CEO não estão se saindo bem. Não é uma boa ideia menosprezar essa situação, achando que o conselho está enchendo a paciência e desejar que ele desapareça. Ele não vai desaparecer, e é um dever fiduciário intervir e restaurar o crescimento. Sendo assim, é importante identificar imediatamente a raiz da irritação do conselho. Algumas coisas a considerar:

Esse comportamento é novo, ou ele já está assim há um tempo?

As reuniões do conselho costumavam correr bem, mas agora você as teme? É hora de se perguntar: "O que mudou?". Talvez tenha a ver com o último despacho do seu produto. Ou talvez você não consiga achar um chefe para o departamento de vendas. Ou talvez a receptividade dos clientes não esteja sendo a que se esperava. Qualquer um desses problemas faz a confiança do conselho mudar.

O conselho deve saber o que está acontecendo E deve saber o que você está fazendo para resolver o problema. Ficar na defensiva não vai ajudar. Os problemas não têm de ser algo ruim – desde que você os aborde depressa. Coloque-se no lugar deles. O que você vê?

- **Há problemas de execução?** Você disse que contrataria alguém, mas não fez isso; disse que captaria clientes, mas não fez isso; disse que o produto seria lançado em determinado momento, o que não aconteceu. Se houver qualquer um desses problemas de execução, o conselho está confiando em você para resolvê-los.
- **Há problemas de ambição?** Você disse que se tornaria líder de mercado em nove meses e isso não aconteceu. Problemas de ambição são menos fatais e podem ser resolvidos com o conselho ao longo do tempo.

Agora é hora de dar uma olhada mais atenta em como você lida com os problemas e como a sua resposta impacta a credibilidade. Perguntas que podem ser feitas em uma avalição pessoal incluem, por exemplo:

- Os meus investidores votariam para que eu ficasse na equipe se estivessem decidindo isso hoje? Por que sim? Por que não?
- Se eu estivesse querendo levantar capital, eles investiriam? Por que sim? Por que não?
- O meu desempenho foi abaixo do esperado e me deixou vulnerável às críticas e à ansiedade? Eu criei um ponto fraco?
- O que venho fazendo para mostrar aos membros do conselho que identifiquei problemas e que estou trabalhando para solucioná-los?

Também avalie se é o conselho todo ou apenas um membro dele que está em desacordo com o que vem acontecendo na empresa. Se for somente um membro:

- Você sabe por que ele está nervoso? Às vezes é por outras coisas que estão acontecendo e não têm uma relação direta com a sua empresa. Como estão a empresa e os investimentos da pessoa? O que mais está acontecendo com ela?
- Aborde o problema de forma proativa. Você pode não ter controle sobre essas questões, mas ainda assim deve lidar com elas. Entre em contato com o membro do conselho em particular para conversar sobre o comportamento dele. Compartilhe o que está vivenciando e pergunte o que vem acontecendo para tentar entender qual é a origem daquilo.
- Você também pode pensar em procurar outro membro do conselho em quem confia para conversar sobre essa questão e pedir a ele que fale com a pessoa em seu nome.

Desafios pessoais da liderança   237

Você tem que gerenciar o seu conselho de uma forma diferente daquela como gerencia os seus funcionários.

O seu conselho tem poderes singulares. Pense nisso. Um cliente pode deixar de consumir o que você produz, mas é possível conseguir outros clientes. Um funcionário pode pedir demissão, mas você pode encontrar outro profissional para substituí-lo. Membros de conselho? Você presta conta a eles, e essas pessoas têm o poder de demiti-lo caso as coisas não estejam indo bem.

Com muita frequência, os CEOs não compreendem a dinâmica dos conselhos com os quais se veem envolvidos, por isso não têm ideia de como gerenciá-los. Algumas coisas a manter em mente:

- Seja realista sobre o que o conselho é e o que não é, e sobre como ele funciona.
- Tenha em mente que você ganha e perde credibilidade com o conselho todo dia. Não é porque você um dia teve toneladas de confiança e credibilidade que não pode perder tudo isso bem depressa. Certa vez, eu vi um CEO de uma empresa de capital aberto perder o apoio do conselho inteiro em menos de uma semana.
- Seja capaz de prever qual é a posição do conselho sobre qualquer questão e por quê.

Navegar pelos desafios do conselho é complicado e difícil. Abaixo, listo cinco ações corretas a tomar.

1. **Seja transparente com o conselho.** Alguns fundadores podem ficar preocupados achando que a honestidade os faz parecer fracos. Nada disso. Diga a verdade. Fazer isso permite que o conselho confie em você para cumprir os objetivos da empresa. É claro, não estou dizendo para você notificar o conselho toda vez que tiver tido uma noite ruim de sono por causa de

um problema. Você terá que avaliar o que vale a pena contar a eles. Vou lhe dar algumas dicas: se houve uma interrupção gigantesca no sistema ou algo causará uma perda de receita, o conselho precisa saber imediatamente. É um pouco como a gestão de qualquer relacionamento. Se vou chegar em casa tarde, terei problema se não avisar. Se eu ligar, vou ouvir um agradecimento pela cortesia (na maioria das vezes). Não se esqueça de ligar quando ligar é o que se espera que você faça.

2. **Ponha o conselho para trabalhar.** O seu conselho é composto pelas pessoas mais próximas da sua empresa. Elas sabem quais são as suas aspirações e os seus problemas e estão alinhadas para fazer a sua empresa deslanchar. Em vez de fazer todo o trabalho e pedir-lhes que o julguem, peça-lhes para o ajudarem. Coloque-os a par do que está acontecendo para que ajudem na solução do problema. Quase todos os membros do conselho querem ajudar.

   - Conte a eles quais são os problemas e as opções nas quais está pensando. Pergunte o que fariam se estivessem no seu lugar.
   - Solicite conselhos sobre a sua estratégia e peça para ajudarem-no a abrir portas.

3. **Dialogue, não discuta.** Não transforme a situação em "nós contra eles". Não os force a tomar uma decisão, encoraje-os a participar voluntariamente. Faça com que se sintam parte da solução. Você pode transformar o problema em uma oportunidade não só de resolvê-lo, mas de cativar o conselho. Em vez de dizer "Foi isto que decidi e preciso que me apoiem", tente uma abordagem em duas fases, que ofereça espaço para eles ponderarem e fornecerem a opinião deles. "Estou pensando nisto...", e depois "o que acham dessa ideia?" Essa abordagem fará com que queiram participar da sua jornada.

4. **Saiba quando freá-los e quando acelerá-los.** Não se deve dar o mesmo peso a todas as decisões. Você deve saber quando vale a pena abrir mão de algo que, apenas aparentemente, é importante. Se tem um problema que atingiu 10 na escala Richter, ninguém melhor do que você para saber o que fazer. Entretanto, se for um 2, deixe o conselho vencer. As pessoas gastam a confiança com coisas pequenas que não têm importância. Não deixe isso acontecer. Ceda quando estiver lidando com questões pequenas, para que possa reter confiança e conseguir consenso nas coisas importantes (e leia a próxima carta sobre escolher suas batalhas).

5. **Defina rapidamente se o conselho estará ao seu lado nos próximos passos.** Antes de cada reunião, confira com todos os membros do conselho a pauta do encontro e pergunte se há mais alguma coisa que eles queiram abordar. É importante compreender antecipadamente todos os assuntos-chave. Sabemos que às vezes alguém toca em um assunto sem mais nem menos e arruína a reunião! Evite isso. Para tanto, dê às pessoas a oportunidade de lhe dizer que assunto querem abordar e por quê.

   - **Identifique qual é o posicionamento de todos.** Continuam tão empolgados quanto na época em que investiram em você? Você precisa saber.
   - **A confiança deles em você está aumentando ou diminuindo, e por quê?** Você precisa saber.
   - **As pessoas estão alinhadas em relação à causa do problema e em relação ao que tem sido feito para resolvê-lo?**

O seu relacionamento com o conselho se configura como uma sociedade de longo prazo e, em vários aspectos, não é muito diferente de um casamento. Para que seja bem-sucedido, ele requer transparência, confiança, mais comunicação do que se imagina e vontade de se comprometer.

Além disso, lembre-se de que o seu parceiro está em uma posição diferente da sua. O trabalho dele é lhe dizer o que fazer, e não tem que lidar com as consequências. Aconselhar é fácil, executar é difícil.

Já estive nos dois papéis e posso afirmar: a percepção em relação ao meu QI aumentou dez pontos assim que me tornei membro de um conselho de administração, porque eu não tinha que lidar com a realidade de nada do que falava. Mas, por enquanto, você tem. Boa sorte e parta pra cima deles!

Tudo de bom,

Maynard

Quando você precisa escolher suas batalhas

Caro empreendedor,

Se você é como a maioria dos fundadores, provavelmente tem opiniões muito claras sobre quais devem ser a visão, o produto, a estratégia e a cultura da sua empresa. E todos os dias haverá novas fontes de potencial conflito em inúmeros *fronts* de batalha. Se você já tem as respostas, não deveria simplesmente rejeitar as discordâncias em relação à sua forma de pensar?

Por mais difícil que isso possa parecer na prática, disputar todas as batalhas não é uma estratégia inteligente. O velho ditado de que você pode vencer todas as batalhas e ainda assim perder a guerra é verdade. Ao longo da minha carreira, aprendi que é possível lutar e argumentar contra tudo de que discorda, mas isso vai exauri-lo e, pior, corroerá a confiança que as pessoas depositaram em você. Lembre-se, você está diariamente ganhando ou perdendo credibilidade. Deve realmente saber quais decisões merecem que você imponha a sua vontade – e quais não. Isso é algo que eu emprego todos os dias nos conselhos de que participo, nos quais surgem muitas questões, mas só forço um pequeno número de decisões. Opto por deixar várias coisas de lado para poder ter voz nas questões importantes que acredito serem determinantes para o futuro da empresa.

Isso não significa que nunca se deva lutar por aquilo que quer. Significa, na verdade, que você precisa determinar aquilo pelo que vale a pena lutar. Recentemente, o CEO de uma empresa do portfólio da WIN estava tentando retirar um dos membros do conselho de administração e ao mesmo tempo brigando com outro membro sobre o que fazer. O problema? Eles estavam bem no meio da tentativa de vender a empresa! O que é mais importante?

Se eu fosse o CEO nessa situação, me sujeitaria a uma disfunção no conselho e me concentraria no preço de venda da empresa. Lutar para retirar alguém de quem eu não gostava provavelmente estragaria o resultado que eu realmente queria. (Para não mencionar que a tentativa de retirar um membro do conselho pode ser um tiro no pé, pois existe a possibilidade de o próprio CEO acabar fora da empresa! Muito pior.) A escolha da batalha errada vai queimar ciclos e afastá-lo dos objetivos que almeja alcançar.

Como você sabe o que vale a pena e o que não vale? Eu olho para o grande trabalho de Stephen Covey, que delineia a diferença entre a "esfera de influência" e o "círculo de preocupação". Sempre nos chateamos com as crises que ouvimos todo dia: falta de infraestrutura urbana, epidemias novas, déficit habitacional. Isso é terrível. Porém, para a maioria das pessoas que não são eleitas para cargos públicos ou não podem votar nessas cidades, esses problemas caem dentro do círculo de preocupação: podemos dar dinheiro e voluntariar nosso tempo, mas não são situações que provavelmente consigamos influenciar de maneira significativa.

Se quer mudança efetiva, melhor se concentrar em áreas nas quais você tem uma esfera de influência. Se está preocupado com a desigualdade no país, em vez de ir atrás de coisas no nível nacional, faça mudanças na sua empresa – onde você tem a influência e o poder para fazer a diferença.

Outra coisa necessária é a importância de treinar a sua equipe para que ela tome boas decisões e compreenda as consequências delas. Esse tipo de educação levará a menos batalhas contenciosas. Por exemplo, quando eu estava no eBay, íamos todo ano a Telluride, no Colorado, para participar do planejamento estratégico e orçamentário. Depois que Meg Whitman e eu compartilhávamos nossas opções estratégicas com os executivos do alto escalão, pedíamos a eles para agirem como se fossem membros do conselho e votassem em quais iniciativas devíamos seguir. Aquilo os empoderava e ajudava a ampliar a perspectiva. Embora apenas o conselho de administração realmente votasse e aprovasse a estratégia e o planejamento, descobrimos que o input mais amplo envolvendo os executivos era não apenas gratificante para eles, mas também muito informativo para nós. E ter a adesão deles ajudava muito quando chegava o momento de executar aquelas estratégias.

Como você sabe que algo está no seu círculo de preocupação ou na esfera de influência? Faça a si mesmo as seguintes perguntas:

1. Está ao meu alcance? É responsabilidade minha? É algo que eu tenho que fazer? É uma oportunidade para deixar outra pessoa liderar e aprender?
2. Qual é a importância dessa decisão? É uma decisão da empresa que envolve muitos riscos? Ou é um experimento? Se não funcionar, será desconfortável ou uma catástrofe?

Você deve sempre ponderar se uma decisão é realmente determinante para a sobrevivência da empresa. Se não for, compreenda que você tem um milhão de coisas para resolver, e uma das melhores decisões que pode tomar é quando comprar a briga e quando deixar para lá.

Tudo de bom,

Maynard

Quando você quer culpar alguém

Caro empreendedor,

Sei qual é a sensação de ficar com raiva quando algo não dá certo. Você pode até achar justificável acusar a pessoa ou as pessoas que você acredita que o decepcionaram. Ou você pode até achar que é apropriado constrangê-las publicamente por desapontar você e a empresa.

Compreendo que o que elas fizeram foi ruim – talvez muito ruim – e que agora você está tendo muitos problemas por causa disso. Instintivamente, você quer culpar alguém. Contudo, não pode sair culpando as pessoas nem agir movido por essa vontade de apontar o dedo. Talvez isso soe como algo pequeno, mas é uma questão real que pode desestabilizar executivos e líderes.

Essa foi uma lição que aprendi bem cedo. Eu lembro que jogava na American Legion Baseball quando tinha 18 anos. Éramos um time muito bom e chegamos ao campeonato estadual. Eu adorava o nosso treinador, que era muito divertido e nos inspirava a maior parte do tempo. Nunca vou me esquecer, porém, do discurso dele quando fomos eliminados depois de perdermos nossos dois primeiros jogos nas finais estaduais: "Acho que não dá para fazer salada de frango com titica de galinha". O discurso agressivo dele obviamente não foi uma forma inspiradora de terminar uma temporada muito boa que podia ter sido ótima. Aquilo me ensinou que perder é uma droga, só que há um jeito de ser gentil nessa situação e de ser inspirado pela experiência. Em vez de inspiração e esperança no futuro, nosso treinador gerou em nós ressentimento e culpa.

Agora, como executivo sênior e membro de conselhos de administração, vejo vários executivos jogarem outras pessoas aos tubarões. Esse tipo de atitude quase sempre acaba gerando uma imagem ruim para o executivo – não para o integrante da equipe que cometeu o erro. O executivo devia ser um gestor bom o suficiente para saber a importância de refletir sobre o problema, assumir a sua cota de responsabilidade e concentrar-se no aprendizado. Eu fico de olho em executivos que se apressam em culpar os outros e tento orientá-los a corrigir esse defeito.

Você nunca construirá credibilidade com toda a sua equipe se não entrar nas situações com a "mentalidade de iniciante". Em vez de se apressar para entrar no jogo da culpa, olhe para tudo como se fosse a primeira vez que estivesse enxergando aquilo. Pergunte-se:

- O que aconteceu aqui?
- O que perdemos?
- Como eu poderia ter ajudado a enxergar isso antes e a resolver o problema mais rápido?
- Qual é a probabilidade de isso acontecer novamente?

Crie uma cultura de abertura e aprendizado para as suas equipes. Faça os funcionários serem mais duros consigo mesmos do que qualquer outra pessoa. Tal comportamento acontece quando você cria uma cultura transparente e solidária, na qual os erros são geralmente usados como experiências de aprendizado e todos são encorajados a agir com extrema honestidade sobre o próprio desempenho.

Quando algo não vai bem, mergulhe fundo no porquê e concentre-se no aprendizado – em vez de procurar culpados. Por exemplo, durante uma queda de sistema, você procura lacunas no processo e na execução para eliminá-las e evitar reincidência ou se apressa em demitir quem cometeu o erro? (É claro, como eu disse antes, se você tem funcionários ou líderes que não procuram aprender nem apresentam um bom desempenho, precisa dispensá-los. Deixe que sejam medíocres em outro lugar. Ou talvez eles se tornem excelentes profissionais em outro ambiente.)

O seu ambiente deve possibilitar o aprendizado, praticar o perdão e ser inspirador. Existe um antigo, porém verdadeiro, ditado: "Quando você aponta o dedo para alguém, três apontam de volta para você". É muito melhor assumir um pouco mais de responsabilidade por um problema, mesmo que às vezes ache que isso não se justifique. Eu me lembro que tivemos uma grande queda de sistema no eBay poucos anos depois de eu começar a gerenciar a empresa. No passado, Meg Whitman havia demitido outros executivos, no meio de uma crise, por problemas similares. Entretanto, dessa vez ela estava trabalhando com uma equipe nova que tinha feito muito progresso e que havia ganhado sua confiança. Nós sabíamos que tínhamos que resolver o problema e ela sabia que devia fazer o mesmo. Meg trabalhou bem próximo de nós para solucionar a queda no sistema e nos disse que estava muito orgulhosa do progresso que havíamos feito. Em vez de sentirmos que ela estava nos culpando e de ficarmos preocupados em perder o emprego, aquilo serviu de inspiração para que resolvêssemos o problema e não decepcionássemos Meg nem os clientes dela.

Ninguém atinge a sua melhor produtividade no trabalho quando sente que está no fio da navalha. Ninguém que vive com medo se arrisca nem se esforça muito para ser melhor. Ou seja, em vez de buscar revanche jogando alguém aos tubarões, transforme essa vontade em uma forma de prevenir que a situação volte a ocorrer no futuro e inspire todos a trabalhar melhor.

Tudo de bom,

Maynard

Quando lhe pedem sigilo

Caro empreendedor,

Quando alguém lhe pede para manter algo em sigilo, você quer dizer sim – mas nem sempre essa questão é preto no branco. Com muito mais frequência, ela tem milhões de nuances de cinza.

Talvez a pessoa queira lhe contar que você está correndo risco de perder um funcionário-chave. (Você não deve jogar na fogueira a pessoa que lhe conta isso, e sim encontrar uma forma de confirmar essa informação com o funcionário.) Alguém pode querer lhe contar que está passando por um divórcio. (Expresse a sua solidariedade, pergunte o que pode fazer para ajudar, por exemplo dar mais flexibilidade para que ela possa pegar os filhos na escola.) E se uma pessoa quiser contar que fez algo ilegal, antiético ou imoral? (Agradeça a pessoa pela franqueza, mas deixe claro que mesmo assim você precisa tomar providências.)

Eu mesmo já vivenciei algumas questões problemáticas e nada normais. Recentemente, alguém que eu admiro muito pediu para dar o meu nome como referência, e tive que manter aquilo em sigilo. A situação parece simples, mas era muitíssimo complexa, já que a pessoa está atualmente em um emprego muito importante. Em outro exemplo, um gerente me procurou, por eu ser membro do conselho, para reclamar de um CEO. Ele ainda não tinha conversado com o CEO, e eu o mandei fazer isso.

Situações assim podem acontecer. Embora cada uma delas seja singular e requeira julgamento, há algumas regras básicas que podem ajudá-lo a navegar por essas águas turbulentas.

- **Em primeiro lugar, entenda que a única maneira de confiarem em você é por merecimento.** Embora frequentemente esteja "por dentro" de coisas interessantes, você deve, em geral, honrar totalmente o pedido de confidencialidade. Foi o que eu fiz no caso que mencionei da pessoa que me inseriu como referência para um emprego. Na época em que trabalhei no Yahoo!, aconteciam todos os tipos de vazamento de informação, geralmente de dentro da empresa. Os repórteres sempre me ligavam para conferir os boatos e diziam que os meus comentários seriam "em off". Nunca fiz isso. Minha responsabilidade era com o Yahoo! e seus acionistas, e nunca quis violar a política do conselho sobre comunicação fora da empresa.

- **Deixe claro que existem coisas sobre as quais você não pode prometer sigilo.** Eu sempre deixo claro para as pessoas que vão me contar alguma coisa que eu geralmente tenho uma obrigação fiduciária, o que pode me obrigar a tomar as devidas providências. Eu farei o máximo para respeitar o desejo de privacidade delas, mas terei que fazer aquilo que sou obrigado a fazer legal e moralmente.

Seja franco a respeito de como lidará com as consequências e deixe a decisão por conta das pessoas. Leva-se muito tempo para conquistar confiança, mas ela pode ser despedaçada num instante. Mantenha no primeiro plano tanto a sua integridade quanto a obrigação fiduciária. Essa é a melhor conduta para você.

Tudo de bom,

Maynard

Quando você precisa fazer cera

Caro empreendedor,

Em muitos esportes que dependem do tempo – como futebol americano ou basquete –, quando uma equipe está na frente e o fim do jogo se aproxima, os jogadores costumam fazer tudo o que podem para travar a partida e manter a bola longe do time adversário. Essa prática é chamada de fazer cera. A prática reversa existe quando o relógio não para e você está atrás no placar. É nesse momento que o time parte para o tudo ou nada!

Nos negócios, um conjunto de situações similares acontece com relativa frequência. Você pode se pegar querendo fazer cera nas seguintes situações:

- **Quando você está fechando um acordo ou algum tipo de negociação.** As melhores chances de conseguir um bom resultado geralmente requerem que várias partes participem da licitação ou entrem na negociação. Há sempre uma licitante que se torna a favorita, mas cabe ao comprador manter vários possíveis licitantes satisfeitos e engajados. Tínhamos nove licitantes importantes no processo de vendas do Yahoo!. Todos ficavam observando os indícios ou sinais que indicassem que eram os preferidos ou que não estavam sendo realmente levados em consideração. Acabamos com cinco finalistas e trabalhamos duro para assegurar que todos eles estivessem no jogo.
- **Quando está contratando.** Você pode ter um candidato preferido, mas deve manter os olhos abertos para outros candidatos para o caso de algo não dar certo.

- **Quando alguém pede demissão.** Frequentemente, essa pessoa se torna uma *persona non grata* na empresa. Eu prefiro contar com esse profissional totalmente engajado e trabalhando duro até o último dia dele na empresa. Se isso significa que eu tenho que manter o meu profissionalismo e a minha educação – e deixar de lado o fato de que eu possa estar desapontado –, esse é um preço baixo a se pagar. Quando pedi demissão da Figgie International, o chefe do RH ficou muito irritado comigo. Ele deixou claro que eu não devia jogar a partida de basquete que sempre acontecia no horário do almoço e de que eu sempre participava. Tornei-me uma espécie de pária, o que foi muito desconfortável. Porém, acabei banido apenas temporariamente. Ele me procurou alguns dias depois e disse que eu era bem-vindo novamente aos jogos. Foi legal, ainda que eu sofresse um pouquinho mais de faltas do que de costume!

Quando faz cera, você concorda conscientemente em se dedicar a algo (por exemplo, ao terceiro licitante na lista de preferências ou à segunda opção de candidato) que provavelmente não vai gerar frutos imediatos – mas às vezes esse trabalho é necessário para alcançar um melhor resultado no futuro. Eu aprendi que, em vez de ficar chateado em gastar tempo dessa maneira, me sinto muito melhor quando reafirmo para mim mesmo que esse esforço está contribuindo para o meu objetivo final.

É disso que você precisa para ser um especialista em fazer cera!

Tudo de bom,

Maynard

Maynard

6
Obstáculos externos

Quando um concorrente invade o seu espaço
Carta escrita por Adam Goldstein, cofundador e CEO da Hipmunk, uma empresa do portfólio da Webb Investment Network

Caro empreendedor,

Quando abriu a sua empresa, você estava familiarizado com a concorrência existente e tinha uma ideia de como a superaria. No entanto, às vezes, do nada, uma empresa consolidada de um mercado diferente decide começar a atuar no seu. Isso pode ser uma surpresa particularmente desagradável, e a novidade pode gerar falatório tanto dentro quanto fora da empresa, e não fica claro de que forma – ou até mesmo se – você deve reagir.

Menos de seis meses depois de lançarmos a empresa de busca de voos Hipmunk, o Google gastou 700 milhões de dólares para adquirir uma empresa de viagens e começou a desenvolver um produto que concorria diretamente com o nosso. A notícia chegou de uma hora para outra e gerou dúvidas nos investidores, nos funcionários e até no cofundador e em mim.

Você pode ficar tentado a desistir da sua empresa por desespero, mas tome cuidado para não reagir de maneira exagerada. Uma notícia não é o mesmo que a existência de ameaça, e, quando uma empresa grande se apressa para tentar ganhar espaço em um mercado que ela não conhece bem, o produto raramente é convincente logo de início.

Presumindo que você tenha decidido seguir na batalha com sua empresa, eis alguns conselhos para manter em mente:

Aceite que vai ficar mais difícil levantar capital durante um tempo.

Uma dica: quando todos os investidores lhe perguntam se você está preocupado com um novo concorrente, pode ter certeza de que *todos eles* estão.

Além do mais, os investidores estão preocupados por causa da preocupação de todos os outros investidores. Isso é muito significativo. Quando o sentimento dos investidores se vira contra um mercado, até as empresas promissoras pelejam para levantar dinheiro porque eles não querem financiar uma empresa que não conseguirá encontrar investidores no futuro. Dessa forma, as preocupações dos investidores podem se tornar autorrealizáveis.

Não há como evitar: a notícia é ruim para você. Não finja que nada mudou e reconheça que deve alterar a sua abordagem.

Se você não precisa levantar dinheiro, pense em aguardar. Todo mundo pressupõe o pior quando sai a notícia, mas, quando o mundo perceber as deficiências nos esforços do seu concorrente, você provavelmente verá o sentimento do investidor virar a seu favor novamente. Se você precisa levantar dinheiro, pense em diminuir o volume e suas expectativas de valuation.

Também leve em consideração conversar com empresas no seu mercado que podem estar se sentindo ameaçadas pelo novo concorrente. Elas podem estar querendo investir em você por garantia.

Além disso, leia a carta "Quando você tem uma crise"!

O inimigo do seu inimigo pode ser seu amigo.

O curioso quando o Google decidiu entrar no negócio de viagens foi que todo o restante do mercado ficou tão apreensivo que resolveu trabalhar junto de formas em que jamais teriam pensado antes.

Além de investir em startups como garantia (ver acima), empresas consolidadas como Priceline e Expedia fizeram acordos de parcerias com várias empresas que elas acharam que podiam dar-lhes uma vantagem em relação ao Google. Para aquelas startups que tinham a combinação certa de competência e sorte, a entrada do Google foi na verdade uma bênção.

Veja as empresas no seu mercado que mais têm a perder com o novo entrante. Comece a conversar regularmente com elas. Nunca se sabe o que pode acontecer.

Acerte o tom ao se comunicar com os funcionários e investidores.

Quando empresas grandes entram em um espaço novo, elas geralmente fracassam, mas isso não costuma acontecer de imediato. Para o bem ou para o mal, você deve esperar que essa empresa continue a ser manchete no seu mercado durante um tempo.

Por isso é importante estabelecer um tom de respeito e curiosidade desde o início. Não se deve demonstrar desprezo ou indiferença, mas tampouco se deve demonstrar obsessão e desespero.

Não aguarde os investidores e funcionários perguntarem o que tudo aquilo significa. Converse com eles de forma proativa. Diga-lhes que, honestamente, você enxerga isso como um sinal de que o mercado em que estão é uma grande oportunidade. Reconheça que isso pode significar novos desafios, mas demonstre o otimismo de que podem superá-los, assim como superaram desafios passados. Certifique-se de que todos saibam que você vem acompanhando de perto o que está acontecendo e que se tranquilizem por você não estar excessivamente perturbado.

Com o tempo, talvez você seja capaz de aprender algumas coisas com base nas abordagens do concorrente. Use os produtos dele e converse com os clientes sobre do que eles gostaram. Encoraje os seus funcionários a fazerem o mesmo. Tenha em mente que você ainda não sabe de muita coisa sobre a estratégia do seu concorrente. Pelo bem da sua credibilidade, não finja que está tudo sob controle.

Por fim, dependendo de quanto a empresa nova é ameaçadora, você pode até usá-la como um brado de guerra para a sua equipe. Vocês, o Davi, estão lentamente derrotando Golias.

Esteja preparado para mais.

Quando uma empresa grande faz uma movimentação, outras empresas grandes geralmente a seguem. Prepare-se para mais surpresas como essa.

Antecipe-se e leve em consideração a possibilidade de entrar em contato com outras empresas *antes* que elas invadam o seu espaço. Essas empresas podem acabar se interessando em fazer parcerias ou em investir em empresas que já estão no mercado.

Mas tenha em mente também que os mercados de tecnologia não permanecem ultracompetitivos para sempre. Mais cedo ou mais trade, empresas fecharão ou farão fusões para ganhar escala. O mesmo vento contrário que você vem enfrentando para conseguir investimentos está afetando todo mundo. Mantenha os olhos atentos a empresas boas que possa comprar por um bom preço.

Por fim, por mais esquisito que possa parecer, faça amizade com o novo concorrente. Ele entrou no seu mercado porque está interessado nele. Talvez o primeiro produto dele seja um fracasso, mas ele continuará interessado no mercado como um todo, e você estará crescendo a passos largos. Talvez o primeiro produto dele seja um sucesso, mas a sua empresa atende a um segmento de mercado relativamente diferente e ele se dê conta de que quer a expertise que você tem.

Você está em uma batalha, ainda mais intensa do que antes das notícias recentes. Aproveite ao máximo as oportunidades agindo com rapidez e fazendo aliados.

Tudo de bom,

Adam Goldstein
Cofundador e CEO da Hipmunk

Quando você precisa se concentrar obsessivamente no negócio

Caro empreendedor,

Então você está preocupado com a concorrência?

Se você está apenas começando, não fique assim! Se se preocupar demais com o que está enfrentando, nunca começará algo novo. Ainda compraríamos passagens em agências de viagem, em vez de pela internet, ainda usaríamos táxi, em vez de Uber ou Lyft, e não haveria Facebook – só o fracassado Myspace. A concorrência – seja outra empresa, seja o *status quo* – é o que desenvolve ideias antigas, insere novas e faz o mundo funcionar melhor.

Se está ganhando escala e construindo uma empresa que deixará um legado, você deve ficar atento à concorrência e se preparar para ela – a concorrência é implacável e as empresas fazem loucuras para conquistar o mercado umas das outras –, mas não é nisso que a maioria dos fundadores de startups deve se concentrar ao máximo. O problema de dar muita ênfase à concorrência é que isso nos faz perder de vista o lugar para o qual estamos indo. É difícil subir uma escada quando se fica virando para a direita e para a esquerda e olhando constantemente para trás para ver quem pode estar vindo. O importante é apegar-se à sua visão e estratégia – e não tentar acompanhar as de outra pessoa. Lembre-se de que você está no controle da narrativa sobre quem é e aonde está indo.

Na semana em que entrei oficialmente para o eBay, que ainda era uma empresa nova (e que lutava para se manter), a Microsoft e a Dell lançaram um site de leilões chamado FairMarket. Todo mundo ficou muito preocupado com aquela iniciativa. Nós perguntamos a nós mesmos: "Isso pode significar o fim do eBay?".

Obviamente, hoje sabemos como essa história termina: ser um nome importante não significa que vai vencer. A FairMarket nunca se tornou uma ameaça real, e o eBay acabou comprando-a alguns anos depois. Se tivéssemos ficado choramingando por causa da concorrência, teríamos perdido o embalo do que estávamos fazendo, mudado a estratégia para nos submetermos à influência dela e lhe dado uma validação no mercado que ela não merecia. Foi muito mais eficiente nos concentrarmos naquilo que queríamos.

Tínhamos construído um marketplace realmente global em que os consumidores encontravam itens que queriam e empreendedores (vendedores) encontravam novos mercados para seus produtos. A FairMarket, por outro lado, era um lugar em que empresas grandes podiam movimentar seus produtos. Nós éramos o local naquela época ao qual as pessoas iam para comprar. Decidimos nos concentrar nessa abordagem e em como melhorá-la. Priorizamos o que era mais importante: escalabilidade (tínhamos problemas significativos de serviço devido ao nosso crescimento), confiança (tínhamos que tornar as transações mais seguras para os consumidores), agilidade (a maioria dos pagamentos era feita com cheques ou ordens de pagamento, e não com PayPal) e experiência do usuário. Também expandimos para vários países, ou via novos lançamentos (como no Reino Unido) ou via aquisições (como na Alemanha). Ou seja, embora estivéssemos atentos ao que a concorrência estava fazendo, passamos a maior parte do tempo tornando o nosso bem-sucedido serviço melhor, mais seguro, mais fácil de usar e mais global.

Essa experiência mostrou o valor de saber o que está acontecendo ao redor, porém sem se deixar abalar. Fique muito atento aos mercados e clientes e ouça o que eles estão lhe dizendo. E, mais importante, você precisa ser capaz de prever para onde eles estão seguindo.

No entanto, deve se concentrar mais naquilo que quer alcançar e trabalhar constantemente para melhorar. (O caminho para atingir o que quer depende da definição de objetivos agressivos, porém alcançáveis, e do monitoramento dos resultados.) Você é o seu concorrente mais importante. Se *você* não desenvolver um produto ou serviço relevante, não interessa o que a concorrência faz. Sempre busco inspiração nos esportes. Como disse Michael Jordan, "temos competição todos os dias, pois definimos padrões altos para nós mesmos e temos que ir lá cotidianamente e colocá-los em prática". Foi com essa atitude que ele se tornou um dos maiores jogadores de basquete de todos os tempos – e é o segredo para todos que querem ser bem-sucedidos.

Tudo de bom,

Maynard

Quando você é criticado publicamente

Caro empreendedor,

"Não existe publicidade ruim" é um mantra frequentemente citado e muito debatido. Existem aqueles que acreditam que qualquer tipo de publicidade é bom, enquanto outros execram a frase, alegando ser mentirosa e uma licença indesejável para o comportamento despropositado – veja, por exemplo, qualquer coisa no E!, o site de entretenimento.

Embora eu me esforce muito para passar despercebido e ser mencionado apenas por ações positivas, acabei me dando conta de que comentários sobre mim – bons ou ruins – são uma bênção. Eles dão informações inestimáveis sobre como está o meu desempenho e, mais importante, como posso melhorar. Mesmo publicidade ruim, apesar de desconfortável, também pode ser uma oportunidade sensacional para melhorar.

Então o que você faz quando está recebendo críticas ou comentários negativos? Em primeiro lugar, parabéns – isso é uma validação de que as pessoas estão se importando com o que vem fazendo. É a confirmação de que está progredindo. Pessoas que não estão comprometidas não falarão sobre você, seu produto ou seu serviço.

Porém, não há tempo para desfrutar disso que acabou de se dar conta. Você deve começar imediatamente a reverter a situação.

Primeiramente, você deve avaliar o impacto. Trata-se de uma notícia que passará logo ou é daquelas que precisam ser enfrentadas? No início da minha gestão no Yahoo!, enfrentamos um problema envolvendo o nosso CEO. Algumas pessoas achavam que aquilo seria passageiro, o que, é claro, não aconteceu. Se a questão for importante, enfrente-a. Se for do tipo que pode ser ignorada, ignore-a. Quando o pessoal da United Airlines arrastou um passageiro para fora do avião, o mundo ficou indignado. A resposta inicial do CEO, que defendeu as atitudes da companhia, serviu de combustível para o incêndio.

Se os clientes estão comentando a questão na mídia impressa, em sites externos ou no seu site, você deve compreender que eles acreditam que a opinião deles é importante, e você deve ouvi-los.

Quando você se aproxima desse calor, tem que se aproximar do incêndio e responder imediatamente. Essa é a melhor maneira de apagá-lo. Seja aberto e transparente sobre a questão, não tente enterrá-la e não pense que ela vai desaparecer. Os problemas, assim como um queijo malcheiroso, só fedem com o tempo. Responder no momento oportuno é uma abordagem melhor. Para ser mais específico:

1. Não fique na defensiva. Isso não transmite uma boa imagem e não ajuda a corrigir os problemas.
2. Reconheça o problema que tem em mãos, desculpe-se adequadamente por qualquer tropeço e informe às pessoas o que está fazendo para corrigi-lo.
3. Assegure-se de que os seus críticos sintam que ouviu o ponto de vista deles. Você pode não concordar, e não há problema nisso. Somente depois que eles se sentirem ouvidos você deve expressar o seu ponto de vista.

Eu vi quanto vale a pena executar esse plano durante uma situação difícil no eBay, em que tivemos uma paralisação de 22 horas. Meg Whitman fez a empresa inteira ligar para os clientes e pedir desculpas. Ela também prometeu um dia de isenção de tarifas assim que o site pudesse suportar a carga. A Salesforce observou o manual de estratégia do eBay quando estava lutando contra quedas no sistema. A empresa criou um trust site no qual todos podiam ver o status do serviço. A transparência gerou mais confiança dos clientes na empresa – mas, é claro, as reclamações só diminuíram quando as coisas realmente melhoraram!

Nenhuma empresa está isenta de críticas, mas a forma como lida com elas é o que faz toda a diferença. Alguns anos atrás, quando os clientes da Zendesk reclamaram de uma alteração na precificação, a empresa concedeu aos clientes existentes o preço antigo e depois desculpou-se publicamente. Isso foi significativo, como aponta o comentário de um dos clientes sobre a carta da Zendesk: "É por esse tipo de coisa que nós escolhemos a Zendesk, pra início de conversa... uma empresa que escuta os usuários. É curioso, mas, depois desse episódio, estou ainda mais satisfeito com a empresa".

Quando os seus maiores críticos são os seus consumidores, lembre-se: *Na maior parte das vezes, eles não querem gastar o tempo criticando você*. Um usuário com raiva é um usuário que adora o seu negócio e se sente traído de alguma maneira. Resolva as preocupações dele e você revalidará a lealdade. Faça com que os usuários se sintam incluídos quando você tem problemas e desafios, e eles não vão apenas ser mais tolerantes, poderão até ajudá-lo a solucionar o problema.

Embora não seja um exemplo do mundo da tecnologia, há uma história famosa da Domino's Pizza de que sempre gostei. Alguns anos atrás, a Domino's Pizza tinha uma ótima reputação em relação a preço e rapidez, mas era terrível no quesito qualidade. Em vez de ignorar o feedback do cliente, a empresa decidiu em 2010 lidar com a qualidade ruim da pizza. Em um comercial para a internet, o CEO Patrick Doyle disse: "Chega um momento em que você sabe que tem que fazer uma mudança". Um executivo leu críticas de clientes nos cartões de feedback, inclusive a seguinte: "Pior coisa que eu vi ser chamada de pizza". Doyle prometeu aprender e "melhorar". A empresa lançou o site pizzaturnaround.com, onde os internautas podiam postar seus pensamentos publicamente e a Domino's pôde aprender e reagir. A ação que a rede de pizzarias colocou em prática foi a que a deixou mais vulnerável em toda a sua história: ela alugou um outdoor gigante na Times Square e convidou todos os clientes que pedissem pizza pelo aplicativo Domino's Pizza Tracker para darem o feedback, que seria transmitido ao vivo na telona para todo mundo ver. Todos os comentários eram bem-vindos, mesmo os implacáveis. O resultado da reação deles às críticas: melhora da pizza e melhora dos negócios. A empresa viu um imediato aumento nas vendas domésticas e um salto no preço das ações.

Embora as notícias negativas possam apresentar desafios difíceis – e às vezes gerar ramificações negativas de longo prazo –, as empresas que encaram esses desafios de frente emergem em melhor situação. Elas descobrem que têm clientes apaixonados que se importam profundamente com o negócio e os produtos e, ao escutá-los e reagir, essas empresas ganham a lealdade dos clientes e continuaram a crescer.

Quer criar clientes entusiasmados? Forneça consistentemente um produto maravilhoso que as pessoas adoram. E, se fizer algo errado, conserte. Sentimento negativo não é razão para se esconder debaixo das cobertas, e sim uma oportunidade maravilhosa de mostrar aos clientes o que você está realmente oferecendo: comprometimento para fazer tudo o que puder para deleitá-los.

Tudo de bom,

Maynard

Quando você precisa lidar com uma ação judicial movida contra a sua empresa

CARTA ESCRITA POR MONTGOMERY KERSTEN, DOUTOR EM
DIREITO PELA FACULDADE DE DIREITO DE STANFORD
E EX-ADVOGADO-CHEFE DA FORTUNE 500,
TENDO PARTICIPADO DE FAMOSOS PROCESSOS JUDICIAIS

Caro empreendedor,

Como você deve lidar com a ação judicial que acabaram de mover contra você? Não fique alarmado: uma ação judicial não é letal, é apenas um espinho na pata que precisa ser retirado.

Respire fundo, livre-se da sua raiva e indignação e, como os britânicos gostam de dizer, mantenha a calma e siga em frente. Ser processado é uma "insígnia vermelha de coragem" que muitos empreendimentos vivenciam – e, de uma maneira bizarra, ela afirma: "Você chegou lá".

O mais importante: enxergue essa ameaça apenas como outro problema do negócio com o qual o CEO tem que lidar. É, primeiramente, um problema de negócios e, em segundo lugar, um problema "jurídico". Não deixe nenhum dos seus constituintes se preocupar, ao contrário, tire isso da cabeça deles O MAIS RÁPIDO POSSÍVEL (não há vantagem alguma em ser réu em uma ação judicial).

Tendo reconhecido isso, como CEO, a sua primeira pergunta ao refletir sobre como lidar com essa ação judicial deve ser: quais são as metas empresariais que quero alcançar ao lidar com essa ação judicial? Não pode haver emoção envolvida na resposta a essa questão. Vale ressaltar: ações judiciais, por sua natureza, reduzem e prejudicam o seu foco no alcance das metas empresariais presentes no plano operacional. Elas são perigosas, parasitárias e improdutivas. Requerem a sua total atenção.

A forma como procede é a única coisa que importa quando lida com o caso. Você não deve "atacar", nem "provar que eles estão errados", nem "gastar milhões na defesa, mas nenhum centavo com o inimigo!".

Tenha nítidas na cabeça quais são suas metas empresariais com a resolução da ação judicial. Seja imparcial e busque "se livrar" dela, e não transformá-la em um bangue-bangue. Empresas jovens com apenas alguns milhões em dinheiro no banco simplesmente não têm como bancar ações judiciais plurianuais; portanto, suas estratégias para lidar com elas são inteiramente diferentes das dos peixes grandes, como as empresas na lista Fortune 500, que já destinam vários milhões por ano aos orçamentos de seus grandes departamentos jurídicos para lidarem com os processos judiciais, que são "procedimentos normais dos negócios". A maior parte das empresas na lista Fortune 500 enxerga o orçamento para processos judiciais como uma "arma sem corte" à qual recorrem sem prestar atenção aos méritos das ações que movem ou das quais têm que se defender. Elas, na verdade, servem para destruir a concorrência, são uma espécie de fundo de guerra (você não tem um fundo de guerra destinado a advogados).

Entenda que o mundo dos tribunais, dos juízes e dos advogados é uma zona crepuscular, não a zona "dos negócios", e, portanto, as regras normais e racionais dos negócios não se aplicam a ele.

Não acredite no retrato da justiça representado nos programas de TV – aquilo é pura fantasia. Como CEO responsável pela preservação de capital e criação de valor para o acionista, você não pode empreender a mera lógica ou o julgamento dos negócios para direcionar as suas ações. Não, essa situação se desenvolve na singularidade do tribunal, que se perpetua desde tempos imemoriais (Marcial, o poeta da corte do imperador Nero, reclamou 2 mil anos atrás dos "casos jurídicos de um tédio amargo", e Shakespeare lamentou a "demora da lei" no famoso solilóquio de Hamlet). Portanto, não recorra ao "bom senso" como regra sobre a forma de proceder. Em vez disso, contrate o melhor, mais experiente e inteligente advogado possível (não necessariamente o nome mais famoso nem o melhor escritório de advocacia nem o mais caro) para solucionar esse problema de negócios (há mais informações sobre esse assunto abaixo).

Porém, antes de contratar o advogado "certo" (você contrata um escritório de advocacia da mesma maneira que retém um parceiro em quem confia, que cuidará do seu negócio mais do que das contas dele – um parceiro veterano em quem você confia), é fundamental ter em mente que, toda vez que uma empresa sofre uma ação judicial, ela tem dois problemas a combater:

1. Os advogados "inimigos", que farão tudo o que puderem para distorcer os fatos, a lei e os méritos, enquanto consomem o seu tempo e faturam em cima do seu oponente ao máximo para derrotar você, apesar de a verdade estar contra eles.

2. Os seus próprios advogados, que, pela natureza do modelo de negócio deles, não almejam uma resolução rápida e com frequência querem extrair o máximo de dinheiro que conseguirem representando você no caso enquanto apertam a sua mão e dizem "Estamos fazendo tudo o que podemos!" (é isso que os "litigantes" fazem), ao mesmo tempo que o fazem pensar que eles são os seus salvadores, talvez levando você à ruína no longo prazo, convencendo-o de que vão vencer, em vez de resolverem o caso.

Por isso é fundamental que contrate um advogado de um escritório que você sabe que vai colocar as suas metas empresariais acima das metas de faturamento dele e que tanto o advogado quanto o escritório valorizem um relacionamento de longo prazo com a sua empresa muito além da resolução desse caso.

Igualmente importante: ambos devem conhecer a vara na qual está o seu processo, devem conhecer o escritório de advocacia oponente e devem conhecer bem o juiz (e é preferível que joguem golfe juntos).

Saiba com o que está lidando: o sistema judiciário.

Eu sempre digo aos fundadores: ir a julgamento é perigoso independentemente dos méritos e dos fatos que você acha que estão a seu favor. Eu preferiria estar num cassino em Las Vegas apostando o dinheiro da minha empresa e o meu futuro no jogo de dados, pois ali sei quais são as probabilidades, do que em uma sala de audiência diante de um juiz e de um advogado inimigo inteligente, mesmo que eu saiba que estou certo e que "devo" ganhar. Não acredite que os tribunais são o motor da verdade – eles estão sujeitos à fragilidade e à incerteza humanas e suas consequentes falhas, que levam as pessoas a se perguntarem: "Como isso pode ter acontecido?".

Portanto, as startups quase nunca vão a julgamento simplesmente porque o custo é alto demais (uma ação judicial que vai a julgamento pode chegar a custar de 2 a 4 milhões de dólares por ano para uma empresa jovem), os riscos são geralmente muito altos e o tiro pode sair pela culatra! E geram-se ciclos improdutivos para toda a sua equipe, e até para seus clientes (isso para não mencionar o seu saldo de caixa). Ações judiciais que vão a julgamento são jogos de xadrez, não de damas. Elas se movem lentamente, e você deve antecipar as dez jogadas e os contra-ataques seguintes do seu oponente. Digo aos fundadores que o processo judicial que vai a julgamento é o esporte dos reis; é claro, a Apple e a Samsung podem bancar batalhas por patentes plurianuais (a fatura do escritório de advocacia da Apple, como informado publicamente, foi de mais de 60 milhões de dólares), mas as startups não podem pagar nem 1 milhão de dólares para um defensor de uma ação judicial. Portanto, uma ação judicial para uma empresa jovem (em que você é o réu, não o autor da ação) é algo de que você deve se desvencilhar o mais rápido possível. Como um cocô de cachorro no sapato – livre-se dele.

Sendo assim, você deve avaliar imediatamente:

- Quais são as metas empresariais da companhia requerente (e de seus advogados) ao moverem essa ação?
- Quais são as suas metas empresariais ao resistir e desfazer-se dessa ação judicial?
- Qual é a melhor maneira de chegar a uma resolução (fazer um acordo ou ir a julgamento)?

Ao desenvolver uma estratégia inicial de reação e de gestão do caso, tenha em mente as seguintes diretrizes:

1. Imediatamente, neutralize essa ação judicial pública aos olhos dos seus funcionários, investidores e consumidores (se for necessário chegar a tanto). Seja proativo na gestão das relações públicas sobre a ação judicial; não deixe isso se tornar um problema de relações públicas, nem um problema com os funcionários ou de relacionamento com os clientes, além daquilo que já é: uma ameaça judicial. O seu objetivo deve ser tirá-la da tela do radar coletivo o mais rápido possível. Por natureza, uma ação judicial é de conhecimento público, então seja proativo em relação a como reagir, mas tenha em mente que o objetivo é tirá-la da cabeça do público à medida que o tempo passa – não entre em uma briga de relações públicas.

2. Contrate sem demora um escritório em que confia (ver acima) e conte tudo a ele sob as prerrogativas que envolvem a relação advogado/cliente – o seu advogado deve saber de todos os fatos e segredos e as questões por trás do que está acontecendo, e, acima de tudo, lembre constantemente o seu advogado de quais são as suas metas empresariais ao resolver o processo.

3. Planeje rapidamente com o escritório de advocacia as ações dos próximos 90 dias – avalie a possibilidade de mover uma reconvenção contra o requerente, na qual cuidadosa e deliberadamente você pode determinar uma reivindicação da sua empresa contra o inimigo, para fazê-lo parar e repensar: "Foi uma boa ideia processar esses caras?". Você não deve ficar apenas na defensiva, mas não deve mover reconvenções destituídas de mérito, o que servirá apenas para minar a sua credibilidade e atiçar as chamas de um incêndio que você quer apagar.

4. Pressione o seu escritório de advocacia para que ele considere a possibilidade de ser agressivo, usar estratégias e táticas estilo judô e forçar uma resolução. Busque um acordo ganha-ganha em que tanto você quanto o seu oponente sairão como "vencedores". E pense DEPRESSA em tornar-se agressivo em relação à "descoberta" de onde buscar falso testemunho nos depoimentos dos executivos sêniores do seu oponente (após ter edificado fatos suficientes por meio de interrogatórios e outras táticas de descoberta rápida de informações). Quando os executivos sêniores do seu inimigo descobrem que estão sendo microscopicamente observados pelos seus advogados em uma sala de depoimentos, o apetite deles pelo processo quase sempre desaparece. Muitas empresas deixam para usar essa manobra de um a dois anos após a instauração do processo, mas eu gosto de ver os depoimentos dos executivos do alto escalão dos meus oponentes o mais rápido possível.

5. Como CEO, assuma a responsabilidade. Não delegue para o diretor financeiro – ações judiciais são perigosas, imprevisíveis e podem se transformar em bumerangues para todos os envolvidos. Certifique-se de ter um relacionamento pessoal sólido com o escritório de advocacia e o sócio majoritário dela, de modo que possa orientá-los a se concentrar nas suas metas

empresariais relacionadas ao processo judicial e aos seus objetivos de contenção de custos.

O controle de custos é fundamental. Proíba o escritório de advocacia de nomear mais de três advogados para o seu caso: o sócio majoritário, um sócio júnior e um associado (e um assistente jurídico).

Eu já venci processos com equipes assim contra empresas inimigas que possuíam literalmente dez vezes essa quantidade de pessoas – estávamos mais a par do caso do que aquele monte de minions! Saiba qual é o preço de cada um dos componentes dessa sua equipe enxuta. Revise as cobranças mensais deles e os questione (isso faz diferença, senão eles cobrarão o máximo que puderem). Além disso, certifique-se de inserir no plano operacional revisado da sua empresa a melhor estimativa que puder fazer da despesa em andamento, para que o seu conselho de administração esteja ciente e você se planeje sem destruir o seu fluxo de caixa.

Processo judicial é GUERRA.

Trate o processo desta maneira: ataque a jugular do seu oponente. Tente matá-lo ou neutralizá-lo, e rápido. Porém, já que é uma empresa pequena, pense: JUDÔ! Muitos casos podem ser resolvidos no início se você pensar fora da caixa, atentar para o que o inimigo está procurando e o que ele teme. Eu resolvi casos por quase nada, em que dignidade, honra e "paz mútua" prevaleceram, em vista dos objetivos do requerente (mais uma garrafa *magnum* de champanhe para o oponente). E, se nenhum acordo for possível, faça tudo o que puder para destruir o inimigo, mas SEM que a sua empresa perca o foco no alcance dos objetivos estabelecidos no plano de negócios. Se o seu inimigo está determinado a destruir você a todo custo, então postergar e contra-atacar é a melhor tática.

Não entregue a gestão do caso para o escritório de advocacia. Gerencie a reação deles à ação judicial como se ela fosse a criação de um planejamento para o lançamento de um produto novo: com um plano, um cronograma, um orçamento e marcos para a verificação do andamento do processo, mas sempre guiado pela postura nada emocional que os negócios exigem.

Atenciosamente,

Montgomery Kersten

Quando a sua ideia simplesmente não está dando certo

Caro empreendedor,

Bom, se você abriu esta carta, as coisas não devem estar indo muito bem.

Lamento que a situação esteja um pouco desanimadora, nunca é fácil. Apoiamos fundadores excepcionais o tempo todo e, infelizmente, por uma combinação de falha de execução, timing de mercado ruim ou fatores exógenos, muitas empresas em estágio embrionário simplesmente não decolam.

Neste momento, o mais importante é definir o que você vai fazer a respeito.

Recentemente, eu me encontrei com um empreendedor que está trabalhando (e investindo o próprio dinheiro) em uma ideia pela qual ele é apaixonado. Ele vem se dedicando a ela há mais de 12 meses, e o negócio ainda não é financiável por investidores externos. O problema? É um produto de consumo em um mercado conturbado, e ele ainda não progrediu muito. Isso me preocupa profundamente, e é nítido que ele tem que fazer uma mudança. Lembrei a ele o óbvio: o tempo e as economias dele são ativos importantes. Eu lhe pedi para pensar em como estava investindo esses recursos e para definir os passos concretos que o conduziriam ao sucesso em pouco tempo.

Se sua empresa está em uma situação parecida, você deve ponderar as realidades a seguir para decidir de que forma proceder:

- **Você nunca recupera o tempo que está gastando.** Está gastando o seu precioso tempo em algo que produzirá um impacto mundial ou que gerará riqueza para várias gerações? Se não, talvez seja hora de fazer uma reviravolta para que isso aconteça.

- **Você está gastando cada centavo de maneira inteligente e de forma que gere impacto?** Refletir sobre a forma como está gastando é outro recurso excepcional, e você precisa saber que está controlando isso bem.
- **Qual é o estado de espírito da sua equipe?** As pessoas estão motivadas e prontas para se dedicarem com afinco? O Vale do Silício está cheio de tentações para funcionários talentosos, então é fundamental saber até que ponto sua equipe está comprometida.

Respondidas essas questões, pergunte-se: "Eu devo continuar a perseguir essa ideia?". Todo empreendedor se depara com épocas difíceis e decisões complicadas, mas muitos sobreviveram exatamente porque permaneceram fiéis à mesma ideia. Ben Silbermann fez alterações complementares para melhorar o Pinterest, mas manteve a visão e não se desviou da ideia de ser uma rede social que funcionasse como um quadro de avisos. Marc Benioff promoveu uma evolução da Salesforce ao levar tendências de consumo popular para o empreendimento, mas jamais se desviou da ideia de tornar o software mais amigável, mais acessível e mais democrático para os negócios. Antes de mudar completamente o curso, pode haver outros passos correcionais a serem tomados, como fazer ajustes em um produto, intensificar atividades de marketing ou reforçar o gasto com vendas. A Salesforce com certeza fez todas essas modificações.

Você deve pensar em pivotar?

Alguns empreendedores excelentes fizeram "pivotagens enormes" e mudaram tudo no produto. O Instagram, que começou como Burbn, uma rede social para celular com características de game, viu que o compartilhamento de fotos era o que realmente gerava envolvimento de seus usuários e pivotou antes do lançamento para que o produto fosse isso. Investimos na Meteor apenas algumas semanas depois de a empresa ter decidido pivotar e desenvolver um guia de viagens para iPad. Ela percebeu que estava novamente criando uma tecnologia de sincronização de interfaces que já tinha desenvolvido duas vezes e decidiu focar nisso. Investimos na GOAT depois que os fundadores da Grubwithus, Eddy Lu e Daishin Sugano, passaram três anos, sem muito sucesso, tentando fazer uma empresa de refeições sociais funcionar; então recuaram, reavaliaram e decidiram usar a equipe para criar um marketplace dedicado a vender tênis de ponta.

Apesar das histórias de sucesso, pivotagens não são sempre o passo seguinte a ser dado nem garantia de sucesso. Eu só sugeriria a você pivotar se tiver uma excelente equipe e uma ótima ideia a perseguir. Lembre-se: você está decidindo usar dinheiro de investidores e o tempo da equipe em algo que não era a premissa inicial da empresa.

É hora de fechar o negócio?

Às vezes, não há mais passos a serem dados e a solução mais responsável é dar o assunto por encerrado, porque você está queimando tempo e dinheiro (dos seus investidores e seu), e resta pouca esperança de que consiga fazer algo mágico acontecer. Nesse caso, devolva o máximo de dinheiro possível e busque a sua próxima ideia.

Qual é o próximo passo a ser dado? É hora de analisar tudo atentamente. As respostas a seguir devem lhe dar alguma clareza e guiá-lo ao próximo passo. Nessa situação, pergunte-se:

- **Quanto tempo você tem de vida?** Quanto dinheiro tem para continuar a perseguir o seu sonho? Consegue levantar mais dinheiro com base na progressão que tem?
- **Há alguma progressão, ainda que mínima?** Você está desenvolvendo algo de que as pessoas gostam? Tem certeza de que pode vencer nesse mercado? Você está adiantado? Atrasado? Perdeu o timing?

- **Você pode fazer algo que tenha muito mais relevância?** Desenvolveu insights novos que demonstram que deveria estar perseguindo outra coisa, algo que você e a sua equipe enxergam como uma necessidade clara? Se a resposta for sim: *a sua equipe é a certa para executar essa ideia?*
- **Como tratará aqueles que investiram em você quando não tiver certeza sobre o caminho a seguir?** Você é capaz de gerar retorno para os acionistas, em vez de apenas consumir o dinheiro em caixa?
- **O mais importante:** uma pivotagem significa começar tudo de novo – levantar capital, recrutar, promover aquilo que desenvolveu. Se esse prospecto não o motiva, talvez seja hora de procurar outra atividade.

Lamento que esteja nessa situação e numa encruzilhada. Reflita profundamente e decida se precisa fazer algumas reviravoltas (modificações), pivotar ou fechar o negócio. O fundador e CEO da Amazon, Jeff Bezos, chama esse processo de "investigar tudo" de "sistema de minimização de arrependimentos", e ele encoraja as equipes dele a explorarem todas as possibilidades plausíveis – gastando mais tempo para definir se a ideia vale a pena, em vez de ficar arrependido por ter desistido cedo demais ou por não ter mergulhado fundo o bastante.

E não se esqueça de que um monte de gente já passou por isso. Peça a investidores de confiança, a outros fundadores e a familiares e amigos para colocarem a amizade deles em prática. O que fariam no seu lugar? Reflita, decida e siga em frente.

Tudo de bom,

Maynard

PARTE III
O GANHO DE ESCALA

7
Excelência operacional

Quando você precisa melhorar a execução

Caro empreendedor,

Tenho certeza de que você está achando difícil aceitar que as pessoas não vêm cumprindo aquilo com que se comprometeram. Pessoalmente, acho que esse comportamento é um dos que mais causam angústia. As pessoas estão diariamente ou ganhando ou perdendo credibilidade. A inquestionável melhor forma de ganhar credibilidade é cumprir o que prometeu.

Um dos meus mentores e meu gerente na IBM, John Frandsen, costumava dizer: "Só com inspeção os resultados aparecerão". Levei esse conselho a sério e passava muito tempo me assegurando de que sabia tudo o que acontecia e me certificando de que trouxéssemos à tona qualquer problema no início, para que o resolvêssemos depressa. Eu era implacável na conferência das coisas e fiquei conhecido por exigir expectativas altas que geravam resultados de qualidade com prazos apertados. Era bom para as pessoas ascenderem na carreira, mas não era bom para os de coração fraco. Eu era tão determinado e acompanhava as coisas tão de perto que costumavam me acusar de ser um microgerente.

À medida que a minha carreira evoluía e as organizações com as quais eu estava envolvido cresciam, fui me dando conta de que precisava implementar práticas e uma cultura que assegurassem a execução sem o meu envolvimento direto em todo e qualquer processo. Precisava assegurar que as coisas acontecessem sem microgerência.

Com o tempo aprendi a fazer isso e vi os resultados. Eu ficava orgulhoso quando as minhas equipes cumpriam as coisas que outras achavam impossíveis. Quando eu estava no eBay, vi uma equipe técnica alcançar a excelência contrariando todas as expectativas. Em determinado momento, tivemos problemas para aprimorar a ferramenta de busca de modo que ela acompanhasse o impressionante ritmo com o qual novas listas de produtos eram inseridas no site. Geralmente, levávamos 24 horas para indexar descrições de listas de produtos antes de elas serem publicadas, deixando furiosos os vendedores que estavam pagando pelo serviço. Além disso, as atualizações de infraestrutura custavam milhões para a empresa. Uma vez que a solução desse quebra-cabeça tecnológico não era uma competência essencial do eBay, a diretoria decidiu comprar uma solução em vez de desenvolvê-la. Procuramos o Google e o Yahoo!, mas, por fim, dada a singularidade das nossas necessidades e a urgência da situação, decidimos desenvolver aquilo nós mesmos. A equipe responsável pelo desenvolvimento sabia qual era a missão e não precisou ser conduzida com mão de ferro. Estavam motivados, inspirados e engajados para criar mudança. Um projeto que devia durar entre 12 e 18 meses foi finalizado em seis. A solução desenvolvida permitia que as listas de produtos fossem publicadas em minutos e gerou uma economia de milhões de dólares.

Eu também vivenciei em primeira mão o que pode ser feito quando não se está em épocas normais – quando se está em crise. E acabei percebendo que, em circunstâncias normais, definimos objetivos apenas medianos e nada inspiradores. Eu estava longe de circunstâncias normais depois do 11 de Setembro. Naquela tarde, o então governador Pataki nos ligou perguntando se podíamos leiloar itens que foram dados ao estado de Nova York e depois enviar o lucro para instituições de caridade. "Que tal fazermos algo mais atrativo?", nós perguntamos. Que tal motivar a nossa comunidade de vendedores a ajudarem a organizar um leilão e levantar dinheiro para as vítimas do desastre? Nunca havíamos feito um projeto desse tipo, que logo chamamos de Auction for America [Leilão para a América]. Precisávamos conseguir 800 números de telefone gratuitos e criar a estrutura para as pessoas atenderem as ligações (primeiramente, havíamos pensado em usar e-mail). Também tínhamos que pensar nos impostos, em questões normativas governamentais e precisávamos de aprovações. Para complicar ainda mais as coisas, a codificação do sistema era de uma complexidade gigantesca. No passado, teríamos levado seis meses para desenvolver esse projeto, porém não tínhamos esse tempo. E acabamos descobrindo – o que a equipe nos mostrou – que não precisávamos dele. Trabalhamos sem intervalo, literalmente, quatro dias e quatro noites. Essa situação pode soar infernal, mas não foi. Nesse período, desenvolvemos um site de leilões que funcionou perfeitamente. Jay Leno doou suas motos e Bo Derek doou seus biquínis e maiôs. Ao nos concentrarmos implacavelmente na execução e liberação do potencial da equipe e da comunidade, levantamos 25 milhões de dólares.

Veja a seguir algumas ferramentas que uso para ajudar a gerar uma cultura de execução.

- **Defina normas e padrões culturais claros sobre o que você está tentando alcançar.** Eu sempre deixo claro que estamos buscando o desempenho excelente e que estabelecemos metas agressivas. Não espero que cumpramos todos os objetivos, então eu daria 100% de crédito para o cumprimento de 80% dos objetivos-chave estabelecidos. Também é fundamental articular claramente a definição de sucesso para todos os objetivos e conseguir alinhamento em relação a definições desse tipo com a sua equipe.
- **Estabeleça com a equipe um critério sobre o significado de "excelente".** "Excelente" não deve ser definido como o que você acha que ele deve ser, mas o que o mundo acha que é excelente. Talvez seja uma nota 10, mas você deve questionar: é um 10 no ensino fundamental ou um 10 na pós-graduação? Com muita frequência, comemoramos uma melhora e a classificamos como excelente, em vez de sermos excelentes no âmbito mundial. Se o seu vetor não está apontado na direção de como o mundo

Excelência operacional   285

enxerga a excelência, ela significará somente bom, mas não fenomenal pra caramba. (E você quer o fenomenal pra caramba!)

- **Certifique-se de que todos saibam que a identificação de problemas é uma coisa boa e que questões são resolvidas depressa.** Sempre estabeleci um padrão de que qualquer questão importante devia ser entregue a um responsável e encaminhada para a resolução depressa, sendo 24 horas o ideal. Eu estabeleço, para mim, padrões altos de reação a problemas e de resolução deles, pois não quero ser um obstáculo no caminho de questões críticas.

- **Deixe claro quem é o responsável por todos os serviços importantes.** Assegure que os trabalhos mais importantes recebam os recursos apropriados. Você deve sempre saber em quais costas dar tapinhas e quais bundas chutar.

- **Implemente ações de checagem (por exemplo, reuniões one-on-one, revisão de projetos e relatórios semanais de status) para assegurar que as coisas permaneçam nos trilhos.** São acordos para definir o que você fará e quando. Também agende "mergulhos profundos" para assegurar que o trabalho está nos trilhos e de acordo com a qualidade que a sua empresa espera ou acima dela.

- **Mantenha as equipes o mais enxutas e ágeis possível.** Mesmo em empresas grandes, mantenha equipes de trabalho pequenas. Crie mecanismos para assegurar que qualquer problema que surgir possa ser abordado pela pessoa correta rapidamente. Preste atenção na equipe toda e apareça lá de vez em quando para ver como ela está se saindo. Além disso, para se certificar de que ela sabe a importância do que está fazendo, não meça esforços para deixá-la ciente de que acredita que ela vai cumprir o acordado.

- **Faça as equipes e os líderes darem notas para os projetos e os resultados de modo transparente.** Uma das melhores maneiras de estabelecer uma cultura de excelência é deixar suas equipes serem avaliadores mais rigorosos do que você. Se todo esforço significativo é avaliado de forma realista em comparação aos objetivos originais com total transparência, coisas boas acontecem. Quando as coisas não saem bem, explore o porquê, sempre se questionando e compromissado com a melhora.

Uma vez que uma equipe aprende a funcionar como uma máquina executora de alta performance, você terá criado um ativo excepcional. Agora tudo o que tem a fazer é assegurar que ela seja utilizada nas estratégias certas!

Tudo de bom,

Maynard

Quando você precisa se concentrar no que é realmente importante

Caro empreendedor,

Todo dia, a sua caixa de entrada é inundada de e-mails, a sua equipe o procura para solicitar aprovações e os seus clientes requerem todo tipo de novidades. A demanda é tão grande que é difícil dar conta de tudo. É difícil se concentrar no que é mais importante.

Alguns anos atrás, quando me pediram para escrever sobre formas de melhorar a produtividade, eu escrevi "Por que não faço uma pausa para o café" e relatei que, embora adore café (descafeinado) e conversas estimulantes tanto quanto qualquer pessoa, recuso esses convites em quase todos as ocasiões.

Algumas pessoas reagiram de forma um pouco adversa na sessão de comentários do post, mas a minha intenção não era me passar por um cara distante. Eu só achava que todos esses encontros eram um enorme vórtice de tempo porque eram sempre um compromisso que durava mais do que uma reunião de 30 ou 60 minutos. As duas partes tinham que se deslocar para o local e geralmente alguém se atrasava. A forma de melhorar a produtividade que desenvolvi – entrar em contato por e-mail, em vez de fazer reuniões presenciais – me ajuda a entrar em contato com um número muito maior de pessoas e a economizar tempo, que eu posso direcionar para as minhas maiores prioridades.

Todos nos deparamos com muitas demandas e precisamos constantemente bolar maneiras de economizar tempo. Sempre tentei gerenciar o tempo de certa maneira, mas nunca consegui um jeito de articulá-lo corretamente até ler *Os 7 hábitos das pessoas altamente eficazes*, de Stephen Covey. A matriz de gerenciamento do tempo dele me ajudou a entender o que era importante e o que não era – e a me concentrar nas coisas que realmente importam.

A matriz de Covey (representada no quadro da página seguinte) delineia as coisas que são importantes hoje, as coisas que podem ser importantes no futuro, as coisas que não têm um impacto duradouro e as coisas que não têm importância nenhuma. Ela revela nitidamente que os esforços que merecem mais atenção são os importantes, mas não urgentes (Quadrante 2).

Lembre-se, o Quadrante 2 exige introspecção profunda. Ele requer investimento no que é importante. Nele está incluída a sua saúde. Se você não cuidar de si, não terá uma vida produtiva. Eu acredito piamente que, se for capaz de fazer as atividades do Quadrante 2 para a sua empresa e família, todo o restante será lindo. Mas negligenciar o Quadrante 2 é colocar a sua empresa, a sua família e você em risco.

Penso que todos achamos que é mais fácil nos concentrarmos no que acontece no momento – especialmente quando há uma crise ou prazo. Com muita frequência, nós, equivocadamente, nos preocupamos em estancar o sangramento, e não identificamos de onde ele está vindo para que possamos impedir que aconteça novamente.

É claro que temos que nos concentrar no que acontece no Quadrante 1 – as empresas jamais prosperarão se não apagarem os incêndios e trabalharem na prevenção deles de forma diligente. Porém, é no Quadrante 2 – o espaço não urgente, mas importante, em que todo o planejamento acontece – que a mágica acontece.

Os CEOs devem aprender a transformar caos em ordem, para que suas empresas pareçam máquinas bem azeitadas. Então como você separa o joio do trigo e se concentra no que é realmente importante?

- Roube tempo do "urgente e não importante", o Quadrante 3. Não atenda telefonemas de quem você não conhece.
- Não planeje reuniões desnecessárias nem participe delas, pois isso pode ser uma prática do Quadrante 4. Desenvolva uma cultura que faça todo mundo sentir-se responsável pelo tempo perdido.

Matriz de gerenciamento do tempo de Stephen Covey (com os nossos próprios exemplos)		
	Urgente	*Não urgente*
Importante	**Quadrante 1** • Paralisações do site • Não cumprimento das metas do trimestre • Saída do cofundador • Crises de RP • Outros cenários do tipo "apagar incêndio"	**Quadrante 2** • Planejamento estratégico • Desenho de uma visão • Alinhamento • Comunicação • Inspiração da equipe • Delegação • Cuidados com a saúde
Não importante	**Quadrante 3** • Telefonemas desnecessários • E-mails de pessoas que você não conhece • Muitas atualizações de redes sociais • Quaisquer distrações que interrompem o fluxo do seu dia e com as quais você pode lidar mais tarde	**Quadrante 4** • Qualquer coisa que o faça desperdiçar tempo • Distração com a "cena" das startups (algumas festas e conferências) • Encontros com todo mundo que pede um tempo na sua agenda • Microgerenciamento de tudo • Acompanhamento cego do que todo mundo está fazendo

- Não se concentre no Quadrante 4 de jeito nenhum. Delegue – ou remova – tarefas irrelevantes.
- Esforce-se para arranjar tempo para se dedicar ao Quadrante 2 toda semana – faça disso uma prioridade na sua agenda e

cumpra esse planejamento. Se não fizer isso, ninguém mais fará, e as pessoas o arrastarão de volta para os Quadrantes 1, 3 e 4.

- Reserve um tempo toda semana para refletir sobre como está gastando o seu tempo e se está dedicando tempo suficiente ao Quadrante 2. Eu lhe prometo que, quanto mais se dedicar a ele, menos tempo será necessário para o Quadrante 1 (sempre minimizando o 3 e o 4.)
- Se dedicar tempo ao que deve ser alcançado toda semana e revisar isso diariamente, descobrirá que está mais concentrado nos objetivos importantes, em vez de deixar todo mundo feliz em relação a coisas que não têm importância.

Uma das habilidades-chave que todo líder deve dominar é a compreensão do que é importante e do que não é. Nós temos uma quantidade restrita de tempo no mundo, por isso é melhor gastá-lo nas coisas que são impactantes.

Tudo de bom,

Maynard

Quando você se depara com uma decisão do tipo tudo ou nada para a empresa

Caro empreendedor,

Quando você se deparar com uma verdadeira decisão do tipo "tudo ou nada" para a empresa, eu espero que esteja diante de uma oportunidade para fazer o seu negócio crescer radicalmente e impactar o mundo.

Há épocas em que as coisas não estão indo muito bem e você tem que decidir se vende, faz uma fusão ou fecha o negócio. Não enxergo essas situações como uma verdadeira decisão do tipo "tudo ou nada"; para mim, elas são mais o resultado de falhas de estratégia ou de execução. (Há muitas razões possíveis pelas quais você pode ter atingido esse ponto crítico: o mercado ainda não existia, a ideia não reverberou, a equipe não executou etc.)

Nesta carta, eu foco no caso ofensivo (não defensivo) desse tipo de decisão. Ela pode ser uma mudança de estratégia radical. Pense, por exemplo, na Apple indo atrás do mercado de telefones ou na Amazon lançando a AWS (Amazon Web Services). Também pode ser uma aquisição transformacional, como a aquisição da PayPal pelo eBay ou da Ehole Foods pela Amazon. Recentemente, a Gilead Sciences anunciou que adquiriria a Kite Pharma por 11,9 bilhões de dólares, com o intuito de entrar no ramo da terapia celular para o câncer. Nem todas as grandes apostas, no entanto, são necessariamente decisões "tudo ou nada" para a empresa. Por exemplo, em 2016, a Visa fechou, por 20 bilhões de dólares, a aquisição da Visa Europe. Embora tenha sido uma aquisição gigantesca, a compra da Visa Europe pela Visa foi uma restauração do que já existia antes de a Visa abrir seu capital em 2008.

Eu vivenciei uma fusão na Bay Networks que tirou a nossa atenção daquilo em que deveríamos estar nos concentrando – competir com a

Cisco. Concentrar-se tanto na fusão tirou a nossa atenção da inovação, o que permitiu à Cisco capturar o mercado de switches [dispositivos que possibilitam a conexão de computadores em redes] e resultou na venda da nossa empresa para a Nortel. Em outra situação, a AOL estava muito interessada em comprar o eBay, mas decidiu fazer a fusão com a Time Warner. (Na teoria, isso fazia sentido: a Time Warner conseguiria dezenas de milhões de novos assinantes e a AOL ganharia acesso a uma rede de cabos e conteúdo. No entanto, isso não deu certo, e uma ideia que parecia, à época, visionária é hoje conhecida como a "pior fusão da história".)

Fiascos como esse podem dar o que pensar a qualquer pessoa, mas, às vezes, as grandes apostas que você *não* fez são os maiores erros. O Yahoo! recebeu uma proposta para comprar o Facebook em meados dos anos 2000. Eles tinham uma aprovação verbal de 1 bilhão de dólares, mas o Yahoo! continuou tentando abaixar o preço. O negócio não vingou.

Quando estou analisando de que maneira um acordo pode dar errado, sempre imagino um navio na água. Se formos atingidos por um torpedo (o que significa que o acordo está indo de mal a pior), considero duas possibilidades: se o impacto foi acima da superfície da água, significa que, apesar de termos sobrevivido, teremos que fazer alguns remendos e sentiremos algum desconforto; se o impacto foi abaixo da superfície da água, é uma situação que com toda certeza fará a empresa inteira afundar.

Para tentar entender como isso pode ocorrer, reúno pessoas e peço a elas para argumentarem a favor do acordo ou contra ele. Com muita frequência, só o que consigo são pessoas que defendem o acordo. Os críticos podem ser muito valiosos por levarem em consideração o "desfile de horrores" que pode ocorrer.

Outra forma de avaliar se vale ou não a pena tomar uma decisão do tipo "tudo ou nada" para a empresa é examinar de onde veio a ideia e quem será o responsável por sua implementação e pelos resultados.

Deixe-me dar um exemplo do que eu quero dizer e do porquê isso é importante. Uma das empresas bem-sucedidas do nosso portfólio está progredindo muito. No caminho atual, é bem provável que tenha um resultado muito significativo (e que mudará a vida do CEO) se a equipe mantiver a execução. Essa empresa, no entanto, está enfrentando mais concorrência, o que aumenta o risco. Como resultado, os investidores tiveram a ideia de operar uma fusão significativa. Isso pode resultar em um negócio enorme e diferenciado – ou pode resultar em fracasso. O CEO é inteligente e batalhador, mas está trabalhando muito duro para fazer o negócio atual crescer, que dirá assumir um negócio (e uma geografia) totalmente novo. Tomar essa decisão provavelmente significará uma mudança na liderança de todo o empreendimento.

Meu conselho nesse caso é: não faça isso. O CEO e o fundador não compraram a ideia, o risco é alto, e isso pode realmente representar um tudo ou nada para a empresa. As pessoas conduzindo a ideia não são as que colocarão a mão na massa para fazê-la dar certo, o que é um problema. Neste momento, a equipe fundadora está criando algo muito especial com o que tem, e o pessoal deve colocar toda a atenção nisso. É importante salientar que o processo de aquisições e fusões é estressante e difícil, e a maioria das empresas tem sorte de obter 50% de sucesso em suas aquisições.

Esta é a lógica que uso para tomar uma decisão do tipo "tudo ou nada" para a empresa:

- Se der certo e alcançar tudo que você quer (saiba que isso geralmente não acontece), o que você terá?
- Se for um fracasso terrível, o que você perderá e que impacto isso terá sobre a atividade principal do seu negócio?
- Quem está conduzindo a estratégia e quanta paixão essas pessoas têm por ela?
- Até que ponto você está confiante de que vai conseguir fazer isso dar certo?

- Você empregou recursos para fazer isso acontecer?

Acredito que a maioria das decisões, mesmo as grandes, não é do tipo "tudo ou nada" para a empresa. Entretanto, se você estiver diante de uma, vá devagar, use essa lista e escolha com sabedoria.

Tudo de bom,

Maynard

Quando você precisa passar de bom para excelente

Caro empreendedor,

Parabéns por estar prosperando! Erguer uma empresa de sucesso do nada é um trabalho excepcionalmente difícil. E você fez isso – o que é bom. Mas agora é hora de tornar-se excelente.

Minhas maiores inspirações vêm de equipes que estão sempre buscando ser as melhores do mundo no que fazem. Acho que as equipes que alcançam isso acabam sendo as mais divertidas de ter por perto. E elas são as que geram mais valor.

Algumas vezes trabalhei com equipes que se tornaram tão boas que não sabiam que aquilo que estavam fazendo era visto por muitos como impossível. Quando trabalhei como diretor de rede na Quantum, tínhamos um prazo apertado para levar circuitos de longa distância e infraestrutura a fábricas novas que estavam entrando na internet. Nenhum fornecedor de telecom disse que conseguiria atender o prazo. O fato de não conseguirmos deixar tudo pronto nas fábricas rapidamente atrasaria tudo, custaria uma quantidade considerável de dinheiro e comprometeria a minha reputação.

Em vez de aceitar as recusas deles, marquei uma reunião com os representantes dos fornecedores para abordar a situação. Expliquei que os fornecedores que estavam dispostos a encontrar uma maneira de trabalhar conosco criariam uma longa e lucrativa parceria com a empresa. Em seguida, desafiei os fornecedores a descobrirem uma maneira de nos ajudar. Bastou apenas um representante de vendas levantar a mão e dizer que conseguia me atender para todos os outros o seguirem e se comprometerem a encontrar uma maneira de abrir uma exceção. Finalizamos o projeto dentro do prazo e a minha equipe começou a jornada do bom para o excelente.

Nas empresas do nosso portfólio, ocasionalmente observamos fundadores que às vezes confundem bom com excelente – e, para pessoas que não viram a excelência de perto, pode ser muito difícil perceber a diferença. Muitos marcos são bons – grandes aportes de capital de investidores de risco respeitáveis, conquistar um cliente grande que gerará crescimento exponencial da sua empresa e a deixará em destaque no mercado, chegar a cem funcionários. E, quando você é uma startup, esses marcos sempre parecerão progresso em relação ao local em que se encontrava anos antes. Contudo, você ainda considera o seu desempenho excelente quando tem uma visão mais ampla do ecossistema? O que os melhores do mundo estão fazendo no mesmo período?

Como chegar à excelência? Você deve sempre implementar as cinco estratégias abaixo:

1. **Entenda o que é a excelência.** Imagine-se dizendo a uma plateia de cem pessoas o que você quer fazer. Se elas não ficarem maravilhadas, suas aspirações não são suficientemente relevantes. Todos nós temos que observar quem é ousado e audacioso. Quem é o melhor do mundo e o que ele está fazendo?

   Infelizmente, tenho observado que a maioria das pessoas contenta-se com o mediano ou se compara com o que fez no mês anterior, em vez de se comparar com aquilo que o melhor do mundo faz. No eBay, quando assumi o suporte ao cliente, a equipe me mostrou o que ela estava fazendo e como as coisas iam bem. "Isso é excelente, acho que é nota '10', mas não sei se é nota 10 no ensino fundamental ou na pós-graduação", falei. Para descobrir isso, olhamos para fora no intuito de ver o que os outros estavam fazendo e geramos benchmarks. Descobrimos que cada atendente do suporte ao cliente estava processando de três a quatro e-mails por hora. O padrão do mercado era de 15. Assim que descobrimos nossa defasagem, estabelecemos uma nova meta, fizemos um planejamento e o executamos.

As pessoas são naturalmente resistentes à mudança. Interna e externamente, eu com frequência encontro pessoas que dizem que algo "não pode ser feito". Geralmente, acho que essa resposta resulta de falta de esforço ou de imaginação. Se você consegue fazer a sua equipe provar para ela mesma que estava errada, ela terá feito o impossível.

2. **Esteja sempre tentando melhorar.** Recentemente voltei de um evento de três dias fora da empresa com os 400 executivos do alto escalão da Salesforce. Sentamo-nos em uma sala de conferências no Havaí e mergulhamos no nosso planejamento e progresso. Embora as pessoas estivessem satisfeitas com o nosso progresso (e certamente havia muitas razões para que estivéssemos), passamos muito tempo refletindo sobre aquilo que podíamos fazer melhor e mais depressa. Uma das razões pelas quais a Salesforce continua sendo uma ótima empresa é por querer sempre se aprimorar.

   E você? Sempre se esforça para oferecer mais? Pergunte-se:
   - Quem eu admiro que está enfrentando desafios similares? O que essa pessoa está fazendo em relação a esse desafio?
   - O que é exequível e a que momento? Qual é o maior alvo em que podemos mirar – e atingir? Sempre almeje alto, mas tenha em mente que, se suas expectativas não são razoáveis, você pode desgastar sua equipe. Exigir demais pode abalar a confiança dela não apenas em você, mas, especialmente, nela mesma.

3. **Tenha muita clareza a respeito da oportunidade e daquilo que está almejando alcançar – e não deixe nada entrar no seu caminho.** Quando eu estava no eBay, tínhamos uma equipe de executivos muito talentosa. Sabíamos

que possuíamos algo especial e todos lutávamos para cobrar responsabilidade uns dos outros e assegurar que a empresa alcançasse o seu destino. Como você pode se preparar para ser bem-sucedido?

- Dê à sua equipe as ferramentas de que ela precisa para atingir o sucesso (não apenas dinheiro no orçamento e recursos, mas ações de checagem úteis, acompanhamentos periódicos, acesso a executivos, autorização para passar questões para alçadas superiores e práticas que os preparem para atingir o sucesso). Trabalhe todos os dias para eliminar as desculpas sobre por que algo não pode ser feito.

- Alinhe a equipe para que possa tomar decisões rapidamente. Na Bay Networks, quando estávamos trabalhando na implementação rápida de uma ERP (Enterprise Resource Planning) [Planejamento dos Recursos da Empresa], as pessoas não tomavam decisões depressa. Para resolver o atraso que estávamos vendo, implementamos uma regra: todo problema deveria ser resolvido em 24 horas e, caso isso não acontecesse, ele teria de ser passado para mim e o comitê diretivo para ser solucionado rapidamente. Esse projeto acabou sendo bem-sucedido, inclusive foi indicado ao Computerworld Smithsonian Award como uma das melhores implementações tecnológicas do país naquele ano.

4. **Não contenha o avanço da sua empresa.** O fundador de uma empresa do nosso portfólio estava na encruzilhada entre o bom e o excelente. Após anos de resultados medianos, ele finalmente pivotou e tirou proveito de uma gigantesca demanda de clientes. Por fim, ele aumentou a demanda reprimida de vendedores que queriam usar o serviço, mas os mantinha afastados porque não tinha como atender a oferta. O negócio continuava crescendo a mil por hora, mas *ele podia estar crescendo ainda mais*

depressa. No eBay, também chegamos a um gargalo e tivemos uma janela de 90 dias na qual nos recusávamos a adicionar novos usuários, porque não tínhamos como adicioná-los e manter o site funcionando. Durante aquele período, a empresa ainda cresceu e ganhou dinheiro, mas não estávamos nos vendendo com excelência.

5. **Inspire os outros a atingir a excelência.** O papel de gestor requer que andemos na corda bamba. Sou um perfeccionista, então, se eu dissesse às pessoas tudo o que eu realmente penso, provavelmente as faria chorar quase todos os dias. Em vez disso, aprendi a inspirar as pessoas e a ajudá-las a expandir suas visões para se tornarem melhores e mais audaciosas. É seu trabalho infundir confiança no seu pessoal e fazê-los aspirar à excelência por conta própria. A mágica acontece quando você inculca essa filosofia nas suas equipes.

Uma quantidade muito grande de pessoas tem aspirações pequenas demais. Sentem-se satisfeitas consigo mesmas quando estão melhorando, mas não lutam para serem as melhores do mundo. Frequentemente, vejo equipes ficarem empolgadas quando melhoram. Elas devem se sentir satisfeitas com esse progresso, mas ainda não ascenderam o suficiente. O resultado? Elas se acomodam no bom, não no excelente. Bom não é o suficiente. Busque a excelência.

Tudo de bom,

Maynard

Quando você precisa saber que tudo é possível

Caro empreendedor,

É maravilhoso que você tenha criado uma empresa e conseguido investimentos. Mas e agora? O que fazer a seguir?

Espero que o seu sonho seja tornar-se uma empresa de enorme sucesso. Todo mundo quer ser Mark Zuckerberg ou Marc Benioff, mas, a cada mil empresas abertas, apenas metade sobrevive, e só uma pequena fração disso será bem-sucedida o bastante para ser considerada uma empresa de enorme sucesso. É como prender um relâmpago em uma garrafa. Como você pode fazer isso?

Embora não exista fórmula, há passos distintos no caminho para o sucesso que devem ser seguidos. Tudo começa com grandes aspirações. Mas grandes quanto? Tem que ser maravilhoso. Se o que você está pensando não é maravilhoso, precisa dar um passo para trás, recalibrar e pensar maior.

Tive que aprender essa lição na minha própria carreira. Comecei trabalhando como um segurança na IBM. Eu não sabia o que o futuro guardava e, honestamente, não sabia quão maravilhoso o meu futuro poderia ser. A minha visão de mundo em relação ao que era possível alcançar na minha carreira era de certa maneira limitada. O meu maior sonho na época era me tornar gerente da IBM e ter uma casa. Embora esse fosse um passo enorme em relação à posição que eu ocupava, as minhas aspirações não eram grandes o bastante.

Sempre acreditei que eu era capaz de conseguir qualquer coisa, só não achava que o mundo deixaria que eu chegasse lá, devido ao meu histórico e a algumas escolhas que fiz. Acho que entendi que devia sempre melhorar e sabia que podia fazer isso, mas eu duvidava que

Excelência operacional 301

o sistema enxergaria as minhas habilidades singulares, tendo em vista que segui uma jornada nada tradicional. Eu era, nas palavras de um executivo que foi meu mentor, "um gosto adquirido".

Tive uma infância nada convencional e incongruente com a vida que levo hoje. O meu pai morreu de repente quando eu tinha 7 anos. Ele não tinha seguro de vida, e a minha mãe teve que voltar a trabalhar para sustentar os cinco filhos. Perdemos o ar-condicionado, a água quente e a TV – e também perdemos a oportunidade de sonhar com o que poderia acontecer, pois tentar sobreviver nos enredava completamente. As coisas não foram fáceis na escola também. Eles só me deixariam entrar para os escoteiros se a minha mãe ajudasse o grupo – o que ela não podia fazer, porque trabalhava. Como o programa de futebol era pago, não pude jogar em um time organizado até o início do ensino médio, quando a atividade era gratuita. Quando estava no ensino fundamental, acharam que eu tinha problema de oratória e que eu devia ser encaminhado para a educação especial. Eu sempre fui o menino sem pai e sem dinheiro.

Ainda assim, eu tinha grandes sonhos, trabalhei duro e vi os resultados. Ganhei prêmios na escola, fui o melhor jogador de futebol americano da temporada e entrei para a Little League. Eu achava que ia jogar nas ligas profissionais. A minha mãe tinha tanta preocupação de que eu ficasse convencido demais que sarcasticamente me chamava de "herói" como estratégia para manter o meu ego no lugar.

Ninguém falou comigo sobre me candidatar a bolsas de estudo nem sobre ir para a faculdade. Ninguém achava que eu podia ser melhor do que bom – e que podia forçar o meu caminho até a excelência. Ninguém me contou que existia esse tal de sucesso enorme. Só me falavam que eu ia ter que me sustentar depois que terminasse o ensino médio. Isso restringia as possibilidades. Embora os meus pais tivessem feito faculdade, eu fui o primeiro dos meus irmãos a ter diploma de ensino superior. Para todos nós, as opções pareciam de certa maneira limitadas.

Eu gostaria que soubéssemos naquela época que as possibilidades eram ilimitadas. Eu gostaria de saber que nós mesmos criamos nossas oportunidades, que os trabalhos podem ser empolgantes e gratificantes – e que cada um de nós tem um papel na construção de uma vida extraordinária. Trabalhando, aprendi:

- Uma oportunidade pode gerar outra, e o trabalho duro – especialmente voluntariar-se para trabalhos difíceis que ninguém mais quer – pode render sucesso estratosférico.
- Boa parte do sucesso está em atirar-se de cabeça. O pedigree, embora seja um bom trampolim, não é a única maneira de chegar aonde se quer ir. A única maneira de chegar aonde você quer é se jogando: apareça, bata na porta e entre correndo.
- Quando você for bem-sucedido em algo, verá que vencer é divertido – e viciante. Vai querer repetir a dose sem parar.
- Mas você jamais pode ficar metido. Deve aprender a ganhar com elegância. Mantenha-se humilde e corresponda à propaganda que fazem de você.
- Lembre-se: você até pode ser um grande sucesso, mas isso não significa que continuará assim para sempre. Terá que provar o seu valor o tempo todo, ininterruptamente. Com o sucesso, ganhará a perspectiva de que aquilo que certa vez enxergou como uma montanha, na verdade, é só uma colina, e você perceberá que ainda tem caminhos para chegar ao pico. Sempre concentre-se na próxima cadeia de montanhas à sua frente.

Embora eu tenha ascendido ao longo dos anos, nunca fui aquele que entra pela porta da frente. Entretanto, aprendi que, ainda assim, havia oportunidades gigantes mesmo quando se entra pela porta dos fundos. Depois de uma carreira de décadas, compreendi que aquilo que a sociedade espera que você faça não é tudo o que você pode ou vai fazer.

Somos todos capazes de fazer mais do que acreditamos. Tenha sonhos grandes e trabalhe para torná-los realidade com mais grandeza ainda. Se você está disposto a sonhar, a trabalhar duro e a executar bem, pode alcançar mais do que jamais sonhou. Desejo que tenha clareza sobre o que quer alcançar, força de vontade para trabalhar duro e realizar os seus sonhos e que desfrute da satisfação oriunda da consciência de que deu tudo de si.

Tudo de bom,

Maynard

Quando você precisa ganhar escala

Caro empreendedor,

As empresas não são estáticas: estão crescendo ou encolhendo. O movimento nas duas direções requer trabalho duro (apesar de ser bem mais divertido quando se está crescendo).

Se você está pelejando para acompanhar o sucesso da sua empresa, tem um ótimo problema nas mãos. Parabéns por criar algo que o mundo quer! Agora você precisa determinar de que maneira se antecipará aos acontecimentos para não limitar a trajetória da empresa.

Antes de partirmos para as soluções, vamos acrescentar um pouco mais de cor aos problemas do crescimento. Quanto mais cresce, mais atrito você gera. Os desafios ficam mais difíceis à medida que prospera. Trazer a bordo um funcionário novo em uma startup dá muito trabalho, mas o que acontece quando há 50 pessoas novas? Duzentas e cinquenta? E o que me diz de quando você abre as primeiras agências internacionais, após um período em que todos os seus funcionários moravam e trabalhavam dentro de um mesmo espaço geográfico?

Todas essas mudanças são boas, mas também são difíceis de implementar. Se você teve um problema que não foi solucionado no trimestre anterior, ele pode atrapalhar o que está sendo feito no trimestre atual. Você tem que ser implacável na busca pela melhora contínua. Deve sempre descobrir maneiras de tornar as coisas mais fáceis. Esta carta é sobre facilitar o difícil.

Uma das formas de navegar por esses obstáculos de ganho de escala é aprender a discernir melhor. Você precisa entender quais prioridades são mais importantes. À medida que cresce, sempre haverá mais itens clamando pela sua atenção, e cabe a você decidir quais deles são mais importantes.

Recentemente tive uma discussão difícil com o CEO de uma das empresas do nosso portfólio. Eu me preocupava com o posicionamento da empresa no mercado, enquanto o CEO estava satisfeito com quanto haviam progredido. De certa maneira, nós dois estávamos certos. A empresa ia muito bem e havia muito do que se orgulhar. Ainda assim, eu acreditava que ela podia crescer bem mais rápido. A equipe havia criado algo mágico e encontrava-se no ponto crucial em que estava preparada para decolar. Esse momento seminal é uma oportunidade rara – e eu sabia que eles tinham que agarrá-la.

Isso significava trabalho pesado. Quando se trata de crescer, sempre há muito o que fazer. A empresa precisa preencher vagas rapidamente, fazer boas novas contratações, atrair clientes, garantir que todos estejam entusiasmados com o crescimento e que o mundo compreenda o diferencial do seu negócio.

Enquanto o CEO estava olhando para trás – quanto haviam progredido –, eu olhava para a frente, para onde achava que eles podiam chegar. Eu enxergava o momento em que soaria a campainha da NASDAQ para a empresa abrir seu capital. Entretanto, isso requeria infundir certo rigor na empresa. Nesse caso, também significava resolver desafios como vagas abertas, questões de moral e não cumprimento de objetivos trimestrais, que segurariam o progresso da empresa.

Para uma empresa ser bem-sucedida, ela deve estar crescendo e ganhando escala. Acho fascinante como as pessoas veem a "inovação" como algo empolgante (embora com muita frequência ela não compense), mas reagem a palavras como "excelência operacional" ou "rigor" (as quais quase sempre se correlacionam com melhores resultados) com bocejos. Conseguir excelência operacional é algo imensamente maravilhoso para a sua vida profissional e para a sua empresa. É muito mais fácil do que imagina – se você se concentrar nisso.

Há muitas ferramentas e metodologias para ajudá-lo a enxergar o que "excelência" significa e a atingi-la. Costumávamos empregar o Kanban, KPIs [Indicadores-Chave de Performance] e OKRs [Objetivos e Resultados-Chave]. Em programação, a Metodologia Agile substituiu em grande escala o modelo de desenvolvimento em cascata, que já foi muito popular. Eu pessoalmente uso o CMM [Modelo de Maturidade e Capacidade], e a Salesforce emprega a metodologia V2MOM, de Marc Benioff – abordo a seguir estas duas últimas. Porém, o que realmente quero transmitir não é um processo em particular, mas a importância de implantar um processo para conduzir a previsibilidade das ações da sua empresa. Você precisa ter algum tipo de metodologia externa que o ajude a olhar para a empresa, enxergar onde está e determinar aonde precisa chegar.

Em toda situação que entro, a primeira coisa que faço é avaliá-la. Todas as empresas, independentemente de quão novas ou antigas elas sejam, sobem ou descem no modelo de maturidade com base em condições de mercado que são muito fluidas. Todas as empresas transitam por essas diferentes fases em sua busca por sucesso.

Esta é a maneira como avalio o status de uma empresa:

Nível 1. Este é o cenário do desastre. Você não cumpre o que prometeu e as pessoas estão correndo de um lado para o outro com o cabelo em chamas (metaforicamente). Em qualquer dia, você pode escorregar para o Nível 1 – uma reunião termina tarde demais, você perde a janela para ir para a próxima reunião e não consegue informações pertinentes. Quando as coisas começam a entrar numa espiral descontrolada, tome providências imediatamente.

Nível 2. Você ainda não alcançou o que se propôs a fazer, mas tem um plano claro. Esse plano é convincente – você sabe quem é responsável por quais tarefas e quais objetivos –, mas ainda não o implementou efetivamente.

Nível 3. Você não tem muitas crises neste momento. A capacidade de "mostrar serviço" da sua organização é bem alta. Você é previsível e confiável, mas não está alcançando todo o potencial que tem. O crescimento é saudável e o negócio o está acomodando bem, mas você precisa fundamentar essa estabilidade para ganhar um fôlego – e se antecipar aos acontecimentos.

Nível 4. Você está operando com eficiência. É capaz de fazer mais com menos e a sensação de vitória é palpável. Por exemplo, quando vencemos os desafios de ganho de escala no eBay, houve uma diferença palpável. Os membros da nossa comunidade ficaram mais felizes, a maior parte de nós dormiu mais e todos adoramos tanto aquilo que juramos permanecer naquele lugar. Acho interessante que as pessoas que escalaram do Nível 1 ou do 2 para o Nível 4 nunca se esquecem da escalada e são determinadas a jamais retornar. Os integrantes da equipe que entraram no 4 nem sempre entendem a dor envolvida na transformação, e isso leva as equipes a ficarem complacentes.

Nível 5. A sua equipe pode operar sem você e está levando menos tempo para cumprir o acordado. Você agora é uma fonte para os outros. Neste ponto, você está disponível para novas oportunidades. Descobriu o santo graal e está trabalhando no que é mais importante.

Lembre-se: chegar ao sucesso significa ter que, continuamente, levar a sua empresa e cada departamento dela a um nível superior ao longo do tempo. Por isso é tão importante não ficar empacado apenas sobrevivendo (Nível 3), mas se antecipar aos acontecimentos e se preparar para o amanhã (Nível 4). Também é importante salientar: nenhum desses níveis é estático. Você pode estar fazendo uma atividade Nível 5 (um projeto excelente que será importante amanhã), enquanto vive em um mundo Nível 3 (em que está estável, mas ainda não seguro em relação ao futuro). E você pode ter um problema Nível 1 (perder um funcionário-chave) que o limita, tomando tempo e ciclos e impedindo-o temporariamente de chegar aonde quer.

Quando entrei no eBay, a empresa estava no Nível 1. Eles me colocaram para dentro como o "Sr. Consertador". Disseram que as coisas não estavam funcionando. Esse é um eufemismo para dizer que não estavam ganhando escala. A minha tarefa era pegar o caos e transformá-lo em ordem. Isto foi o que fizemos e serve como um mapa de percurso simples que você pode seguir:

- Primeiro, converse sobre o que é o sucesso.
- Decida o que é importante e desenvolva indicadores para as coisas-chave que são importantes.
- Implemente ações de checagem.
- Faça a comunicação acontecer na hora certa, para que as questões sejam abordadas em minutos ou horas, não em dias ou semanas.
- Faça os problemas chegarem às alçadas superiores.
- Entenda que o importante não é a informação que você descobre, mas o que faz com ela. (Sempre pergunte: "O que sabemos agora e o que vamos mudar?".)

Uma das mais simples e melhores ferramentas que já encontrei para ajudar a ganhar escala é o processo V2MOM, que Marc Benioff desenvolveu e ainda usa com êxito na Salesforce, uma das empresas mais inovadoras do mundo e uma das que crescem mais rápido.

O V2MOM tem sido usado para guiar todas as decisões da Salesforce – desde aquelas feitas em 1999, quando a empresa começou, às tomadas hoje. A melhor parte é que a mesma estrutura funciona para todas as fases do ciclo de uma organização. Você pode desenvolver um V2MOM como plano de negócios, e o mesmo constructo é eficiente para traçar os objetivos anuais de uma empresa de capital aberto. A mesma ferramenta pode ser usada em toda organização. Na Salesforce, todo mundo tem um V2MOM, que está vinculado ao que foi definido no V2MOM corporativo, para que todos saibam o que está sendo feito e como o trabalho colabora com os objetivos mais amplos do negócio. É um ótimo processo, que permite à empresa ser altamente introspectiva e transparente, agarrar-se a um alto padrão e corrigir erros depressa

Veja a seguir um modelo do V2MOM, que é bem simples.

Excelência operacional   309

VISÃO (Tenha um sonho. O que você quer?):

_____

_____

VALORES (O que é importante na visão?):

_____

_____

MÉTODOS (Como você a realizará?):

_____

_____

OBSTÁCULOS (O que pode bloquear o seu caminho?):

_____

_____

MEDIDAS ou INDICADORES (Como saberá que a alcançou?):

_____

_____

Quando as empresas alcançam o sucesso, é inevitável que enxerguem outros desafios e frustrações, o que é completamente natural. Sempre haverá novas situações, então crie rigor ao seu redor – para se autoavaliar e para entender o que indicará que você chegou aonde queria. E, por mais difícil que seja ganhar escala, se você está planejando transformar a sua empresa em um sucesso, simplesmente não tem alternativa. Boa sorte!

Tudo de bom,

Maynard

Quando você quer conduzir uma reunião de conselho eficaz

Caro empreendedor,

Como uma pessoa que já participou de centenas e mais centenas de reuniões de conselhos de administração ao longo de décadas, a minha resposta sarcástica sobre como você pode conduzir uma reunião de conselho eficaz é simples: conduza uma empresa eficaz. Se a sua empresa está cumprindo ou excedendo as expectativas, quase todas as reuniões de conselho – mesmo quando conduzidas com negligência – são boas.

O problema é que, com muita frequência, não é esse o caso. Na maioria das empresas, o crescimento nem sempre vai de vento em popa, e, sendo assim, você precisa de membros do conselho que o ajudem ao longo de toda a sua trajetória. Isso significa que a pressão existe: você precisará conduzir as suas reuniões excepcionalmente bem.

É importante salientar que os membros do conselho geralmente conhecem você e vivenciam as suas habilidades de liderança pelas reuniões do conselho, então podem (correta ou incorretamente) extrapolar o seu desempenho em outras áreas da empresa com base no seu desempenho nessas reuniões.

Uma reunião bem-sucedida começa com o alinhamento entre os membros do conselho e você. No início, o ideal é que sejam como reuniões one-on-one com um período curto destinado a formalidades legais (por exemplo: aprovação, participação societária e outras formalidades que precisam ser discutidas). Essas reuniões serão muito mais harmoniosas se você tiver acordado algumas questões com antecedência: frequência e duração das reuniões, pauta e participação da diretoria.

À medida que a empresa vai crescendo, essas reuniões vão ficando mais formais e requerem ajustes. A propósito, quanto mais tempo você conseguir manter o conselho pequeno e reservado, melhor – mas não é possível continuar assim para sempre. Toda vez que participa de uma rodada de investimentos, acaba acrescentando um membro ao conselho, o que muda sua dinâmica geral.

Quando você é uma empresa de capital aberto, tem que enfrentar muitas atividades regulatórias e de compliance e precisará lidar com comitês especiais (tais como auditoria, compensação, indicação e governança, para citar alguns), além dos tópicos do conselho geral. Reuniões de conselho e comitês em empresas grandes geralmente são eventos com duração de dois dias inteiros (às vezes mais) e incluem um jantar também. Os temas e tópicos para as reuniões do conselho são geralmente preparados com muita antecedência. Por exemplo, pode ficar determinado que a estratégia será tratada na reunião de conselho de julho, e o orçamento do ano seguinte, aprovado na de janeiro. As reuniões e as datas são agendadas com pelo menos um ano, se não mais, de antecedência porque requerem coordenação entre muitos membros do conselho e consultores com agendas sobrecarregadas.

(Se estiver pirando, este é o momento de respirar fundo. A boa notícia é que você está a anos desse tipo de cenário, mas deve entender que, se abrir o capital da empresa, é para esse lugar que está caminhando.)

Enquanto isso, é importante notar que o seu conselho crescerá e que sempre exigirá gestão ativa. Algumas regras simples para tornar as coisas mais fáceis para todo mundo:

- Prepare as reuniões com muita antecedência.
- Certifique-se de que os membros do conselho estejam cientes da possibilidade de participar remotamente ou não. (Acabei de participar de uma reunião de conselho que estava programada para ser feita pessoalmente e o CEO mudou para videoconferência no último minuto. Detalhe: um dos membros tinha cancelado uma viagem à Europa para participar pessoalmente – ops! Jamais faça isso.)

- Envie proposta de pauta uma ou duas semanas antes da reunião e pergunte se algum membro do conselho gostaria de acrescentar algo.
- Certifique-se de que todos os materiais sejam despachados com antecedência. Membros de conselho são geralmente muito atarefados, mas querem fazer um bom trabalho. Quando você não lhes dá tempo para fazer um bom trabalho, eles ficam nervosos.
- Deixe tempo para que haja uma sessão executiva com o conselho todo e com os membros externos apenas.
- Reserve um tempo no final da reunião para os membros do conselho darem feedback.

Tudo de bom,

Maynard

Quando você deve colocar o seu conselho para trabalhar

Caro empreendedor,

Parabéns! Você criou uma empresa de sucesso. Agora tem um conselho. Felizmente, levantou um bom capital em algumas rodadas de investimento e escolheu alguns investidores excepcionas e membros de conselho fenomenais. E agora?

Eu sugiro veementemente que os coloque para trabalhar – isso além das reuniões de conselho normais de rotina nas quais você passa a eles informações sobre o andamento da empresa e eles fornecem conselhos e aprovações. Tenha em mente que essa é provavelmente a primeira vez que você assume o papel de CEO, enquanto eles já devem possuir uma vasta experiência e é bem possível que já tenham sido membros de conselhos várias vezes. Isso faz deles excelentes recursos.

- Solicite conselhos deles para todos os assuntos: modelos de apresentações de informações para conselhos, dicas sobre a pauta da reunião, o estilo de comunicação preferido deles, que tipos de relatórios precisam para a firma deles etc.
- Se você está pronto para lançar o seu produto no mercado, peça para abrirem portas para importantes clientes em potencial.
- Quando estiver procurando profissionais para um cargo importante, peça sugestão de candidatos. Um conselho a esse respeito: se eles lhe passaram recomendações, dê retorno. Membros do conselho podem achar irritante quando lhes pedem ajuda e depois a ignoram, em vez de agir de acordo com o que disseram.
- Peça a opinião deles sobre muitas decisões-chave, sem se abster da decisão. Lembre-se: membros de conselho (de modo geral)

gostam de fazer parte do diálogo sobre decisões importantes, em vez de simplesmente votar em algo que você já decidiu por conta própria.

- Sempre que forem úteis, certifique-se de reconhecer as contribuições dos membros do conselho. Na WIN, aconselhamos os fundadores a enviar relatórios periódicos de atualizações sobre o progresso da empresa e recomendamos que enalteçam os investidores que foram úteis. Isso gera uma "gamificação" do processo. (Só sei que sempre quero que a equipe da WIN esteja na lista de investidores úteis!)

Espero que não tenha apenas levantado o dinheiro de que precisa para fazer a sua empresa crescer, mas que agora também tenha no conselho um consultor confiável que o oriente. Embora eu o encoraje totalmente a colocar o seu conselho para trabalhar, também o encorajo a fazer isso de forma respeitosa em relação ao tempo deles.

Tudo de bom,

Maynard

Quando você quer evitar surpresas desagradáveis

Caro empreendedor,

Se você abriu esta carta, provavelmente está procurando maneiras de evitar surpresas desagradáveis. Sempre digo que os problemas não melhoram com o tempo. Sendo assim, estou sempre atento a possíveis questões e conflitos na esperança de poder identificá-los no início – e resolvê-los depressa.

Escrevi esta carta para compartilhar os benefícios de ser proativo, em vez de reativo. Deixe-me dar um exemplo real sobre o que estou falando. Certa vez, no Yahoo!, tínhamos uma reunião de conselho agendada havia muito tempo. Infelizmente, deixamos de comunicar vários membros novos do conselho. Levantei o assunto várias vezes, mas a empresa não tinha certeza se ainda queria ter a reunião. Por fim, foi necessário mantê-la devido ao prazo que tínhamos para arquivar a nossa declaração de proxy. Embora não houvesse escolha sobre fazer ou não a reunião, isso não significava que seria fácil assegurar a presença de todos os membros do conselho. Então começamos a corrida para tentar reuni-los. Obviamente, àquela altura, quatro dos 13 membros não poderiam participar devido a conflito de agenda. Eu, de forma proativa, entrei em contato com todos os quatro, me desculpei pela falha (quase sempre evitável, o que não era diferente nesse caso), expliquei por que a reunião devia acontecer e os deixei cientes de que eu ficaria satisfeito em representar todos eles e a passar na reunião quais eram os seus pontos de vista. Um dos quatro não tinha recebido notícia alguma da reunião e ficou muito desconfiado, o que exigiu de mim tempo para explicar-lhe tudo cuidadosamente e aliviar as preocupações. Entrar em contato com eles pessoalmente foi fundamental. Se tivéssemos conduzido a reunião sem conversar antes, tenho certeza de que teria havido muito mais suspeita e desconfiança.

Permita-me compartilhar outro exemplo recente sobre a solução de uma questão antes que ela virasse um problema: um dos fundadores do WIN Labs estava me mandando relatórios de atualização semanais (eu não o pedia para fazer isso, mas gostava da atitude dele). Viajei de férias e deixei de receber um dos relatórios. Na semana seguinte, também não recebi. De maneira proativa, perguntei-lhe onde estava o relatório e ele disse: "Te mandei". Eu estava com ele, então entramos no meu e-mail e confirmei que não o tinha recebido. Descobrimos que ele estava mandando as mensagens para um endereço desativado da WIN. Se eu não tivesse conferido, ele teria continuado a enviar os relatórios semanais achando que eu os estava recebendo e provavelmente se perguntando por que eu não tinha feito comentário algum sobre as comunicações. E eu teria continuado a perder todas as ótimas informações que ele compartilhava semanalmente. Embora isso não fosse o fim do mundo, se eu não tivesse feito a conferência, aquilo poderia ter levado a uma cisma entre investidor e fundador. Mas resolvemos a situação enquanto ela não passava de uma simples falha de comunicação.

Em outras cartas, falei sobre produtividade e ações de checagem. Ser produtivo é fazer muito mais do que uma pessoa mediana – e todos nós sabemos que surpresas desagradáveis quase sempre nos desviam da produtividade excelente. As ações de checagem (inclusive reuniões one-on-one e relatórios de atualização) ajudam a trazer à tona problemas que estão no início e dão a oportunidade de abordar qualquer questão no momento em que ela surge, transformando-a em ferramentas úteis para ajudar a aumentar a produtividade.

Atribuir tarefas e integrar ações de checagem, porém, não é o suficiente. Há habilidades interpessoais que também são importantes. Tenho o hábito de investir tempo em conhecer a maior parte dos funcionários fundamentais de todos os projetos. Isso inclui entrar em contato com eles frequentemente e observar a linguagem corporal para obter uma ideia melhor do que mais pode estar acontecendo. Também inclui observar a química da equipe. Aprendi o valor da observação quando estava no eBay e trabalhava em uma baia. Inicialmente, eu odiei ficar na baia! Trabalhava em uma sala fechada havia anos e geralmente me recolhia nela quando as coisas ficavam difíceis. Mas ali era tudo aberto. Quando havia tensão, ela era palpável. E isso tornava mais fácil intuir o que estava acontecendo. Com isso, algo maravilhoso aconteceu – questões eram resolvidas muito mais depressa porque não queríamos viver mais com aqueles problemas.

Veja a seguir algumas ideias sobre como resolver problemas em fase inicial ou até mesmo evitar que eles surjam:

- **Respeitem o tempo um do outro.** Comunique com antecedência aquilo de que precisa e para quando. Faça as pessoas se comprometerem a procurá-lo quando for necessário. Se você vive no modo crise e não para de mudar reuniões e horários, está criando uma agitação gigantesca para as pessoas na sua equipe. Isso, em contrapartida, pode levar uma agitação gigantesca para as equipes deles.
- **Ensine aos membros de sua equipe que a identificação de problemas deve ser encorajada e que informá-los quando ainda estão em estágios iniciais também é algo valorizado.** É muito mais difícil resolver problemas quando você está sem tempo para isso. É claro, você também precisa ensinar a sua equipe a encontrar soluções sozinha.
- **Confira frequentemente as coisas que acha mais importantes.** Faça conferências formais e reuniões one-on-one frequentes, bem como conferências informais e repentinas.
- **Preste atenção a todos os sinais que existem.** Com frequência tenho que analisar cuidadosamente uma pessoa cujos comportamento, atitude ou padrões mudaram e, ao fazer isso,

descubro sinais precoces de um problema. Fique atento às mudanças de cadência envolvendo comunicação e ouça o que outras pessoas estão dizendo. Como diz o ditado, onde há fumaça, há fogo.

- **Sempre faça uma análise retrospectiva.** Quando você acaba com um problema nas mãos que poderia ter sido solucionado antes, tire um tempo para questionar a equipe sobre como podem melhorar da próxima vez. Defina expectativas sobre o que devem fazer quando situações similares surgirem.

Eu prometo a você que, se inculcar a prática de identificar os problemas prematuramente e resolvê-los depressa, o seu trabalho como CEO ficará muito mais fácil e divertido!

Tudo de bom,

Maynard

P.S.: Se você está lendo este texto tarde demais e já tem um problema desagradável, veja a carta "Quando você tem uma crise", no capítulo seguinte!

8
Desafios organizacionais

Quando você tem uma crise

Caro empreendedor,

Então você está em um momento de crise. Nunca é divertido quando algo inesperado bombardeia os seus planos e a sua rotina, mas isso acontece com todos nós, e com frequência. Como lidar com essas questões é o que importa. Você deixará uma crise fazer você e o seu negócio perderem a estabilidade, ou ela o deixará mais forte e melhor?

Independentemente de isso ter acontecido de forma inesperada ou porque você não fez uma boa administração, é imperativo lidar com a crise agora, antes que se transforme em algo maior. Meu conselho: melhor reagir com exagero do que o contrário.

Entretanto, antes de entrarmos no COMO resolvê-la – o mais importante neste caso, e o que abordarei abaixo –, vamos recuar um pouco.

Qual é a magnitude?

Primeiro, determine: você REALMENTE está em um momento de crise? Ouça primeiro. Qual é a descrição objetiva do problema? E qual é o tamanho dele?

Você precisa de uma maneira de categorizá-la. Em outras palavras, precisa de uma forma de mensurar a confusão. No eBay, Meg Whitman e eu julgávamos as questões que se apresentavam com o modelo da escala Richter, o que permitia atribuirmos uma nota de 1 a 10 levando em consideração a complexidade do problema. Uma nota 1 é o ruído rotineiro que acontece todo dia, tal como um usuário com problema no computador que não consegue logar no eBay – isso não é o fim do mundo e não podemos fazer muita coisa. Um 9, por exemplo, era quando o site travava por causa de uma falta de energia e o backup não funcionava. Pergunte-se: é um tremor que vai passar ou é um terremoto fatal do qual você não conseguirá se recuperar?

Então, agora que você já avaliou o problema, digamos que ele seja grande, um número "6" ou mais na escala Richter e um risco para o negócio. Hora de trabalhar.

Não há tempo a perder.

Se você coloca um sapo na água fervendo, ele pula para fora na hora. Mas, se o colocar dentro do recipiente e aquecer a água lentamente, ele ficará lá – e cozinhará. Não fique muito tempo na água quente.

Eu sempre digo que os problemas não melhoram com o tempo. É comum as pessoas optarem por esconder problemas ou deixá-los assentar, em vez de abordá-los quando ainda estão menores. Lembra-se dos emblemáticos casos da embalagem do Tylenol ou do chip Pentium da Intel? Pense em como foi diferente a resposta da Tesla sobre o mau funcionamento do cinto de segurança. Ela fez um recall de todos os carros e resolveu o problema de forma proativa. Como Meg Whitman costumava falar para mim: "Corra para dentro do incêndio!".

Empregue os seus recursos.

É hora de botar todas as mãos à obra. A primeira coisa a fazer é soar o alarme para obter atenção – e ação – imediatas. No eBay, desenvolvemos códigos (Gravidade 1, Gravidade 2 etc.), o que nos ajudava a identificar imediatamente a escala do problema e o tempo de reação – lidávamos imediatamente com um "Grav 1", enquanto um "Grav 4" podia ser trabalhado no dia seguinte. Também incorporamos terminologias como "11 de Setembro", o que significava que todos os funcionários da empresa podiam ser tirados do que estavam fazendo para trabalhar no problema.

Você ficará maravilhado com o que as pessoas podem fazer quando se reúnem para abordar uma crise. Uma advertência: use o status emergencial criteriosamente. Você pode ficar tentado a elevar crises futuras ao status de "11 de Setembro" para obter uma resposta mais rápida, mas não faça isso. Você esgotará a sua equipe depressa.

Aloque as pessoas certas.

Talento é tudo. Quando você está no módulo crise, vê as pessoas revelando o seu melhor e o seu pior. No meio de uma crise, descobri que faltavam à minha equipe os talentos certos. Decidi que precisava acrescentar vários executivos-chave subordinados diretamente a mim o mais rápido possível e fiz isso em questão de semanas. Também vi algumas pessoas que podiam ter ficado um pouco nervosas ou dado uma de sabichonas salvarem o dia durante um incidente importante. Certifique-se de que tem os melhores cirurgiões, bombeiros e solucionadores de problemas a bordo – caso não tenha, providencie-os rápido.

Planeje um backup. E um backup para o backup.

Sejamos honestos. Quando um problema nos atinge, nem sempre sabemos o que está errado e com certeza nem sempre sabemos como solucioná-lo. Esse foi o meu caso no início de 2000, quando várias empresas de internet foram vítimas de ataques de negação de serviço. Tivemos que trabalhar com fornecedores, implantar patches e colaborar com outras empresas de tecnologia e com as autoridades para determinar como acabar com aquilo.

Sempre fui fã de trabalhar com várias possibilidades de solução simultâneas, só por garantia, para o caso de uma hipótese estar errada. Se você quer resolver um problema, é sempre melhor desenvolver muitas possibilidades de solução paralelas para serializar o processo. Além disso, esteja sempre de olho duas a quatro jogadas à frente para que tenha opções. Não pare de se perguntar: "Se isso não funcionar, o que faremos?".

Engula o seu orgulho.

Não se trata de hierarquia. As melhores respostas podem vir de qualquer lugar. Permita que todos tenham voz e contribuam com

Desafios organizacionais   325

insights e questões ao longo do processo. O mais importante é resolver os problemas rapidamente e evitar a recorrência deles. Pergunte-se sempre: "Estamos melhorando todos os dias?". Se não, faça mudanças.

Faça todo o possível para minimizar o impacto para os clientes.

Cito muito o eBay porque ele era um centro de crises. Quando comecei lá, usávamos drives de um fornecedor grande que, quando travavam, interrompiam todo o nosso sistema. O fornecedor me disse que estávamos tentando nos recuperar "rápido demais" e que, se os deixássemos restaurar durante 20 minutos, tudo voltaria ao normal. Quem tem 20 minutos na internet?

Concordamos que a situação era insustentável, e o fornecedor foi trabalhar em uma solução. Entretanto, precisávamos de uma estratégia provisória proativa. Durante 24 horas por dia, mantínhamos pessoas vigiando o alerta que disparava antes de o drive travar. Quando isso acontecia, a pessoa desinstalava o disco antes de o problema se configurar. Era uma solução extrema que exigia muitos recursos, mas, até automatizarmos a resolução do problema com um software que impedia o travamento, tínhamos que fazer tudo ao nosso alcance para reduzir o impacto sobre os clientes.

A maioria dos executivos não pediria ao fornecedor o que pedi, mas era fundamental encontrar uma solução que não impactasse o cliente – mesmo que a coisa ficasse feia para alguma outra pessoa. Às vezes você tem que ser um bárbaro em tempo de guerra.

Comunique todo mundo (ou seja, o conselho, sua equipe, os clientes).

Coloque o conselho e a diretoria em alerta máximo e certifique-se de que estarão presentes até uma solução permanente ser implementada. Não se esconda de ninguém.

No eBay, eu fazia relatórios de atualização pessoais para a diretoria, toda semana relatava o que havia caminhado bem e o que não tinha dado certo. Transforme isso em uma atividade sua. E tenha o telefone celular de todos os executivos e o celular pessoal de todos os fornecedores para que possa mobilizar recursos o mais rápido possível.

Lembre-se: você não está em um silo resolvendo o problema com a sua equipe, os clientes estão envolvidos nele. Alguém deve notificá-los e tranquilizá-los. O silêncio não é bom nesse estágio. É assim que se age durante uma crise:

- Diga a verdade.
- Diga quais serão os próximos passos.
- Diga quando dará informações novamente.

Você precisará colocar em andamento um processo de comunicação. Quem está gerenciando a passagem de informações para os funcionários, para os clientes, para a imprensa? (Dica: não deve ser o cirurgião na sala de operações.)

O mundo sempre vai querer mais de você. A melhor coisa que pode fazer para abordar essa demanda é criar uma cultura de transparência e responsabilização. Se tínhamos um problema no eBay, sempre o comunicávamos à nossa comunidade. Tome cuidado com o que diz. Seja sincero, mas tenha em mente que muitas vezes, quando você acha que sabe o que acontecerá ou o que está causando o problema, no final das contas pode ser algo completamente diferente. No eBay, e mais tarde na Salesforce, foram criados um "trust site" e um dashboard, dando transparência total sobre o que estava acontecendo no site para que as pessoas soubessem de tudo em tempo real.

Análises retrospectivas são essenciais.

Jamais desperdice uma crise. É uma oportunidade para fazer as coisas melhorarem. Assim que o problema é solucionado, descobrir o que deu errado (foi uma questão de execução, uma questão envolvendo o fornecedor ou o produto, um bug no software, um evento externo etc.?) e como assegurar que não se repita é essencial. Lembre-se: as grandes empresas devem lidar de maneira extraordinária com as crises, mas elas aspiram a ser ainda melhores em evitá-las. Você precisará ser excelente nas DUAS coisas. Se já está vivendo uma crise, é tarde demais para se preocupar com prevenção, então é melhor ser ótimo em sair do problema!

De agora em diante, faça planejamentos para as crises com antecedência.

O ideal é você implementar um manual de estratégia, em vez de desenvolver um manual de estratégia. Quase sempre, os fundadores não fazem isso com antecedência e depois têm que desenvolver processos durante a batalha – isso é muito mais difícil. No eBay, criamos planos e instauramos processos que antecipavam os problemas. Havia uma cobertura 24 horas, sete dias por semana, e havia profissionais de plantão para reagir rapidamente a qualquer problema. Essa abordagem proativa nos poupou tempo na maioria dos momentos críticos. Por exemplo, quando tomamos conhecimento de que, horas depois do 11 de Setembro, as pessoas estavam colocando à venda destroços do World Trade Center no site (um "6" na escala Richter), sabíamos como reagir porque tínhamos uma política que impedia que lucrássemos com desastres. Graças às nossas políticas, fomos capazes de reagir imediatamente e impedir aquilo.

No eBay, tornamo-nos tão bons em prevenção e combate de incêndios que chegamos a não ter que lidar com eles o tempo todo. As coisas se acalmaram – e então foi isso que acabou se tornando um problema.

"Antes a gente era mais importante", um membro da equipe comentou comigo. "Agora a Meg não vem aqui toda noite pra ver como estamos."

"É assim mesmo que deve ser", eu disse a eles.

Você também terá momentos de paz quando as coisas estiverem indo bem de novo. Aproveite-os durante um período, depois use-os para investir em fazer a sua empresa melhorar.

Tudo de bom,

Maynard

Quando você não cumpre as metas do trimestre

Caro empreendedor,

Posso muito bem imaginar como você está se sentindo. Não é nada fácil. Como perfeccionista que sou, me mata não entregar algo que prometi.

Vamos parar um momento aqui e apreciar o desconforto que está sentindo agora. É doloroso – se você não está se sentindo desconfortável, está com um problemão. Vamos usar esse conhecimento para fortalecer a sua determinação e evitar que essa desagradável situação ocorra novamente.

Agora, temos que pensar no que levou a isso. Para determinar isso, tenho algumas perguntas para você:

- Quando você começou a *achar* que talvez não conseguisse cumprir as metas do trimestre? Quando teve *certeza*?
- Você comunicou essa preocupação a alguém? Você noticiou alguma coisa antecipadamente ou ficou aguardando, à espera de um milagre?
    - Os conselhos não se dão bem com surpresas. E, como todos os problemas, notícias ruins não melhoram com o tempo.
    - Se isso chegar ao conselho como uma surpresa, será uma surpresa de que tamanho? Que posição ela ocupará na escala Richter?
    - Lembre-se: quando as empresas não vão bem, as pessoas esperam que você se imponha e lidere com mais afinco.
    - A forma como você lida com o compartilhamento de notícias ruins é uma ótima maneira de instilar mais confiança na sua liderança.

- O que causou o problema? (Responda a estas questões de maneira clara e definitiva para compreender o motivo. Responsabilize-se. Não fique na defensiva.)
  - O seu plano tinha defeitos? Os seus objetivos foram irreais?
  - A sua execução tinha defeitos? Se o problema foi de execução, em que fase isso aconteceu (por exemplo, vendas, desenvolvimento de tecnologia, marketing etc.)?
  - O projeto tinha defeitos?
  - O mercado para o produto ou serviço despencou?

- Quão ruim é a situação? É um resfriado, é uma gripe forte, ou é algo mais sério que pode ser terminal?
  - Se for um resfriado: encontre uma maneira de se recuperar rápido e ainda cumprir as metas do ano. O trimestre já era, mas não desista. Trabalhe mais ainda para tentar compensar a perda.
  - Se for uma gripe forte: você provavelmente não cumprirá as metas do ano e, na próxima rodada de investimentos, a empresa terá um valuation mais baixo do que desejava, mas você ainda pode estar em uma trajetória boa no longo prazo se implantar e executar os planos de recuperação certos.
  - Se for uma doença séria: haverá muita angústia e discórdia no conselho de administração. Se você não tiver muito dinheiro no banco, precisa levantar capital, o que provavelmente resultará em uma rodada de investimentos ruim, com termos onerosos. Isso não é agradável e geralmente leva a mudanças de liderança. Você pode, no entanto, escapar de experiências de quase morte. Eu entrei no eBay nessas circunstâncias. A empresa tinha acabado de falhar nas metas de um trimestre depois de perder uma receita significativa durante uma paralisação do sistema. Isso aconteceu em 1999, e a empresa perdeu

10 bilhões de dólares de capitalização de mercado. Foi ruim, mas não terminal (principalmente porque não havia alternativa para o eBay na época). Os clientes precisavam de nós para listar seus itens e nós tínhamos que descobrir como dar conta da demanda para sobreviver. Eu sabia por experiência própria que era possível se recuperar depois de perder um trimestre, mas é necessário mudar as coisas depressa, caso contrário a empresa desaparecerá em pouco tempo.

- Se for terminal: trabalhe para minimizar o consumo de capital, seja adquirido por outra empresa, se possível (que tenha interesse nos seus produtos e profissionais ou que vá aproveitar apenas os seus profissionais), e devolva dinheiro para os investidores.

- Como *você* pode melhorar? O conselho e as pessoas na empresa querem saber como isso o afetou.
  - Isso acabou com você? Ou fortaleceu a sua determinação?
  - Você sabe o que fazer em seguida?
  - Você vai fazer isso com urgência – melhor, mais rápido e mais forte do que nunca?

- Se o fracasso em cumprir as metas do trimestre não teve implicações terríveis para a sua empresa, então é importante não deixar isso mudar a sua convicção em relação a ela. Não deixe isso mudar a trajetória de *esperança* da sua empresa.
  - Defina objetivos agressivos. Isso é importante.
  - Seja transparente sobre quais foram as deficiências e positivo sobre o fôlego que realmente tem.
  - Não se torne muito conservador a ponto de perder a oportunidade pela qual você estava lutando. A mediocridade é o pior lugar que você pode ocupar.

No eBay, costumávamos dizer: "Não interessa o que aconteceu no trimestre passado". Você deve compreender o que deu errado, aprender com isso, fazer algo de forma diferente, comunicar mais e não desistir. Lidere com isso em mente. Liderança é dar esperança – e entregar os resultados.

Tudo de bom,

Maynard

Quando você precisa resolver atritos interfuncionais

Caro empreendedor,

Bom, ao que parece, a sua empresa está conseguindo algum sucesso. A sua equipe passou de um grupo muito coeso e alinhado todos os dias para um grande o bastante para ter diferentes agendas e focos. Então parabéns pelo seu crescimento bem-sucedido! Agora vamos mergulhar no que está acontecendo (e definir de que maneira ajudar a resolver isso).

Primeiro, é importante se dar conta de que esse atrito que você está vivenciando é natural. Infelizmente, nós não abraçamos as pessoas diferentes de nós nem as acolhemos automaticamente. Por exemplo, nem sempre os engenheiros têm a consciência intrínseca de que o pessoal de vendas é tão importante quanto eles. Além disso, todos têm o próprio trabalho a fazer e, quando uma nova função ou capacidade surge na empresa, ela geralmente traz novas demandas. As pessoas podem achar essas novas demandas ameaçadoras.

Quando você começou a planejar e criar o seu produto, provavelmente não era muito interrompido pelas equipes de marketing e vendas com opiniões sobre como diferenciar o seu produto ou sugerindo características novas para ele. Agora as coisas estão diferentes. Todo mundo é contratado para fazer um serviço e é necessário, mas, quando a empresa cresce, os serviços requerem cada vez mais a ajuda de outras pessoas. Na maior parte do tempo, você só começa a interagir com outro grupo quando precisa dele. Infelizmente, é raro o caso de uma equipe procurar outra e dizer: "Eu sei que você está trabalhando em uma coisa importantíssima, como posso ajudar?".

Isso pode ser um problema. Com muita frequência, estamos despreparados para essa fase seguinte dos negócios. Porém, com algumas mudanças no comportamento, podemos alterar esse cenário de algo que causa estresse para um que inspire integração e crescimento contínuos. Estas são algumas sugestões para você enfrentar o atrito interfuncional:

- **Faça os pares se alinharem em prol dos objetivos.** Adoro assegurar que todos no nível executivo troquem ideias sobre os objetivos uns dos outros e deem notas a esses objetivos mais tarde. Isso também inclui saber o que supera o que e quais objetivos são os mais importantes. Quando entrei no eBay, o chefe de desenvolvimento estava concentrado em despachar as mercadoria veloz e furiosamente e o chefe de operações, concentrado em disponibilidade. Desnecessário dizer que as pessoas davam muita cabeçada entre os departamentos. Para resolver as rixas, tive que intervir e decidir qual objetivo era mais importante. Por fim, mudei os objetivos de cada equipe de modo que o departamento de operações passou a compartilhar os objetivos de entrega e o departamento de desenvolvimento de produtos passou a compartilhar os objetivos de disponibilidade. Quando acrescentei o suporte ao cliente à minha equipe, percebemos que precisávamos acrescentar a satisfação do cliente a todas as outra metas. Tudo funciona com muito mais tranquilidade – e de maneira mais agradável – quando as pessoas estão trabalhando com as mesmas metas.
- **Amplie a comunicação.** Independentemente do que esteja fazendo pela comunicação, é muito provável que não seja o suficiente. A comunicação tem que ser constante e deve atingir todo mundo. Marissa Mayer, do Yahoo!, fazia uma reunião chamada FYI com todos os funcionários às sextas-feiras. O Yahoo! havia tido seus problemas e desafios, mas a disposição de Marissa para se erguer e enfrentar perguntas difíceis todas as semanas era uma fonte de inspiração e tranquilidade para a empresa.

- **Implemente diretrizes para a tomada de decisões.** Quais são as expectativas para a resolução de problemas? Quem toma cada decisão? Sou fã do modelo RACI (quem é o Responsável, quem precisa Aprovar, quem precisa ser Consultado e quem precisa ser Informado, o que está detalhado em outra carta, "Quando você precisa saber quem é responsável pelo quê"), mas há vários métodos que você pode usar. O mais importante é que escolha um e se atenha a ele firmemente.
- **Descubra formas de trazer problemas à tona.** Peço a todo mundo na WIN para me apresentarem as coisas para as quais precisarão de ajuda toda semana. Nas reuniões one-on--one, pergunto como as coisas estão indo e por quê.
- **Comemore as vitórias e reconheça os méritos de todos na empresa.** Quando vir um comportamento interfuncional excelente, dê destaque a ele e o celebre. A equipe de suporte ao cliente no eBay distribuiu "prêmios estrelas de prata" às pessoas que fizeram mais do que o convencional para ajudá-la. Muitas pessoas no eBay tinham o prêmio impresso e colado em suas baias.

Quanto mais você cresce e faz sucesso, mais precisa encontrar novas e inovadoras maneiras de continuar a abordar o atrito interfuncional. Empresas que sabem mitigar isso (e se dão conta de que o inimigo não está do outro lado do corredor, mas lá fora) acabam tendo muito mais potencial e sucesso – para não mencionar que as pessoas nessas empresas se divertem muito mais.

Tudo de bom,

Maynard

Quando você precisa asseverar o caráter da sua empresa

Caro empreendedor,

Nos meses e anos por vir, a sua empresa vai enfrentar milhares e milhares de decisões e julgamentos. Algumas decisões são mais importantes do que outras. Os tipos de decisões sobre os quais estou falando aqui são os que moldam a base da sua empresa.

Alguns exemplos:

- Quando vemos um comportamento ruim ou ilegal, viramos para o outro lado ou o abordamos de frente?
- Quando o nosso atendimento deixa de funcionar (ou não cumpre as expectativas), o que fazemos para manter a confiança dos nossos clientes?
- Quando a nossa avaliação feita pelos funcionários atuais e pelos ex-funcionários no Glassdoor [importante empresa de recrutamento de profissionais com atuação em vários países] está péssima, simplesmente falamos que eles não são adequados para a empresa ou examinamos o nosso comportamento?
- Quando os nossos números para o trimestre não estão bons, como falamos disso com o conselho de administração e a equipe?

Quando eu estava no eBay, tínhamos uma reunião do conselho agendada, e um dos nossos diretores, Howard Schultz (fundador da Starbucks), tinha acabado de chegar de uma viagem pela Alemanha e pela Polônia. Ele estava genuinamente traumatizado pelo que vivenciara ao visitar os campos de concentração e, mais especificamente, as câmaras de gás. Na época, o eBay vendia *memorabilia* nazista. Howard se opôs e foi irredutível: exigiu que parássemos de vender aqueles itens imediatamente. Houve muita discussão sobre se devíamos parar de vender esses itens, já que não eram ilegais. Howard não queria saber disso. Ele disse: "Isso está relacionado com o caráter da empresa". Ele estava certo. Quando saiu do conselho do eBay, demos a ele uma placa com esse lema.

Tenho um respeito enorme por Howard e aprendi muito com ele.

Deparei-me com vários momentos "caráter da empresa" desde então, e sempre me senti à vontade porque as decisões se tornam fáceis quando o seu sistema de valores é claro.

Ou seja, enquanto você estiver tomando todas as decisões que tem que pôr em jogo, por favor, fique de olho naquelas que dizem respeito ao "caráter da empresa". Nesses casos, espero que você tome a decisão com base em valores essenciais. Embora saibamos que devemos viver de acordo com o que está escrito na lei, o nosso caráter e os nossos valores requerem que vivamos de acordo com o espírito da lei, cujo padrão é mais elevado.

Tudo de bom,

Maynard

Quando há conflito de interesses no conselho

Caro empreendedor,

Às vezes os conflitos de interesse no conselho são muito óbvios. Recentemente tivemos um em uma das empresas da Fortune 500, quando descobrimos que um dos nossos candidatos favoritos já estava no conselho de outra empresa. Isso geralmente não é um problema; porém, nesse caso em especial aquela empresa e a nossa estavam no meio de uma gigantesca batalha judicial. Foi uma decisão fácil – não funcionaria a não ser que o candidato desistisse do outro conselho. Mais tarde, tivemos uma situação parecida, mas dessa vez o candidato estava no conselho de uma empresa subsidiária, não na empresa propriamente dita. Aquilo podia não ser um problema?

Às vezes, os conflitos de interesses em conselhos de administração são questões preto no branco. Mas, na maioria das ocasiões, têm pelo menos uns cem tons de cinza. Ter um conselho em perfeita harmonia é essencial para o sucesso, mas é difícil montar um grupo assim. Você deve pensar com cuidado nas habilidades necessárias. Para empresas de capital aberto, há requisitos normativos para garantir competências financeiras. Experiência industrial e operacional geralmente também são muito valiosas. Às vezes os conselhos precisam de expertise internacional, tecnológica ou em vendas. Conselhos modernos também valorizam a diversidade de histórico, gênero, etnia e perspectiva. Por último, você tem que buscar algo que é mais sutil: química. Os melhores conselhos são independentes, amistosos, profissionais e tornam a empresa melhor e os acionistas mais ricos.

O maior desafio em montar um conselho ideal é que a todo momento há um número limitado de candidatos em potencial. As empresas requerem os profissionais mais talentosos para preencherem esses lugares. Com frequência, a melhor pessoa para o seu negócio terá uma experiência relevante no seu mercado – e isso significa que provavelmente tenha conflitos. Se o conflito é com um concorrente, afaste-se. Um concorrente direto que pode usar a sua informação em ganho próprio jamais vale o risco. Entretanto, na maioria dos casos, os conflitos não são tão evidentes.

Às vezes você precisa resolver algo que nunca imaginou que seria um problema. Um exemplo: vários anos atrás, investi um valor insignificante em uma empresa pequena que estava criando um software em uma categoria que não despertou interesse algum na Salesforce. Mais tarde, a Salesforce ficou interessada em adquirir a empresa. A solução: permaneci no conselho da Salesforce, mas retirei inteiramente o meu pequeno investimento e me afastei de todas as discussões e decisões sobre a aquisição.

Não pressuponha que todos os conflitos percebidos ou potenciais se tornarão conflitos reais ou insolúveis. Nem sempre você deve dispensar algo só porque ele está dando a impressão de que pode virar um problema. Dedique um tempo para analisar a situação cuidadosamente e depois tome uma decisão embasada. Processar e expor a situação podem fazer a diferença. Quando eu era CEO e presidente de conselho da LiveOps, a nossa empresa e a Salesforce queriam fazer negócios. Mas eu era membro do conselho da Salesforce. Os valores dos contratos não eram significativos, mas a situação podia ter apresentado problemas em potencial. Nesse caso, expus a minha situação abertamente, o comitê de auditoria analisou detalhadamente as transações e eu me recusei a tomar qualquer decisão sobre elas. A Salesforce também expôs essas transações para os acionistas.

Entretanto, compreenda que percepção é realidade. Por exemplo, dois dos conselhos de que participo usam a Everwise, uma empresa da qual sou cofundador. Havia regras que nos ajudavam a navegar por essa situação, as quais impunham limites à quantidade de negócios que a Everwise pode fazer com essas empresas. Quando os acionistas ou outros membros do conselho percebem um conflito em potencial – quer você concorde ou não –, você deve rapidamente abordá-lo e analisá-lo.

Tenha consciência de que empresas e mercados são fluidos e os monitore constantemente. Pense em como havia pouquíssima sobreposição em 2000 entre a Apple e o Google, e o CEO do Google, Eric Schmidt, fazia parte dos dois conselhos. Entretanto, alguns anos depois, as coisas mudaram significativamente, e ficou claro que as duas empresas estavam desenvolvendo uma estratégia para o mercado de celulares. Eric fez a coisa certa e saiu do conselho da Apple. Os negócios hoje mudam tão rápido que aquilo que não era conflito ontem pode muito bem se tornar conflito amanhã. Reavalie frequentemente.

Criar equilíbrio no conselho requer ações equilibradas. Embora o melhor candidato seja aquele com a expertise relevante necessária e zero conflito, encontrar esse sujeito mágico para o conselho é um pouco como encontrar um duende. Ou seja, tenha a mente aberta, entenda que alguns conflitos são mais percebidos do que reais, depois analise-os detalhada e continuamente e faça mudanças caso seja necessário.

Tudo de bom,

Maynard

Quando o conselho diz que vai tirá-lo do cargo de CEO

Caro empreendedor,

Há dias ruins e há dias péssimos. Este é um dos péssimos.

Uma recente experiência difícil com um dos grandes empreendedores das empresas do nosso portfólio me lembrou disso. Eu tinha acabado de chegar de uma reunião no Yahoo! e fui para outra reunião que tinha com o CEO e a equipe da WIN. Eu me desculpei inúmeras vezes pelo atraso – isso raramente acontece – e expliquei que estava passando por um momento difícil. Notei que o CEO encontrava-se bem cabisbaixo, o que não era seu *modus operandi*, e ele disse: "Vamos apostar quem está tendo o dia pior?".

Ele me contou que o conselho tinha ligado na noite anterior. Eles o tirariam do cargo de CEO. Naquela manhã, ele havia acabado de conhecer o funcionário novo, um CEO de startup muito experiente. Pediram-no que permanecesse na empresa em um cargo estratégico importante. Aquele fundador estava se contendo muitíssimo bem naquelas circunstâncias, mas a angústia era palpável.

O que mais intrigou o fundador foi que isso aconteceu quando ele possuía 50% da empresa. Contudo, isso acontece com muito mais frequência do que os fundadores imaginam. A menos que tenha autofinanciado o seu negócio, há sempre o risco de tirarem o seu trabalho de você.

Se você está nessa situação, pense nas questões a seguir:

- Isso é uma surpresa?
- Avalie se isso é recuperável ou negociável. Você quer lutar contra a decisão? Caso a resposta seja sim, o que isso acarretará?
- O que isso significa para você e a sua equipe? Você transmite a mensagem como se isso fosse uma decisão sua ou briga e cria

muita emoção ao redor do seu papel? As pessoas continuarão a lhe pedir para se envolver de maneira contundente?

- Os acionistas (e lembre-se de que você também é um importante acionista) acabarão melhor no longo prazo?
- Tente facilitar a transição. Quando saí da LiveOps, coloquei-me à disposição para permanecer como presidente do conselho durante dois anos. Eu me comprometi com o novo CEO a ajudar na transição e perguntei quanto tempo ele gostaria que eu ficasse. Ele respondeu: "Você pode ir embora no meu primeiro dia". Não levei aquilo para o lado pessoal, pois os ex-colegas tinham lhe alertado sobre ter alguém como eu no conselho, e ele ficou preocupado com a possibilidade de eu dominar todas as outras pessoas. Tentar reter o controle não é o meu estilo, mas ele não sabia disso. É importante que você faça o que é certo – independentemente de como as pessoas reagirão.
- Tire um tempo para você. Pense no que fará. Não há como isso fazer sentido para você imediatamente. Defina os insights e o aprendizado que pode levar para o futuro.
- Sinta-se orgulhoso por ter tido a coragem de começar algo da estaca zero. Estamos orgulhosos da progressão que você deu para a empresa.
- Se você não encontrar um papel com o qual possa se envolver e pelo qual possa se apaixonar na empresa no estado atual, não fique triste. Defina qual será o segundo round. Você está no controle sobre qual será o seu próximo passo. Descubra o que sabe fazer como ninguém e o que quer fazer. Essa situação não está mais nas suas mãos, mas a próxima, sim.
- Por fim, e embora eu não queira alimentar falsas esperanças, todos nós conhecemos histórias de grandes "retornos" no Vale do Silício, como Steve Jobs de volta à Apple, Larry Page de volta ao Google e Jack Dorsey de volta ao Twitter. Nada é impossível.

Eu lamento muito que esteja passando por isso. Você é espetacular e, embora isso seja algo terrível hoje, tenha certeza de que dias melhores virão. Ter passado por isso tornará você mais perspicaz e forte, e a experiência refletirá no que você alcançará futuramente.

Tudo de bom,

Maynard

PARTE IV
COMO DEIXAR UM LEGADO

9
A criação de uma empresa longeva

Quando você recebe uma bolada

Caro empreendedor,

Parabéns! A maioria de nós nunca chega a vivenciar o recebimento de uma fortuna, e muitos gostaríamos de ter essa experiência.

Decidi escrever uma carta sobre como lidar com dinheiro repentino porque eu mesmo tenho lutado com isso e testemunhei vários colegas que passaram por períodos difíceis para administrar essa transição. Compartilho esta carta na esperança de que você não tenha que vivenciar toda a turbulência pela qual nós passamos.

Na realidade, por mais maravilhoso que isso possa parecer, as coisas ficam ainda mais complicadas quando você tem que administrar essa nova fortuna. Felizmente, para a maioria de nós, embora o dinheiro seja necessário, ele não é o motivo pelo qual percorremos o nosso propósito de vida.

Primeiro, é importante entender o que é o quê.

- Você pagará uma parcela significativa da sua fortuna em impostos. Felizmente, você foi capaz de conseguir a maior parte do seu retorno como ganho de capital. Caso contrário, se fosse receita direta, até 50% (dependendo do seu país) poderia ser retido como imposto.
- Com muita frequência, pessoas que enriquecem perdem o dinheiro rápido. Essa não é uma infeliz realidade restrita a estrelas do esporte ou a pessoas que ganham na loteria. Acontece com empreendedores também.
- Os mercados mudam. Provavelmente, as coisas mais dolorosas que já vivenciei aconteceram quando o mercado exerceu suas forças – e não de uma maneira boa. Quando a "bolha" estourou

no início dos anos 2000, o meu patrimônio líquido caiu junto. A mesma coisa aconteceu em 2008-2009. É difícil estabelecer um valor de patrimônio líquido que quer atingir e depois vê-lo erodir bem depressa.

- Você precisa encontrar a abordagem certa para administrar a recente riqueza e lidar com ela. Muita gente trabalha com consultores financeiros, mas é importante entender que esses profissionais nem sempre estão trabalhando para você, embora digam isso. Eu me lembro de ficar empolgado ao ver o meu patrimônio líquido crescer quando a minha empresa estava indo bem e alguns investimentos-anjo davam retorno. O meu dinheiro encontrava-se em um banco grande e bem conceituado e eu não demorei para perceber que estavam acontecendo muitas transações. Eu gastava quantias substanciais com os meus consultores para aquele tipo de gestão financeira, porém os investimentos não estavam indo muito bem. Troquei os consultores e fiquei com um grupo que recebia com base no meu patrimônio líquido. Quando ele crescia, a remuneração deles crescia, e vice-versa. Nossos interesses estão mais bem alinhados.

Receber uma riqueza repentina também pode gerar dinâmicas inesperadas com a família e os amigos. Em última análise, a minha família e eu tomamos decisões juntos, inclusive disponibilizamos ajuda para pagar a faculdade de todos os nossos parentes de sangue e seus descendentes. Também nos concentramos em proporcionar experiências – reuniões familiares ou eventos especiais, tal como ir a jogos do Super Bowl. Raciocinamos da seguinte maneira: queremos nos divertir e curtir esses ótimos momentos juntos, mas também queremos que eles continuem a trabalhar duro para chegarem ao sucesso e alcançarem o próprio destino.

Depois que cuidamos da nossa família, criamos uma fundação familiar para retribuir ao mundo. Nós a fundamos em 2004 (obrigado, eBay) e, após alguns anos pensando como poderíamos gerar mais impacto, decidimos ajudar crianças desprivilegiadas a conseguir educação superior. Tem sido um trabalho árduo fazer isso direito, mas também uma fonte de felicidade e inspiração.

Parabéns por conseguir um ótimo retorno por todos os seus esforços e suas inovações! Espero que encontre uma forma de comemorar esse êxito pessoal e que você – e as gerações seguintes – consiga desfrutar do impacto do seu esforço.

Tudo de bom,

Maynard

Quando você precisa planejar a sucessão

Caro empreendedor,
Nunca é cedo demais para pensar em sucessão.

Desde os primeiros dias de sua empresa, você precisa certificar-se de que tem o talento necessário para cumprir o destino do seu negócio. No início, você tem que pensar no planejamento de sucessão como recrutamento. Todos nós conhecemos a desoladora estatística – 50% das contratações não dão certo. Além disso, apesar de você provavelmente não estar preocupado com o fato de as pessoas saírem da sua empresa, é inevitável que isso aconteça. E se decidirem que não gostam de você ou arranjarem um emprego que pague cinco vezes o que você pode pagar? E se eles se mudarem? Mesmo que tenha alguém que pareça excelente, você não pode relaxar e achar que está tudo eternamente resolvido. Precisa planejar constantemente quem pode assumir um cargo de modo que você não fique na mão.

Esse equilíbrio é complexo: você deve continuar a desafiar e preparar o seu talento e ao mesmo tempo precisa explorar e assegurar opções adicionais para o caso de não dar certo com o membro atual da sua equipe atual. Isso pode parecer um exagero, mas o fato é que é impossível criar uma equipe com os melhores talentos desde o início – isso só acontece com investimento constante nesse quesito. Então como você chega a esse equilíbrio delicado?

O tempo todo você precisa saber o seguinte:
Em cada posição, qual é a qualidade dos talentos que você tem? Se tudo correr de acordo com o plano, eles serão capazes de ganhar escala com você? Eles serão capazes de crescer a ponto de permanecerem com você daqui a dois anos? Como você pode ter certeza

disso? Investigue aquilo que você *sabe*. Como está o desempenho deles hoje trabalhando com um produto? Eles estão gerenciando três pessoas agora, como isso está? Faça uma projeção a partir daí. O que acontece quando eles também precisam gerenciar clientes? Com base na forma como gerenciam três pessoas, eles serão capazes de gerenciar 30? Qual é a carga máxima que eles aguentam?

Quem você tem no banco de reservas? Mesmo que alguém seja capaz de ganhar escala no mesmo ritmo da empresa (e principalmente se essa pessoa estiver despontando, o que significa que será promovida e precisará ser substituída), você precisa certificar-se de que possui talento abaixo dela capaz de assumir o cargo e executar o serviço.

Quem é o melhor da classe na sua empresa? Você precisa saber quem é o melhor diretor de marketing, quem são os melhores engenheiros, quem são os melhores profissionais de RH, para que possa desenvolver relacionamentos com eles e tentar ajudá-los a progredir ao longo da carreira. Marc Benioff é excelente em trazer a bordo as melhores pessoas mesmo que não haja uma vaga aberta – ele está sempre procurando colocar pessoas "no ônibus" e se preocupa em colocá-las no banco certo depois. De maneira similar, Meg Whitman sempre se preocupou em ter um bom banco de reservas. Sempre se questione: "Existe alguém no mundo que seria o candidato dos sonhos mesmo que eu não possa colocá-lo exatamente nesse papel?".

E quanto a você?

Essa é uma pergunta difícil. Ninguém gosta de pensar em ser substituído (é muito mais legal achar que é indispensável), mas você deve planejar sua sucessão. O conselho precisa saber quem ficará no seu lugar se alguma coisa acontecer e mudar a sua liderança na empresa. Empresas de capital aberto têm essa discussão pelo menos uma vez ao ano. Nem sempre é fácil, mas é necessário.

Sempre recrute pessoas melhores do que você. E você deve sempre dar uma chance a elas. O fato é o seguinte: muitas pessoas estão querendo ascender. Elas só precisam de oportunidade e orientação. Dê isso a elas.

Tudo de bom,

Maynard

Quando você está pensando em erguer uma empresa longeva

Caro empreendedor,

Eu escrevi anteriormente sobre começar com uma ideia, tornar-se relevante e ganhar escala. Entretanto, um negócio realmente bem-sucedido – que seja longevo – não para por aí. Vamos falar sobre como passar do ganho de escala para o legado.

Antes de fazer isso, deixe-me primeiro começar com uma ressalva: se você realmente ainda é uma startup, não precisa se concentrar no legado agora. O seu foco deve ser em tornar a sua empresa relevante e depois em ganhar escala. Se realmente já está no módulo ganho de escala, então talvez seja hora de começar a pensar em criar uma empresa que transcenderá gerações – uma empresa que sobreviverá além da sua gestão. O que é necessário para criar uma empresa como a GE, a Ford ou a Apple – empresas que perduram além de seus lendários fundadores e impactam pessoas de várias gerações?

Ganhar escala é difícil. Deixar um legado é quase impossível. As pessoas que fizeram a sua empresa decolar, as pessoas que a fazem ganhar escala e as pessoas que a fazem deixar um legado raramente são as mesmas. Além de essas etapas demandarem uma gama diferente de habilidades, as mesmas pessoas quase sempre não estarão mais disponíveis.

Vemos cada vez menos empresas ultrapassarem gerações. Desde 2000, mais da metade das empresas na lista Fortune 500 desapareceu por conta de fusões, aquisições ou falência. Em 1975, a expectativa de vida de uma empresa na lista Fortune 500 era de 75 anos. Atualmente, é de apenas 15, de acordo com John Hagel III, do Center for the Edge, da Deloitte.

Eu venho pensando muito sobre legado ultimamente, tanto em relação à minha carreira pessoal quanto às empresas nas quais apostar.

Porém, eu não pensava nisso no início da carreira. O que, de certa maneira, foi um erro.

Acho que senti um gostinho do legado na IBM. Preservaram a memória do fundador dela, Thomas J. Watson – e eu li todas as cartas dele sobre gestão. A IBM tinha cultura e valores muito sólidos.

Quando comecei a trabalhar, eu me considerava um membro da família IBM e me concentrava em fazer um bom trabalho para que pudesse permanecer lá. Eu não pensava no que faria para deixar impressões digitais na empresa. À medida que ascendia na carreira, senti que estava assumindo papéis de gerência rapidamente e soube que não permaneceria muito tempo em trabalho nenhum. Portanto, assumi a postura de fazer as coisas rapidamente e deixar tudo em ordem.

O meu primeiro cargo de líder sênior no departamento de TI foi na Quantum. As pessoas gostavam de trabalhar comigo, mas cometi um erro – fiz as pessoas trabalharem para mim, não para a empresa. Como resultado, quando saí, muita gente saiu comigo. Fiquei lisonjeado, mas, olhando em retrospecto, sei que aquilo não foi uma vitória. O sucesso não é individual, é da empresa. Levei essa lição comigo pelo resto da carreira. Nos cargos seguintes que assumi na Bay Networks, no eBay e na LiveOps, fiquei mais interessado em fazer a organização progredir. Como resultado, quando fui embora, as pessoas permaneceram na empresa e trabalharam para fazer contribuições duradouras – contribuições que iriam perdurar muito depois de qualquer gestão individual. Foi quando reaprendi que há muito mais satisfação e poder em trabalhar para construir um legado do que para construir a própria carreira.

Como fundador, você não pode se preocupar em ser lendário quando está no início. No entanto, deve sempre prestar atenção no seu impacto na empresa. Meg Whitman dizia: "Quando você é fundador, as suas impressões digitais nunca desaparecem". É verdade, a HP é conduzida por Bill Hewlett e David Packard todos os dias. Isso sempre acontece de formas sutis e às vezes inesperadas. Pegue a lendária história da tinta roxa no Yahoo!. Jerry Yang mandou David Filo, cofundador do Yahoo!, comprar tinta cinza, e David se equivocou e levou roxa. Isso fundou a identidade do Yahoo!. Até hoje, eles dizem: "Nosso sangue é roxo".

Se está pensando em deixar um legado, não deve pensar em si mesmo. É nisto que deve pensar:

- Você sistematizou o molho secreto que o torna especial?
- Os seus valores estão inculcados com solidez? Você ensinou as pessoas a modificá-los quando necessário?
- Você tem, em ponto de bala, sucessores que possam dar prosseguimento à missão (e aprimorá-la)? A empresa deve ser capaz de continuar a prosseguir no caminho da felicidade sem você – e sem tropeços.
- Abrace a liderança servidora. Coloque a causa à frente das suas prioridades e das suas crenças.
- Saia do caminho, mas disponha-se a regressar quando o status de empresa lendária estiver em risco (pense no retorno de Steve Jobs à Apple).

É absolutamente maravilhoso e excepcional ser parte de uma empresa dona de um legado que está alcançando centenas de milhares de pessoas em escala global. John Donahoe, ex-CEO do eBay, costumava falar da humilde e inspiradora oportunidade que teve de ser um administrador no eBay durante quase uma década de sua jornada. Sempre queremos tornar uma empresa melhor do que quando entramos. Como você pode ver pelas estatísticas sobre a expectativa de vida de uma empresa, esse trabalho é muito difícil. Contudo, a oportunidade que você tem de criar algo longevo faz com que ele valha muitíssimo a pena!

Tudo de bom,

Maynard

Nota final

Se você chegou até aqui, eu lhe agradeço por ter lido todas as cartas. Elas são fruto de décadas lidando com situações complicadas e de um espírito implacavelmente ciente de que erguer uma empresa longeva é algo especial e sagrado.

Foi um prazer enorme sistematizar o que aprendi e escrever este livro. Também sei que existem muitas maneiras de resolver até as mais desafiadoras charadas. Ainda estou aprendendo – e continuo escrevendo. Se você tem perguntas ou ideias para cartas novas, envie pelo site: maynardwebb.com.

Sinto um carinho e um apreço enormes pelos fundadores, CEOs e executivos que trabalham incansavelmente para erguer empresas e fazê-las crescer. Meu desejo é que este livro o ajude a alcançar o seu destino e realizar os seus sonhos. É um privilégio tentar ajudá-lo, e estou aqui para assessorá-lo na sua jornada. Ela é difícil, mas vale muito a pena.

Agradecimentos

Sou grato a todos os envolvidos na jornada da Webb Investment Network.

Agradeço Mitch Kapor por me inspirar a fazer aquilo a que sou convocado. Sou grato aos cofundadores Michael Neril, Kevin Webb e Irene Webb, a toda a equipe da WIN, bem como a todos os nossos afiliados e aos fundadores das empresas do nosso portfólio. Este livro fluiu naturalmente por causa da interação com vocês.

O período que passei trabalhando com a equipe da WIN neste projeto foi maravilhoso.

Não teríamos conseguido nada sem Carlye Adler, minha parceira de escrita, que estava tão empolgada quanto eu com a interminável quantidade de tópicos que tínhamos para cobrir. Agradeço a Jonathan Pines, Jeremy Schneider e Kevin Webb por complementarem as minhas cartas e compartilharem sua inestimável sabedoria sobre o processo de levantamento de capital nas cartas que escreveram. Agradeço a Heidi Burns por tornar a nossa comunidade mais forte e pelo excelente feedback. A excepcional Dena Porter é a usina de força por trás de tudo – desenvolveu sistemas que nos permitiam trabalhar com eficiência e foi a força por trás da edição digital deste projeto.

Muitos fundadores e afiliados dedicaram generosamente o seu tempo e suas ideias e acredito que o feedback deles nos encorajou a ampliar a abordagem deste livro. Um agradecimento especial para Mike Bergelson, Laura Mather, Arend Naylor, Masha Sedova e Matt Tucker por revisarem as cartas e compartilharem suas perspectivas. Agradeço também a Pete Cittadini, Harsh Patel, Adam Goldstein e Monty Kersten por contribuírem com cartas que generosamente compartilham a sabedoria adquirida com tanto esforço.

Agradeço a Howard Schultz, que de muito bom grado escreveu o prefácio deste livro, e também por sua colaboração e inspiração.

Muitas pessoas compartilharam seus insights e revisaram essas cartas em várias ocasiões, deixando-as muito mais profundas: Beth Axelrod, Cory DuBrowa, Dan Farber, Monica Langley, Lori Nishiura Mackenzie, Michael Ross, Kelly Mahon Tullier, Amy Weaver.

A fantástica equipe da LEWIS PR ajudou a editar uma versão preliminar deste livro e desenvolveu um plano para que estas cartas alcançassem uma quantidade maior de empreendedores. Miles Daniel, obrigado por suas ideias sobre como ampliar este projeto além daquilo que originalmente havíamos planejado.

Exprimo meu apreço ao agente literário Jim Levine por sua crença neste projeto e por assegurar o parceiro certo para a publicação. Somos gratos a todos na St. Martin's Press, especialmente a George Witte, que compreendeu o livro instantaneamente e, com sua visão, tornou-o ainda melhor, e a Sara Thwaite, que com paciência e gentileza nos orientou ao longo de todo o processo.

Gostaria de agradecer à minha família. Minha mãe, Helen, foi um exemplo extraordinário de como não deixar a vida nos abater. O meu único irmão, Tony, que orientava e encorajava constantemente seu irmão bem mais novo a ter grandes aspirações. Minhas irmãs, Lynne, Helen e Edna, que tiveram um significativo impacto sobre mim. Meus filhos Carrie, Mitchell e sua esposa, Kaley, e Kevin e Laura, que me desafiam, inspiram e continuam a me dar esperança todos os dias. Sou abençoado por ter meus netos Micah, Hannah e Avery.

Como sempre, agradeço à minha maravilhosa esposa, Irene, pelas excelentes sugestões sobre os tópicos das cartas, por me suportar enquanto me entretinha com mais um projeto especial e por ser minha parceira em tudo. Eu não chegaria aonde estou no mundo sem o seu constante e completo apoio amoroso.

Com gratidão,

Maynard

Sobre os autores

Maynard Webb é um veterano com 40 anos de experiência no setor tecnológico. Líder ativo na comunidade de tecnologia e negócios, Maynard é membro de conselhos, investidor, filantropo e mentor de jovens empreendedores.

Como fundador da Webb Investment Network (WIN), uma empresa de investimentos semente dedicada a cultivar empreendedores, Maynard contribui com sua experiência desenvolvendo e liderando empresas de alto crescimento. A WIN fornece às empresas de seu portfólio mentoria e acesso a uma rede de especialistas do setor afiliados a ela.

Maynard é o cofundador da Everwise, uma ideia que nasceu de seu best-seller *Rebooting Work*. A Everwise fornece soluções de mentoring no ambiente de trabalho. Por meio de um processo conduzido pela combinação de dados, a Everwise conecta profissionais com mentores que podem ajudá-los a obter sucesso em todas as etapas da carreira.

Ele também é membro dos conselhos de administração da Salesforce, da Visa e da Everwise. Já ocupou os cargos de presidente do conselho e CEO da LiveOps, um call center em sistema de computação em nuvem com uma comunidade de 20 mil agentes, e foi presidente do conselho emérito do Yahoo!. Antes da LiveOps, foi diretor-executivo de operações do eBay. Webb também foi membro de conselhos de administração de empresas de capital aberto e fechado, como Gartner, Niku, Extensity, Hyperion, Peribit (adquirida pela Juniper Networks), Baynote e AdMob (adquirida pelo Google), da qual também foi um dos investidores.

Em 2004, ele e a esposa criaram a Webb Family Foundation, que fornece a jovens desfavorecidos acesso a educação de qualidade e apoia indivíduos que estão lutando contra as adversidades a impactarem positivamente o mundo por meio de inovação e trabalho duro.

Maynard mora no Vale do Silício com a esposa, Irene.

Carlye Adler é uma jornalista premiada e escritora best-seller. Seus textos são publicados em veículos como *Businessweek*, *Fast Company*, *Fortune*, *Forbes*, *Newsweek*, *TIME* e *Wired*. Ela colaborou em quatro best-sellers do *The New York Times*: *Meditation for fidgety skeptics*, de Dan Harris e Jeff Warren; *The promise of a pencil*, de Adam Braun; *O lado difícil das situações difíceis*, de Ben Horowitz; e *Rebooting Work*, de Maynard Webb. É coautora do best-seller americano *Behind the cloud* e de *The Business of changing the world*, do CEO da Salesforce Marc Benioff. Também é coautora, com Jennifer Aaker e Andy Smith, de *The dragonfly effect*, e de *Startupland*, de Mikkel Svane. Seus livros já foram traduzidos para mais de 12 idiomas. Ela mora em Connecticut com o marido, as duas filhas e um bulldog skatista.